A.G. Mohan

Yoga
Rückkehr zur Einheit

Integration
von Körper, Atem und Geist

Verlag Via Nova

Übersetzung aus dem Amerikanischen:
Fritjof Werner, Berlin

Amerikanische Herausgeber:
Rudra Press
Portland, Oregon
International Association of Yoga Therapists
Los Angeles, California

Entwurf: Susan Cobb
Illustrationen: Hannah Bonner und Laura Santi
Foto: Raghavendra Rao

Amerikanischer Originaltitel:
A. G. Mohan
Yoga for body, breath and mind,
a guide to personal reintegration
edited by Kathleen Miller

4. Auflage 2019
Verlag Via Nova, Alte Landstraße 12, 36100 Petersberg
Telefon: (06 61) 6 29 73
Fax: (06 61) 9 67 95 60
E-Mail: info@ verlag-vianova.de
Internet:
www.verlag-vianova.de
www.transpersonale.de

Satz: typo-service kliem, 97647 Neustädtles
Druck und Verarbeitung: Appel und Klinger Druck und Medien, 96277 Schneckenlohe

ISBN 978-3-928632-09-6

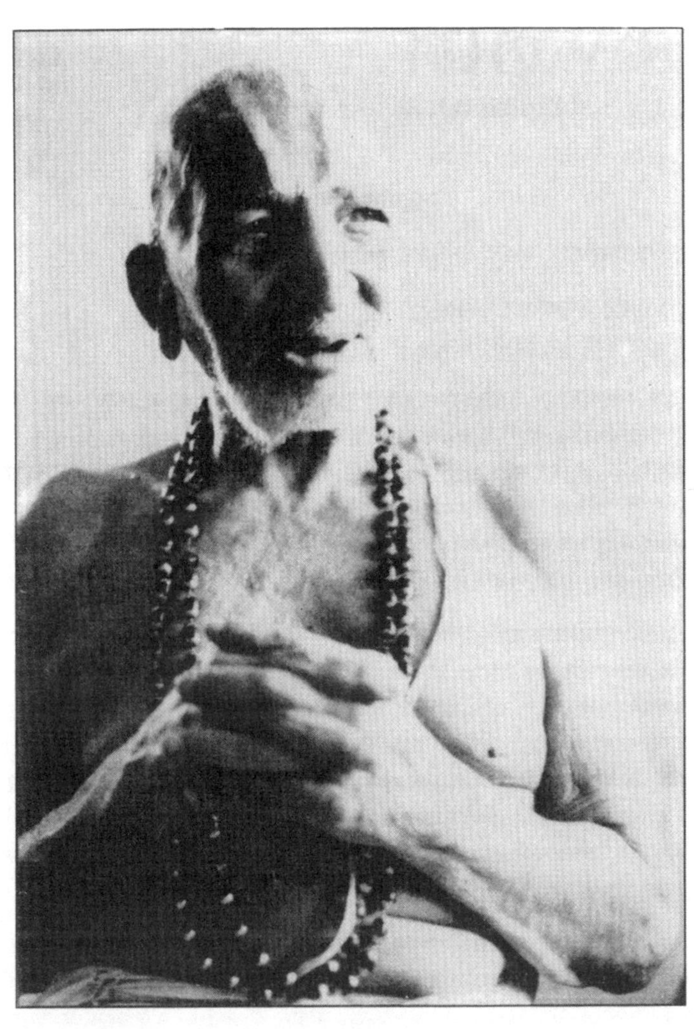

Samkhya Yoga Sikhamani, Vedanta Vageesa, Veda Kesari,
Nyayacharya, Mimamsa Tirtha, Mimamsa Ratna, Yogacharya
Shri T. Krishnamacharya
1888 – 1989
gewidmet

VORWORT
von Shri T. Krishnamacharya in Sanskrit

श्री हयग्रीवाय नमः

हरिः ओम् । एका विज्ञप्तिः अत्यन्त सन्तोष पूर्विका ।

वरीवर्ति चरीकर्ति भरीभर्ति च लीलया ।
सञ्जरीकर्ति यो देवः वासुदेवः स पातु वः ॥

प्रिय मित्राणि ! प्रियबान्धवाः ! विद्वत् गणाश्च ! श्रद्धया इदं वाक्यपुञ्जं शृण्वन्ति इति दृढं विश्वसिमि । शृण्वतां अपि आश्चर्यावहं वृत्तम् यत् अत्यल्पेभ्यः दिनेभ्यः मत् छात्रः ब्रह्मश्री मोहन नामकः यः प्राक् शिल्पकलायां निपुणो भूत्वा, उत्तम वेतनं प्राप्य, गृहस्थो भूत्वा, भगवदनुग्रहात् सतसन्तानवान् कतिपयकालं परिहाप्य, न जाने कारणं, अत्रैव मद्रास् नगरे प्रचलन्त्यां योगमन्दिरनामिकायां शालायां, रहस्यं प्रात्यक्षिकप्रदर्शनेन सः योगासनादि, शिक्षन् सन् न केवलं स्वयं, अन्यान् पातञ्जलमतरीत्या स्वाभ्यस्त योगविद्यां शिक्षयन्, योगशालां वृद्धिं नीतवान् इति सार्वजनीनम् ।

विशेषतस्तु अयं भारद्वाज गोत्रिकः वैदिक वंशसन्तानीयः । अस्य पिता श्रीमान् गणेश नामा इत्यन्यदेतत् । अनेन मन्निकट एव पातञ्जल योगाख्य अभ्यासः कृतः । न केवलं तावन्मात्रमेव, तादात्विकसमयप्रभृति अद्ययावत् योगाभ्यासस्य ये योगाः, यानि यानि उपयोग करणानि, तानि सर्वाणि अभ्यस्यन्; कथंचित् मत्पुत्रेण वेङ्कट देशिकाचार्य नाम्ना सतीर्थ्यतां अवाप । एकाधिक संख्याविद्यार्थिनः एकस्मिन् गुरौ एक विषयमधिकृत्य अधीत्य, साङ्गवेद अध्ययनानन्तरं, गुरुकुलात् समावर्तन्ते ते एकगुरवः सतीर्थ्याश्च । तेषां अनूचानाः इति प्रसिद्धिः । "अनूचानः प्रवचने साङ्गेऽधीती गुरोस्तु यः । लब्धानुज्ञः समावृत्तः" इति अमरसिंहः । इदानीं मत्पुत्र ब्रह्मश्री वेङ्कटदेशिक, मोहनशर्मणोः यथाकथंचित् एवंरूपं अनूचानत्वं सतीर्थ्यत्वम् । तत्रैव अमरसिंहः । "सतीर्थ्याः तु एकगुरवः" इति जगाद । तेन अपात्रे शास्त्रस्य व्ययः न कृतः इति निश्चीयते ।

एको वा द्वौ वा त्रयोवा विद्यार्थिनः एकस्मिन् गुरौ एक विषयकं भिन्न भिन्न विषयकं वा शास्त्राध्ययनं कुर्वन्तु कामम् । अयं तु मोहन नामकः मन्निकट एव पातञ्जल योग शास्त्रं अधीत्य, प्रत्यक्षेण अभ्यस्य, कस्य कीदृशं आसनं प्राणायामं च योग्यं? कस्य कीदृशं आसनं प्राणायामं च अयोग्यं? इति विषयं ज्ञात्वा अध्यापयितुं समर्थः । आसनप्राणायामानां च अवान्तरभेदाश्च ये ये शास्त्रेषु इतरेषु उक्ताः तानि सर्वाणि अध्यापयितुं शक्नोति । तानि सर्वाणि मूलतः जानाति । एवं अनेन मोहनेन सांख्यतत्वटीका समग्रा अधीता । आयुर्वेद शास्त्रे – निदान स्थान, चिकित्सा स्थान, विमान स्थान, गर्भस्थान – विषयेषु मुख्यांशाः अधीताः । भगवत्पूजादि विषये समाश्रयणमन्तरा प्रपदनमन्तरा संग्रहभागाः, तत् संप्रदायानुगुणाः अधीताः । कर्म काण्डविषये-पुण्याहवाचन, औपासन, समिदाधान – इत्यादीनि संग्रहतः प्रात्यक्षिकप्रदर्शनरूपतया च अधीतानि । मन्त्र भागविषये – नारायण अष्टाक्षर, वासुदेव द्वादशाक्षर इत्यादि महामन्त्रस्य मूल, अनुष्टप्, षडक्षर रूपाः रहस्य भागाः, मालामन्त्रभागाश्च अधीताः । सर्व वेदान्तेषु गीता अधीता, उपनिषदः कतिपयाः अधीताः। ब्रह्म सूत्राणि अध्ययनार्थं आरब्धानि । प्रथम पादः प्रचलति । संप्रदाय मन्त्र भागे आधुनिक पूर्ववयस्कानां न तावती श्रद्धा तत्र । अयं तु इदानीं अपि अधीते । मोहनस्य मङ्गलमस्तु ।

सर्वं शम् ।

Inhaltsverzeichnis

Vorwort von Shri T. Krishnamacharya

Hayagrivaya Namah, Hari Om

Begrüßung für den Herrn Hayagriva*

Mit großer Freude sende ich diese Botschaft aus. Der Herr Vasudeva, der allesdurchdringend und allgegenwärtig ist, der für alle Handlungen verantwortlich ist, der die ganze Welt bewahrt und alle diese Dinge spielerisch vollbringt, beschütze uns alle!

Freunde, liebe Verwandte und gelehrte Menschen, ich wünsche aufrichtig, daß Ihr mir alle ernsthaft zuhören mögt. Durch ein glückliches Geschick hat mein Schüler Mohan, der von Beruf Ingenieur war und ein gutes Gehalt mit seiner Arbeit verdiente und der verheiratet und mit guten Kindern gesegnet ist, alle *yogashastras* (die Wissenschaft des Yoga) auf eine praktische Art und in einem kurzen Zeitraum gelernt. Allen ist bekannt, daß er sowohl bei dem Aufbau des Yoga Mandiram in Madras geholfen hat als auch die Botschaft des Yoga nach Patanjali verbreitet hat und selbst Yoga praktiziert.

Er wurde in Bharadawaja Gotra in einer frommen vedischen Familie geboren. Der Name seines Vaters ist Ganesha. Er lernte die verschiedenen Seiten des Yoga und ihre praktische Anwendung unmittelbar von mir und wurde ein Kollege – *sathirthya* – meines Sohnes Venkata Desikachar.

Wenn mehr als ein Schüler denselben Gegenstand, wie die *Veden* und ihre *angas* (Unterbereiche), bei demselben *Guru* oder Lehrer studiert, werden diese Schüler sathirthya genannt. Sie werden auch *anucana* genannt. Amarasimha, der Verfasser von *Amarakosa*, dem Sanskrit-Lexikon, sagt:

„Anucana ist einer, der die Veden und ihre angas gelernt hat, einer, der die Fähigkeit hat, zu lehren und sich auszudrücken, und der nach Abschluß seiner Studien bei seinem Guru *Grahasthashrama* (Haushälterschaft) gewählt hat."

Nun haben mein Sohn Venkata Desikachar und Mohanasarma, die gemeinsam bei mir studieren, den Status von sathirthyas erreicht. Sathirthya bedeutet „bei einem Guru studiert zu haben", sagt Amarasimha. Das gibt mir die Befriedigung, daß ich die *shastras* (die heilige Abhandlung)

---

* Das Vorwort ist vom Sanskrit ins Englische übersetzt worden. (Anmerkung der amerikanischen HerausgeberInnen.)

keinem Unwürdigen beigebracht habe. Einer, zwei oder viele Schüler mögen die shastras bei einem Lehrer lernen, sei es nun ein einzelnes Gebiet oder seien es mehrere Gebiete.

Doch das Besondere ist hier, daß Mohan die *Patanjali Yogasutras* und ihre praktische Anwendung gänzlich von mir erlernt hat. Er ist kompetent, *asana* und *pranayama* angepaßt an den einzelnen Menschen zu lehren. Er ist auch kompetent, die asana- und pranayama-Anteile anderer shastras, die er gründlich studiert hat, zu lehren. Er hat die *Samkhya*-Philosophie gründlich studiert. Im *Ayurveda* hat er die wichtigen Anteile *Nidana sthanam* (Diagnose), *Cikitsa sthanam* (Behandlung), *Vimana sthanam* (Krankheitsursachen) und *Garbha sthanam* (Konstitution) studiert. Von den *Bhagavad puja* (Gebetsübungen) hat er, mit Ausnahme von *Samasrayanam, Pravadanam* und *Prapatti*, die Schriften vollständig und in Einklang mit seiner Tradition gelernt.

Von den Ritualen (*Karmakanda*) hat er *Punyakavacanam, Aupasanam* und *Samitadanam* auf eine knappe, aber zweckmäßige Art gelernt. Was die *Mantra shastras* (die Wissenschaft der Mantras) angeht, hat er die *Mula, Anushtup* usw. der *Mahamantra* wie *Narayana Ashtakshari, Vasudeva Dvadashakshari*, abgesehen von den geheimen Anteilen von *Shadakshara* und *Malamantra*, gelernt. Von den Vedanta-Schriften hat er die *Bhagavad Gita* abgeschlossen. Er hat auch einige der wichtigen *Upanishaden* studiert. Er hat gerade angefangen, die *Brahmasutras* zu studieren. Der erste *padam* (Abschnitt) des ersten Kapitels ist gerade in Arbeit.

Heutzutage sind die meisten Menschen, die zur jungen Generation gehören, nicht am Studium der Veden und mantras interessiert. Doch Mohan hat ein großes Interesse daran gezeigt und setzt sein Studium fort. Möge es Mohan weiter in allem gut gehen! Überall sei Frieden und Wohlergehen!

Shri T. Krishnamacharya
22. Dezember 1988

Einleitung des Verfassers

Im November 1988 war ich während einer ungewöhnlichen Hundertjahrfeier in nachdenklicher Stimmung. Es war der einhundertste Geburtstag meines *Acharya*, Shri Krishnamacharya. Noch gesund und munter, hatte er volle und befriedigende hundert Jahre gelebt. Er war ein echter Yogi. Wie oft erlebt man die Hundertjahrfeier einer lebenden Legende?

Shri Krishnamacharya widmete einen beträchtlichen Teil seiner Zeit zwischen seinem dreiundachtzigsten und hundersten Lebensjahr, um mich im Yogastudium zu unterrichten. Eine seiner beständig wiederkehrenden Aussagen war, daß Yoga an das Individuum angepaßt werden müßte und zur Integration zurückführen sollte. Das war der Kern von allem, was er mich lehrte.

Eine Zeitlang erwog ich, wie ich diesem großen Meister die Dankbarkeit, die ich ihm schuldete, abstatten könnte. Seit alten Zeiten bestand die Art, das zu tun, darin, die Essenz der Lehre weiterzuverbreiten. Deshalb entschloß auch ich mich zu diesem Schritt.

Ich wandte mich an meinen Meister und drückte meinen Wunsch aus, ein Buch zu schreiben. Ich fragte ihn, ob er mein Vorhaben mit einer Einleitung für das Buch segnen würde. Doch er diktierte keine Einleitung, sondern etwas über meine Studien bei ihm und segnete dann mein Vorhaben. Diese Zeilen erscheinen hier als sein Vorwort.

Mit diesem Segen begann ich, das Buch zu schreiben. Und dieses Unterfangen ist dann durch Seminare, die ich für die International Association of Yoga Therapists (IAYT) und am Nityananda Institute in Cambridge, Massachusetts, in den Vereinigten Staaten durchgeführt habe, zum Abschluß gebracht worden.

Ich danke Shri T.K.V. Desikachar, der mich sehr viel gelehrt hat und der mir während der letzten zwanzig Jahre meiner Laufbahn als Yogalehrer viel Unterstützung gegeben hat, von ganzem Herzen. Mein Dank gilt auch Swami Chetanananda, Abt des Nityananda Instituts, für seine Unterstützung und Inspiration und für die jetzige Veröffentlichung des Buches.

Ganz besonderer Dank geht an meine Frau Indra und an meinen Freund S.V. Subramanyam, die an jedem Aspekt dieses Buches, einschließlich der ursprünglichen Formulierung, des Schreibens und des Herausgebens, beteiligt waren. Ihnen gilt meine tiefe Dankbarkeit.

Ich möchte auch gern den vielen anderen danken, die mir bei diesem Unterfangen geholfen haben, einschließlich Sharon Ward vom Nityananda Institut, Larry Paine von der International Association of Yoga Therapists und Claude Cook für seine großzügige Unterstützung. Der Einsatz von Kathleen Miller, Rachel Gaffney, Linda Barnes, Nanette Redmond, Robert Flickinger und Jeffrey S. Miller brachte das Manuskript zum Abschluß. Patrick Riordan, Tim Reese, Debra Thrall, Akana Ma, Laura Santi und Hannah Bonner steuerten alle großzügig mit ihrer Zeit und ihren Talenten zur Fotografie und den Illustrationen bei. Mein Dank geht an Susan Cobb, Caroline Kutil und David Lennon für ihre besondere Mühe, das Buch zum Abschluß zu bringen. Mein Dank geht auch an Norman Brodek, den Präsidenten von Productivity Inc. für seine großzügige Unterstützung.

Wenn es in diesem Buch etwas Außergewöhnliches gibt, so habe ich es von meinem Lehrer bekommen. Das Gewöhnliche daran kann nur meine eigene Hinzufügung sein.

Ich lege dieses Buch zu Füßen meines großen Acharya.

A.G.Mohan

Einführung

Im modernen Westen gibt es eine weit verbreitete Reaktion auf den Druck des Alltags: einen Zustand chronischer Unruhe, genannt Streß. Streß steht in direktem Gegensatz zum Konzept der Integration von Körper, Atem und Geist, dem Thema dieses Buches.

Die meisten von uns leiden mehr oder weniger häufig unter Streß. Auf der Oberfläche drückt sich das z. B. in Symptomen wie nervösem Fingerklopfen, verdorbenem oder verkrampftem Magen oder Atembeschwerden aus. Auf einer tieferen Ebene greifen solche Spannungen alle Schichten der Person an. Sie können sich auf das Immunsystem oder auf den allgemeinen Gesundheitszustand und das Wohlbefinden auswirken. Eine solche Entwicklung kann Jahre dauern und schließlich lebensbedrohlich werden.

Gewöhnlich nehmen wir an, daß Streß äußere Ursachen hat: dies oder jenes geschah, das die angespannte Situation verursacht hat. Dem yogischen Denken zufolge liegt die Ursache aber im Geist. Wenn der Geist etwas als ein Hindernis oder eine Bedrohung wahrnimmt, reagiert der Körper mit einer Kampf- oder Fluchtreaktion, obwohl unsere soziale Konditionierung uns meistens daran hindert, eine dieser Reaktionen auch wirklich auszuführen. Statt dessen wird Adrenalin in das System gepumpt, oder die Verdauung wird geschwächt, oder die Muskeln werden angespannt usw.

Doch paradoxerweise geht das, was wir im allgemeinen als äußere Ursachen unserer Bedrängnis wahrnehmen, in Wirklichkeit auf eine einzige innere Ursache zurück: auf die Reaktion unseres Geistes auf ein Ereignis oder eine Situation, denn das Ereignis selbst kann nicht direkt mit den spezifischen körperlichen Auswirkungen verknüpft werden. Stellen Sie sich z. B. vor, wie wenig es an einem schlechten Tag braucht, um eine starke Reaktion hervorzurufen, während dieselbe Situation an anderen Tagen fast bedeutungslos für uns ist. Wenn unsere Wahrnehmung klar ist, können wir die Dinge sehen, wie sie wirklich sind. Dann können wir mit ihnen auf eine ausgeglichene, sichere und flexible Weise umgehen. Wenn wir diese Klarheit verlieren und unsere Wahrnehmung sich trübt, sind wir gestreßt und reagieren entsprechend.

Der einfachste Weg, um zur Einheit in uns zurückzukehren, besteht darin, die grundlegende Ursache unseres Unglücks zu behandeln und das Übel an der Wurzel zu packen. Anstatt die Dinge auf der Ebene der Probleme und Unklarheiten in Angriff zu nehmen, zielt Yoga darauf ab, die Hindernisse zu entfernen, die einer klaren Wahrnehmung im Wege stehen, und dadurch Klarheit des Geistes zu erreichen. Yoga ist das Mittel, um diese Hindernisse oder „Unreinheiten“ (kleshas) – wie sie in der Tradition bezeichnet werden – zu beseitigen. Eine Praxis, die das nicht erfüllt, kann eigentlich nicht wirklich Yoga genannt werden.

Yoga spricht von der unveränderlichen Verbindung zwischen Körper, Atem und Geist. Wenn wir bewußt versuchen, einen dieser Bestandteile des menschlichen Systems zu verändern, kann das als ein Mittel verwendet werden, um einen umfassenden Wandel im gesamten System herbeizuführen. Deshalb kann z. B. der erste Schritt auf dem Weg zu einer genauen und klaren Wahrnehmung – genauso wie zu Freiheit vom Leiden – darin bestehen, zu lernen, wie man Körper und Atem in einer optimalen Verfassung ausgeglichen und gesund erhält. Im Westen wird dieser umfassende Zugang allerdings sehr stark eingeschränkt, wenn die Praxis der Körperhaltungen (asana) und Yoga als gleichbedeutend aufgefaßt werden.

Die idealen Formen der asanas, der Körperhaltungen in der Yogapraxis, stammen aus sehr alten Schriften, die eine Lehrweise widerspiegeln, die sich ziemlich von dem unterscheidet, was uns häufig im modernen Westen begegnet. Hier im Westen arbeiten erwachsene YogaschülerInnen meist entweder nur mit einer Reihe idealer Haltungen in einem Buch, oder sie sehen Haltungen – von einem Lehrer oder einer Lehrerin auf einem Video oder in einer Gruppe vorgeführt –, die sie dann nachzumachen versuchen. Das Wesentliche an der Praxis von Körperhaltungen – nämlich die Integration zu erreichen und zur Einheit in uns zurückzukehren – ist verlorengegangen.

Früher war es in Indien üblich, daß die Unterweisung für einen Jungen durch einen Meister, mit dem er lebte, im Alter von acht Jahren begann. Dieser Lehrer befaßte sich eingehend mit allen Lebensbereichen des Jungen und kannte ihn deshalb gut. Die eigentliche Yogapraxis, die aus Körperhaltungen, Atmung und Meditation bestand, wurde dem Jungen individuell und aufgrund des Wissens des Meisters über ihn beigebracht. Daher enthielt sie auch besonders für den Schüler geeignete Übungen, die so ausgesucht waren, daß sie sein Wachstum umfassend förderten.

Diese Anpassung an die individuellen Fähigkeiten und Bedürfnisse des Jungen hatte auch den Vorteil, daß mit einem jungen Körper und einem frischen Geist gearbeitet werden konnte. All das machte das Erlernen von Yoga zu einer ganz anderen Erfahrung, als sie viele Menschen hier im

Westen erleben. Bei uns geht nicht nur die Beziehung zum Lehrer oderzur Lehrerin verloren, sondern auch der sehr verfeinerte Prozeß, die Praxis so an das Individuum anzupassen, daß sie die Rückkehr zur vollen persönlichen Einheit fördert.

Das höhere Ziel der Yogapraxis besteht darin, einen solchen Zustand der Integration wieder zu erreichen. Diese Art der Yogapraxis muß aus den spezifischen Bedingungen und Verhältnissen des Individuums entstehen. Das Verständnis des Aufbaus einer Yogapraxis, die die Bedürfnisse der einzelnen YogaschülerInnen berücksichtigt, ist eines der wichtigen Merkmale, die den von A. G. Mohan gelehrten Yoga auszeichnet.

Auf der Grundlage seines Studiums bei seinem Meister, Shri T. Krishnamacharya, einem der großen Repräsentanten des Yoga in der heutigen Zeit, stellt Mohan – zusammen mit seiner Frau Indra – hier einige der Methoden vor, die für eine Yogapraxis mit dem Ziel der persönlichen Integration notwendig sind. Indra hat selbst ein postgraduate-Diplom von Shri Krishnamacharya erhalten. Auch sie hat sich seiner Lehre verpflichtet und hat mehr als eine Dekade als Yogalehrerin gearbeitet. Sie ist nicht nur in der Kunst des Yogalehrens sehr bewandert, sondern lebt auch ein Leben des Yoga. Diese Tiefe der Einsicht und Erfahrung bringt sie als Ergänzung zur Arbeit Mohans mit.

Dieses Buch will etwas von dem vermitteln, was Mohan und Indra als das Kostbarste in der Übertragung von LehrerIn auf SchülerIn gefunden haben: das Verständnis der Yogapraxis als eines tiefen persönlichen Prozesses des Wachstums und der Ganzheit. Es ist uns eine große Freude, ihre Arbeit mit Ihnen zu teilen.

Die amerikanischen Herausgeberinnen
und Herausgeber

1. Yoga – Die Rückkehr zur eigenen Integration

Mit Yoga zur eigenen Integration

Wir alle haben schon Zeiten erlebt, wo es uns vorkam, als ob alles sich auflösen und zu Bruch gehen würde, und wir fanden kein Mittel, die Dinge zusammenzuhalten. Doch oft sind es weniger die Ereignisse selbst, die eine Situation so zersplittert und chaotisch erscheinen lassen, als vielmehr unser Geisteszustand. Auf der anderen Seite gab es, wenn auch vorübergehend, Gelegenheiten, wo wir einen Zustand der Integration erlebt haben. In dieser Geistesverfassung nehmen wir die Dinge klar wahr, ein zugrundeliegendes Gefühl der Ordnung scheint zu überwiegen, und wir fühlen uns voll Liebe für alles um uns herum, kurz, wir fühlen uns frei.

Wir wünschen uns alle, diesen Zustand wieder zu erleben. Wir hoffen sogar, einen Weg zu finden, so zu *leben*, anstatt immer wieder das Opfer unserer Wünsche und Sorgen, unseres Ärgers, unserer Gier, Enttäuschung und Verzweiflung zu werden. Die Tatsache, daß es allen um uns herum so ähnlich geht, ist nur ein schwacher Trost und sicher kein Ersatz dafür, daß wir dieses tiefe Gefühl der Freiheit vermissen.

Zur Integration zurückzukehren, ist ein Prozeß, in dem sich ein umherschweifender Geist[1] in einen zentrierten verwandelt, ein bedürftiger in einen zufriedenen, ein genußsüchtiger in einen erfüllten. Dieser Prozeß wird Yoga genannt.

Es gibt verschiedene Möglichkeiten, Integration zu beschreiben, doch haben alle dieselbe Grundlage: einen klaren, unbehinderten Geist. Wenn wir die Menschen, Dinge und Ereignisse in unserem Leben sehen, wie sie wirklich sind, hat das zur Folge, daß wir Entscheidungen treffen und Schritte unternehmen, die in eine positive Richtung führen.

Wir können auch das Wort *samadhi* oder „Einheit" verwenden, um die Integration zu beschreiben. Im Zustand der Einheit sind wir gänzlich vertieft in das Objekt der Wahrnehmung und mit ihm vereint. Es existiert keine Trennung mehr. Das ist, kurz gesagt, Yoga.

---

[1] Für das englische „mind" gibt es kein einfaches, gleichbedeutendes Wort im Deutschen. Es ist hier meist mit "Geist" und nur selten mit „Denken" oder „Verstand" übersetzt worden. Denken und Verstand sind in ihrer Bedeutung zu sehr auf die intellektuelle Seite der Sache eingeschränkt. Eine Verwechselung mit „Geist" im Sinne unserer höheren geistigen Fähigkeiten – dem englischen „spirit" – ist im Rahmen dieses Buches ausgeschlossen. (Anm. d. Übers.)

Die Integration oder Einheit ist kein Zustand, den wir durch eifriges Lernen oder Üben von Anfang an schaffen müßten, denn in unserem Zentrum existiert diese Einheit bereits. Tief in uns sind wir alle zu klarer Wahrnehmung fähig. Der tiefste Zustand in uns ist immer einer der Integration. Nur verdeckt unsere Geistesverfassung diese Klarheit und verursacht Verzerrungen und Irrtümer im Handeln und Urteilen, die schließlich zum Leiden führen. Ein so zersplitterter Geist führt zu Krankheit und Abhängigkeit – die Einheit ist ein Zustand strahlender Gesundheit und Freiheit. Die Rückkehr zur Einheit, zu dem geeinten Wesen, das in uns existiert, ist fraglos das höchste der menschlichen Ziele.[2]

Die Art und Weise, wie wir die Welt sehen und erfahren, wird durch den Inhalt unseres Geistes beeinflußt. Weil jedeR[3] von uns ein Individuum ist, müssen sich also auch unsere Möglichkeiten, ein klares Sehvermögen zu erreichen, unterscheiden. Wenn wir die Hindernisse oder Unreinheiten beseitigen wollen, die sich aus unserem Charakter und unseren persönlichen Erfahrungen ergeben, müssen wir uns über ihre spezifische Natur im klaren sein. Erst dann können wir uns für die richtigen Mittel entscheiden, um die Hindernisse zu beseitigen. Eine wirkungsvolle Vorgehensweise muß auf das Individuum zugeschnitten sein, und sie muß persönlich sein.

Außerdem können nur wir selbst zur Einheit in uns zurückkehren. Wir mögen uns alle wünschen, daß wir (oder besser noch: jemand anderes) den Geist einfach herausnehmen, waschen und dann wieder zurücktun könnten, so daß wir plötzlich eine klare Wahrnehmung hätten, aber das ist natürlich nicht möglich. Die Rückkehr zur Integration ist ein Reinigungsprozeß, der Zeit braucht, auf uns persönlich bezogen sein muß und nur von uns selbst durchgeführt werden kann.

---

2 Im englischen Original wird neben „integration“ (Integration, Einheit) häufig auch „reintegration“ gebraucht, um auszudrücken, daß wir uns nur zu reintegrieren (wieder zu integrieren) brauchen. Zur Auswahl stand „Reintegration“ als neues Fremdwort einzuführen oder den Begriff mit „Rückkehr zur Einheit“ wiederzugeben. Wegen der größeren Klarheit im Ausdruck, und mit Einverständnis von Mohan, habe ich letztere Fassung gewählt. Wo die Formulierung zu umständlich geworden wäre, ist dann „reintegration“ auch nur mit „Integration“ oder „Einheit“ übertragen worden. (Anm. d. Übers.)

3 „JedeR“ ist eine abkürzende Schreibweise für „jede und jeder“, genauso wie „LehrerInnen“ oder „einE SchülerIn” Schreibweisen sind, mit denen explizit auf beide Geschlechter verwiesen werden kann. Allgemein verwendet, legen Formen wie „ein Lehrer“ nahe, daß es sich nur um Männer handelt, und deshalb habe ich sie nur selten, z. B. im historischen Kontext, übernommen. Da die große Mehrheit der Lehrenden und Lernenden im Yoga im Westen Frauen sind, ist das mindeste, was man tun kann, sie nicht durch das Sprachsystem tendenziell unsichtbar zu machen. Mohan hat diesen Änderungen zugestimmt. (Anm. d. Übers.)

Die echte Integration umfaßt alle unsere Lebensbereiche. Dementsprechend ist Yoga ein integrativer Weg, auf dem alle Seiten unseres Wesens einmal berührt werden – die Wurzelbedeutung des Wortes Yoga ist ja „vereinigen". Zu diesen Seiten unseres Wesens gehören Körper, Atem, Geist, Ernährung, Sinneswahrnehmungen, Gewohnheiten und das individuelle Verhältnis zur Gesellschaft und zur Umgebung. Um unseren Geist zu integrieren, müssen wir nicht nur seine Beziehung zu diesen Bereichen verstehen, sondern auch die Zusammenhänge zwischen ihnen.

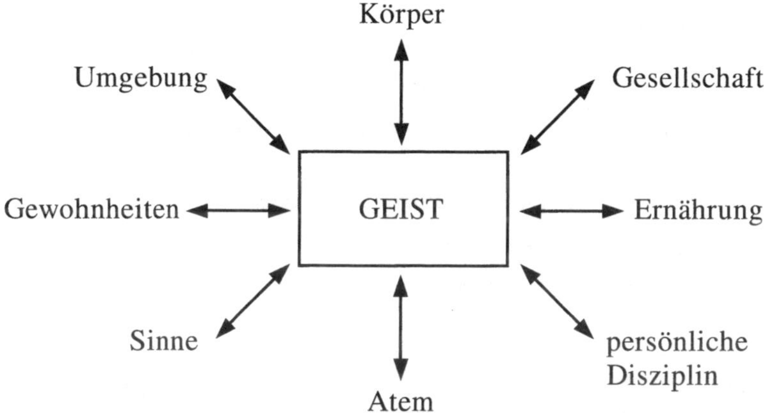

Integration ist eine Frage des Gleichgewichts. Zur Zeit gibt es viele Ansätze zur Integration. In einigen wird das menschliche System als eine Struktur, in anderen als ein funktionaler Organismus betrachtet. Dabei werden verschiedene Methoden der strukturellen und funktionalen Integration verwendet, wie z. B. Versuche der psychischen Integration durch Arbeit mit dem Bewußtsein oder Programme der Verhaltensänderung für eine soziale Integration. Isoliert angewendet, müssen sich diese Methoden letzten Endes als mangelhaft herausstellen, einfach weil es einen Zusammenhang zwischen allen Elementen des menschlichen Systems gibt.[4]

[4] Im letzten Abschnitt des 1. Kapitels, „Aspekte der Integration", führt Mohan erst näher aus, was er darunter versteht. Strukturelle Integration bezieht sich bei ihm auf die Körperstruktur, die durch die asana-Praxis ins Gleichgewicht gebracht werden kann, und funktionale Integration auf den Energiefluß, der vor allem durch pranayama gereinigt werden kann und sich direkt auf die psychische Integration auswirkt. Meist wird in diesem Buch – weniger allgemein, als im vorliegenden Abschnitt – unter dem menschlichen System die enge Verbindung von Körper, Atem und Geist verstanden. (Anm. d. Übers.)

Um auf den Zustand der Einheit hinzuarbeiten, muß der Weg dorthin selbst einheitlich sein. Die Yogapraxis ist solch ein Weg. Sie setzt an den strukturellen, funktionalen, psychischen und sozialen Seiten der Person an und wirkt sich zugleich auf sie aus. Yoga zieht den augenblicklichen Zustand aller Bereiche unseres Daseins in Betracht und beeinflußt sie alle in einer persönlich angemessenen Weise. Die soziale Integration ergibt sich als Folge der Yogapraxis und der Integration in anderen Bereichen. Wenn unser struktureller, funktionaler und psychischer Zustand in Ordnung ist, ist die soziale Integration gesichert.

Das Problem: Der Geist als Ursache der falschen Wahrnehmung

Die Fesseln des Geistes

Als menschliche Wesen nehmen wir die Welt durch unseren Geist wahr. Das würde kein Problem mit sich bringen, wenn der Geist die Objekte so wahrnehmen würde, wie sie wirklich sind. Doch der Geist arbeitet weitgehend von einem falschen Verständnis aus und versorgt uns oft mit unrichtigen Daten. Wenn wir unsere Handlungen auf diese fehlerhafte Information stützen, schaffen wir ungewollt eine Menge Leiden für uns selbst und andere. Es ist ausschlaggebend für unser Handeln, wie klar unsere Wahrnehmung ist. Davon hängt ab, ob für uns ein Leben in Abhängigkeit oder in Freiheit beginnt.

Nach der Philosophie des Yoga bewegt sich der Geist normalerweise in viele Richtungen. Zur gleichen Zeit wissen wir, daß es möglich ist, seine Bewegung in eine Richtung zu lenken. Das deutet darauf hin, daß eine andere Entität als der Geist diese Ausrichtung lenkt. Diese Entität nennen wir den Sehenden. Der Sehende ist selbst gleichbleibend und unveränderlich. Gerade so wie der Geist die Welt durch die Sinne erfährt, „sieht" der Sehende durch sein eigenes Instrument der Wahrnehmung, den Geist. Er erkennt auch die Bewegungen und Veränderungen des Geistes.

Wenn der Geist nicht durch die Gewohnheiten, Tendenzen und Asssoziationen getrübt oder verschleiert ist, die er im Lauf der Zeit angesammelt hat, erkennt der Sehende die Welt deutlich. Gewöhnlich sind jedoch die verzerrenden Faktoren vorhanden und führen zu falschen Wahrnehmungen und Handlungen und zu unangenehmen Folgen. Die folgende Abbildung erfaßt diese Beziehung im Groben.

Wenn der Geist klar ist, erfahren wir die Dinge, wie sie wirklich sind:

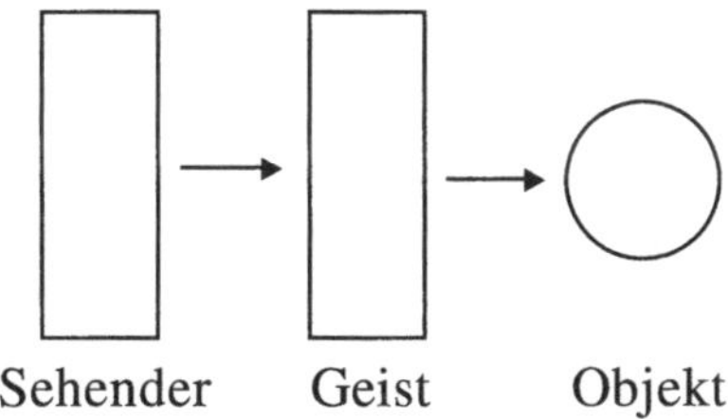

Wenn der Geist nicht klar ist, sind unsere Wahrnehmungen verzerrt:

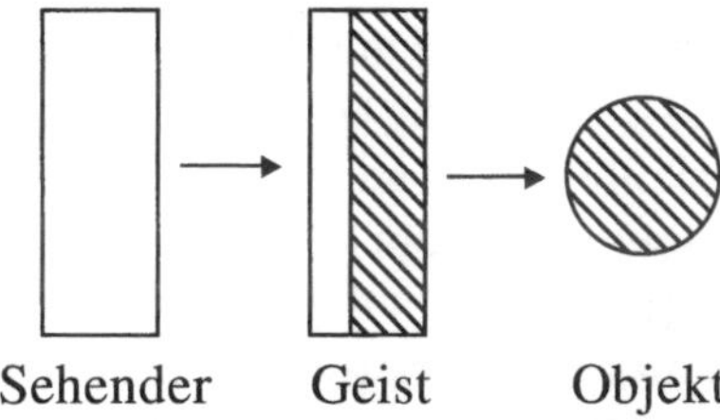

Im letzteren Zustand ist der Geist durch das verdunkelt, was in der Yogaphilosophie als *kleshas* oder „Unreinheiten" bezeichnet wird. Es ist so, als ob der Sehende durch ein schmutziges Fenster hindurchsehen muß. Zu den Unreinheiten gehören Wünsche, Haß, Angst, Vorurteile, Reaktionen und die Rückstände unserer vergangenen Erfahrungen. Sie beeinflussen und färben unsere Wahrnehmung von allem. Wenn wir eine Person, einen Ort oder ein Ding durch die Fenster unseres Geistes ansehen, dann erblicken wir nur den Schmutz. Wir sehen die Dinge nicht, wie sie wirklich sind, sondern als Widerspiegelungen von uns selbst und von unseren Assoziationen. Das wirkliche Problem entsteht, sobald wir uns mit dem Geist und seinen verzerrten Wahrnehmungen identifizieren.

Der Sehende ist von seinem Wesen her integriert. Seine Wesensart und seine Fähigkeit, klar zu sehen, verändern sich nicht. Doch wenn im Geist die Einheit fehlt, wirkt sich das auf die Wahrnehmungen des Sehenden aus. Wenn unsere Wahrnehmungen nun getrübt sind, wirkt sich dieser

Mangel an Klarheit, auch als Störung des Körpers und der Atmung aus. Dies setzt einen geschlossenen Kreislauf in Gang, in dem der Mangel an klarer Wahrnehmung und die Störung von Geist, Atem und Körper sich gegenseitig verstärken.

Das hauptsächlichste Symptom dieses Sachverhalts ist als *dukha* oder „Leiden" bekannt. Es ist ein unbehagliches Gefühl der Einschränkung oder Bedrängnis, das die meisten von uns erleben, wenn sie mit der Spannung einer unangenehmen Situation konfrontiert sind. Das wohlbekannte Streßphänomen der modernen Welt ist ein Beispiel dafür. Wir wünschen wohl, aus derartigen Situationen wieder herauszukommen, aber so leicht ist kein Entkommen möglich, da wir uns ja *selbst* auf diese Weise erleben.

Die fünf Geisteszustände

Als Teil unserer Bemühung zu begreifen, was der Geist ist und warum er unserer Freiheit im Weg steht, ist es nützlich zu wissen, daß er auf verschiedene Art arbeitet und daß es fünf Grundzustände des Geistes gibt. Der Geist kann seine Ausrichtung verändern – etwa in der Art, wie jemand die Kanäle in einem Fernsehapparat umschaltet – oder er kann auf etwas hingelenkt und konzentriert werden. In den ersten drei der fünf Zustände wird der Geist als abgelenkt und zerstreut beschrieben, in den letzten beiden als gesammelt und willentlich auf ein gewähltes Objekt gerichtet.

1. Der aufgewühlte Geist

Im ersten Zustand ist der Geist aufgewühlt und außer Kontrolle. Die Aufmerksamkeit springt auf eine hyperaktive Weise von einer Sache zur anderen. Es ist fast so, als ob der Fernbedienungsknopf steckengeblieben wäre und die Kanäle ständig von allein wechselten. In diesem Geisteszustand sind wir überhaupt nicht integriert.

2. Der abgestumpfte Geist

Im zweiten Zustand ist unser Geist abgestumpft und schwerfällig. Wir sind geistig so träge, daß Bewegung und Aktivität schwierig werden. So ist z. B. jemand, der einen Alkoholkater hat, in einer solchen Verfassung. Das Bild im geistigen Fernseher ist dann verschwommen und unfokussiert.

3. Der abgelenkte Geist

Im dritten Zustand verlagert der Geist seine Aufmerksamkeit von einer Sache zur anderen, jedoch ohne die Sprunghaftigkeit, die den ersten Zustand charakterisiert. Wir wechseln ab zwischen Aufmerksamkeit und Ablenkung, manchmal sind wir auf einen bestimmten Kanal eingestellt, und ein andermal flippen wir wie zufällig zwischen den Kanälen hin und her. Wegen dieser Fluktuation unserer Aufmerksamkeit gehört der abgelenkte Geist auch noch zu den Zuständen ohne Integration.

4. Der Zustand der Konzentration

Im vierten Zustand ist unser Geist auf ein einziges Objekt, das innen oder außen sein kann, gerichtet. Der geistige Fernseher bleibt jetzt auf einem Kanal, und die Kontrolle über die Aufmerksamkeit ist vorhanden.

5. Der Zustand der Versenkung

In diesem höchsten Zustand ist unser Geist nicht bloß auf ein Objekt gerichtet, sondern ist völlig in dieses Objekt vertieft, wie bei einem reinen, direkten Empfang, wo der Fernseher überflüssig wird. Das Objekt wird deutlich gesehen, so wie es ist, ohne eine unserer mentalen Projektionen. Keine äußere Kraft kann diese Konzentration stören, und der Geist ist völlig integriert. Dies ist der Yogazustand.

Die kleshas – die Unreinheiten des Geistes

Um den Zustand von Yoga oder Freiheit zu erreichen, müssen wir auch verstehen, was in den *Yogasutras* als *kleshas* oder Unreinheiten des Geistes bezeichnet wird. Obwohl die kleshas nicht direkt mit dem wahrgenommenen Objekt verbunden sind, wirken sie sich intensiv auf unsere Wahrnehmung aus und daher auf das, was wir tun. Das macht sie real. Laut Yoga ist ja alles, was auf unsere Handlungen einwirkt, real und keine Illusion. Zugleich ist es dem Wechsel unterworfen. Es gibt fünf kleshas:

1. Falsches Verstehen

Wenn wir ein Objekt sehen, verstehen wir es so, wie wir es wahrnehmen und nicht notwendigerweise so, wie es ist. Leider erkennen wir unseren

Fehler normalerweise nur im nachhinein. Wir fangen an zu glauben, daß etwas wahr ist, und finden dann durch das Resultat unserer Handlungen heraus, daß dem nicht so ist. Umgekehrt können wir auch etwas für unwahr halten, um schließlich festzustellen, daß es die ganze Zeit über wahr war. Das sind zwei Beispiele für falsches Verstehen. Der Geist befindet sich allgemein in einem Zustand, der uns nicht erlaubt, die Wirklichkeit so zu sehen oder anzunehmen, wie sie ist. Dieses falsche Verstehen ist das Wurzel-klesha. Die anderen vier sind Nebenprodukte daraus.

2. Falsch verstandene Identität – das Ego

In diesem Zustand identifizieren wir uns mit etwas, das wir *nicht* sind. Diese Identifikation kann auf verschiedenen Ebenen vorkommen und Dinge außerhalb und innerhalb von uns betreffen.

3. Verlangen

Wir neigen dazu, uns an die angenehmen Erfahrungen im Leben zu erinnern, und auch an die Mittel, durch die sie entstanden sind. Wenn wir ständig dieselbe Aktivität wiederholen oder dem ursprünglichen Auslöser hinterherrennen und das ohne Verstand tun, dann handelt es sich um Verlangen. Wenn wir solch ein Verlangen spüren und es nicht erfüllen können, sind wir beunruhigt. Wir fühlen uns elend, weil das begehrte Objekt nicht da ist. So können Menschen, die vorgefaßte, falsch verstandene Vorstellungen davon haben, was Wohlbefinden für sie ausmacht, eventuell ihr Leben damit verbringen, Dingen nachzujagen, von denen sie sich fälschlicherweise Erfüllung versprechen. Das kann wiederum nur zu Leid (dukha) führen.

4. Haß und Widerwille

Dieser Zustand ist das Gegenteil von Verlangen. Wir erinnern uns an negative Erfahrungen und an die Personen und Dinge, die sie ausgelöst haben. Daraufhin entwickeln wir eine starke Abneigung dagegen und versuchen, sie zu vermeiden. Wenn uns das nicht gelingt, leiden wir. Außerdem vergeuden wir, wenn wir einen Menschen oder etwas anderes hassen, vielleicht auch dadurch unsere Energie, daß wir ihnen zu schaden versuchen. Das ist wiederum eine Form fehlgeleiteter Aktivität und noch dazu eine, die nicht nur für uns, sondern auch für andere schädlich ist.

5. Sorge und Angst

Angst kommt bei allen Menschen vor. Sie bleibt sogar bis zum Tod bei uns und drückt sich auf verschiedene Weise aus: vielleicht haben wir Angst, die augenblickliche Sicherheit aufzugeben; vielleicht fürchten wir uns davor, zu verlieren, was wir gerade haben; oder wir haben Angst, daß uns in Zukunft etwas passieren könnte. Die grundlegendste Angst ist jedoch die Angst vor dem Tod. Anders als Verlangen oder Haß hat diese Angst keine offensichtliche Ursache. Die Symptome bestehen eher aus einem Zustand von Besorgnis, Furcht und Unsicherheit.

In dem indischen Epos *Mahabharata* wird die Frage gestellt: „Was ist das größte Wunder auf der Welt?" Die Antwort lautet: „Jeden Tag sehen wir Menschen in die Welt des Todes eintreten, aber der Rest hofft immer noch, ewig zu leben. Das ist das größte Wunder auf der Erde." Die Angst vor dem Tod verschont niemand; sogar die gelehrtesten Menschen erleben sie.

Ein Teil dieser Angst scheint mit der Identifikation mit unserem Körper und der Angst, uns von ihm zu trennen, zusammenzuhängen. Mit anderen Worten, sie entsteht aus unserer falsch verstandenen Identität und der Angst, zu verlieren, was sowieso nicht unseres ist. Nur durch das Wissen, daß wir das Selbst sind, und durch das Bleiben im Selbst gehen wir über diese Angst hinaus.

Die fünf kleshas überschatten Intelligenz und Wissen und wirken sich so auf unser Handeln und letztlich auf die ganze Lebensqualität aus. Aber ihre Wirkung kann unterschiedlich intensiv sein. Die kleshas können eher fein sein und uns fast nicht berühren oder so heftig, daß sie uns blind machen.

Wenn die kleshas uns blind machen, können wir meist keine dauerhafte Lösung für die Probleme finden, mit denen wir gerade konfrontiert sind. Statt dessen trachten wir nur danach, einen Ausweg zu finden. Die Fluchtwege, die wir dann einschlagen, unterbrechen jedoch die Verbindung zwischen unserem Geist und der entsprechenden Erfahrung. Wenn wir z. B. meinen, daß unser Ego verletzt worden ist, könnte es sein, daß unser Geist fortfährt, über den Vorfall zu schimpfen und zu toben, lang, nachdem er passiert ist, und es könnte sein, daß wir dann zu Alkohol greifen, um dadurch die Verbindung zu unterbrechen.

Ebenso könnten wir nach einem uns befriedigenden Ersatz Ausschau halten, wenn wir uns nach einem Vergnügen sehnen, das nicht für uns zu haben ist. Wir könnten auch verschiedene Drogen benutzen, um die

Beziehung zu den unangenehmen oder schmerzlichen Erfahrungen der Vergangenheit zu unterbrechen. Wir könnten sogar so weit gehen, einen Selbstmordversuch zu machen, um eine intensive Angst zu vermeiden. (Selbstmordversuche werden oft eher durch Angst vor dem Leben ausgelöst, als durch den fehlenden Wunsch zu leben.) Paradoxerweise kann Meditation, die ohne richtige Anleitung geübt wird, auch ein Fluchtweg sein.

Die kleshas wirken zusammen, lenken unsere Wahrnehmung ab und verhindern eine klare Sicht. Sie trüben unser Sehvermögen und beschmutzen das Fenster, durch das wir in die Welt hinausschauen. Wir beginnen also mit der Yogapraxis, um das Fenster zu putzen.

Die gunas – die Grundmerkmale aller Dinge

Außer den verschiedenen kleshas erforschen die *Yogasutras* auch die elementaren Merkmale oder Eigenschaften der Dinge, die der Geist beobachtet und mit denen er in Wechselwirkung steht. Alles Leben, einschließlich das des Geistes selbst, bildet sich durch drei solche Merkmale, die *gunas*, heraus. Das Verständnis der gunas ist auch wichtig, um zu verstehen, warum der Geist die Dinge nicht klar sieht, und um zu verstehen, wie der Geist beeinflußt werden kann, damit er klarer sieht.

Wir haben oben gesagt, daß der Sehende gleichbleibend und von seinem Wesen her integriert ist. Und doch ist alles, was wir wahrnehmen, dauernd der Veränderung unterworfen. Fast könnten wir sagen, daß die einzige Konstante, die wir im Leben auf der Erde erfahren, die Veränderung selbst ist. Die Veränderung kommt durch die Wechselwirkung der gunas zustande. Obwohl der Sehende unveränderlich ist, unbeeinflußt von den gunas, muß er die Welt dennoch durch die Linsen des Geistes wahrnehmen; eines Geistes, der den gunas unterworfen und noch dazu äußerst sprunghaft ist.

Somit nehmen wir entsprechend dem guna wahr, das gerade dominant im Geist ist. Umgekehrt schließen wir aus seiner Wirkung auf unsere Wahrnehmung, daß ein bestimmtes guna in einem Ereignis dominant sein muß. Es ist also wichtig, die gunas zu verstehen, um zu verstehen, wie der Geist uns unzufrieden macht. Die drei gunas sind:

1. *sattva:* Dieses guna ist mit Reinheit, Leichtigkeit, Klarheit, Ruhe, Gelassenheit und Freundlichkeit verbunden. Es wird durch die Farbe weiß symbolisiert.

2. *rajas:* Dieses guna erzeugt Aufregung, Leidenschaft, Bewegung oder Erregung und einen intensiven Tatendrang. Es wird durch die Farbe rot symbolisiert.

3. *tamas:* Die Vorherrschaft dieses gunas macht uns abgestumpft, träge und schläfrig. Der Mangel an Klarheit führt zum Handeln ohne Überlegung. Es wird durch die Farbe schwarz symbolisiert.

Obgleich die gunas fundamental gegensätzliche Eigenschaften haben, sind alle immer anwesend und arbeiten zusammen an der Bildung von Wesensart, Haltungen und Potential einer Person. Wenn ein guna aktiver wird, werden die anderen weniger aktiv. Eines ersetzt das andere. Wenn z. B. Aktivität (rajas) da ist, gibt es keine Schläfrigkeit (tamas).

Ein altes Bild der harmonischen Zusammenarbeit zwischen den drei gunas ist das Beispiel von der Öllampe mit Docht. Der Docht, aus Baumwolle gemacht, die leicht und weiß ist, symbolisiert sattva. Das Öl, das die Eigenschaften von Bewegung und Fließen hat, symbolisiert rajas. Das schwere Gefäß, das das Öl enthält, symbolisiert tamas. Alle drei zusammen bringen die Flamme hervor.

So sind alle drei gunas wesentlich. Doch damit ein Mensch richtig handeln kann, muß das passende guna zur passenden Zeit dominant sein. In der Nacht z. B. brauchen wir tamas zum Schlafen. Wenn wir aktiv sein müssen, brauchen wir rajas.

Störung oder dukha entsteht oft, wenn die gunas nicht in Einklang mit dem sind, was wir machen wollen oder machen müssen. Morgens fühlen wir uns vielleicht noch müde, müßten aber aktiv sein, also trinken wir mehrere Tassen Kaffee. Abends müßten wir müde sein, fühlen uns aber noch aufgedreht, greifen also zu Schlaftabletten. Als Folge der versuchten Lösungen entstehen gleich anschließend und auch später noch weitere Störungen.

Daß die gunas unseren Geist beeinflussen und unsere Wahrnehmungen färben, wird noch komplexer dadurch, daß alles um uns herum – einschließlich der fünf Elemente Erde, Wasser, Feuer, Luft und Raum – die drei gunas enthält. Daher haben Nahrung und physische Umgebung genauso wie Gedanken, Atmung und innere Natur einen Einfluß auf unseren Geist, je nachdem welches guna in ihnen vorherrscht.

Glücklicherweise heißt das auch, daß wir diese Faktoren einsetzen können, um unseren Geist positiv zu beeinflussen. Bestimmte Nahrungsmittel, Atemtechniken u. a. können verwendet werden, um spezifische Veränderungen in den gunas hervorzurufen. Angemessenes Handeln –

ein Handeln, das uns Freiheit bringt – erfordert das Wissen, wie wir die gunas zu unserem Vorteil einsetzen können.

Die Lösung: Die Praxis des Yoga

Das Wort „Yoga" hat zwei Wurzeln. Die erste, *yuj*, bedeutet „miteinander verbinden, zusammenfügen". Die Verbindung zweier Dinge, gleich welcher Art, wird Yoga genannt. Einige verstehen darunter die Verbindung von Mensch und Gott, während andere sich unter Yoga die Verbindung von Händen und Füßen vorstellen, wenn man seine Zehen berührt.

Die zweite, dem Wort „Yoga" verwandte Wurzel, ist *samadhi*. Nach den *Yogasutras* ist samadhi der Geisteszustand, in dem wir willentlich so tief mit dem betrachteten Objekt verbunden sind, daß die Grenzen unserer persönlichen Identität vorübergehend entfallen. Wenn wir in solch einem Zustand sind, ist unsere Wahrnehmung vollkommen klar, und wir verstehen das Objekt, auf das wir uns bezogen haben, vollkommen. (Siehe das 7. Kapitel über Meditation.)

Die erste Wurzel, yuj („miteinander verbinden"), steht für einen Prozeß oder für ein Mittel, das zu einem Ziel führt; die zweite Wurzel, samadhi („Einheit"), steht für einen Geisteszustand, der ein Ziel in sich selbst ist. Ob wir unsere Zehen berühren oder Gott erreichen wollen, es muß eine Bewegung geben. Diese Bewegung ist Yoga. Und wenn wir das gewünschte Ziel erreicht haben und dort bleiben, ist das auch Yoga. Wir können z. B. in einer Körperhaltung bleiben oder in der Vereinigung mit Gott sein. In beiden Fällen ist Yoga Mittel und Ziel.

In Patanjalis *Yogasutras* (I.2) ist Yoga als der Prozeß definiert, die Aktivitäten des Geistes in die gewünschte Richtung zu lenken und diese Ausrichtung aufrechtzuerhalten, ohne abgelenkt zu werden. Wie wir gesagt haben, ist sowohl die Bewegung auf das Ziel hin Yoga als auch der Zustand der Vertiefung selbst (samadhi). Einige haben Yoga in einer negativen Bedeutung als das Zurückhalten der Aktivitäten des Geistes definiert. Doch die positive Definition von Yoga als „Lenken der Aktivitäten des Geistes in eine Richtung" setzt voraus, daß der Geist davon zurückgehalten wird, in andere Richtungen zu gehen. Da Sie z. B. in diesem Augenblick dieses Buch hier lesen wollen, konzentrieren Sie sich nicht auf etwas anderes.

Solange wir uns mit dem Geist und allem, was ihn beeinflußt, identifizieren, werden wir von seiner unbeständigen Art und seinen Reaktionen auf alles und jedes beherrscht. Doch wenn Integration geschieht, hören wir auf, uns mit dem Geist zu identifizieren, und werden zum Sehenden. Dann wird der Verstand zum Diener, statt sich wie bislang als Meister aufzuspielen.

In diesem Zusammenhang wird Yoga oft mit der einen oder anderen religiösen Hindu-Tradition gleichgesetzt. Also ist es wichtig, den Unterschied zu klären. Es ist zwar wahr, daß Yoga als eine Reihe von Übungen in einem religiösen indischen Kontext entstanden ist, aber er ist doch nicht mit einer bestimmten religiösen Tradition verbunden. Deshalb wird die Praxis des Yoga sowohl von verschiedenen Nicht-Hindu-Gruppen in Indien verwendet als auch von verschiedenen buddhistischen Gemeinschaften in ganz Asien.

Yoga beschreibt einen Prozeß, durch den ein Mensch zur Freiheit gelangen kann. Zur gleichen Zeit geht es beim Yoga nicht darum, eine Reihe von Überzeugungen anzunehmen, sondern darum, durch eigene Erfahrung zum *Wissen* zu gelangen. Es geht nicht darum, ein blinder Anhänger von irgend etwas zu werden, sondern darum, auf dem selbstgewählten Pfad unterstützt zu werden. Im Yoga gibt es nichts, was mit irgendeiner religiösen Orthodoxie oder einem anderen Glaubenssystem konkurriert. Yoga ist eher ein Mittel, um zu wachsen – ein Mittel, das wir an unsere Art, das Leben zu bewältigen, anpassen können. Die Betonung liegt im Yoga auf Tun und Üben und nicht auf Glauben.

Das große Ziel der Yogapraxis besteht darin, unser Sehvermögen zu integrieren und zu klären. Es geht dabei nicht so sehr um die spezielle Zusammensetzung unserer Sichtweise, sondern vielmehr darum, verstehen zu lernen, worin die falsche Wahrnehmung besteht und von welcher Art die Hindernisse sind, die es zu beseitigen gilt. Es handelt sich also um einen Eliminierungsprozeß und nicht um einen Aneignungsprozeß. Durch die Ausrichtung auf die eigene Integration strebt Yoga nach wirklicher Freiheit.

Hindernisse auf dem Weg zur Integration

Der Weg zur Integration ist nicht ohne Hindernisse. Die *Yogasutras* (I.30) zählen neun Hauptkategorien auf, die das anhaltende Streben nach Integration hemmen können: Krankheit, Trägheit, Zweifel, Hast, Erschöpfung, Versuchung, Illusion, Stagnation und Regression.

Jede dieser Erfahrungen oder Haltungen kann, wenn sie auf den Geist einwirkt, ein Gefühl von Einschränkung oder Unterdrückung mit sich bringen, das wir dukha genannt haben. Wir fühlen uns dann unruhig und gestört in Körper, Atem und Geist. Es ist wichtig, bei solchen Störungen unbeirrt unseren Weg fortzusetzen, da die meisten dieser Hindernisse wieder vorübergehen.

Angesichts solcher Störungen ist es jedoch meist ziemlich schwer, ein klares Unterscheidungsvermögen zu bewahren und uns z. B. zurückzuhalten, wenn wir dabei sind, auf andere zu reagieren. Das erschwert uns nur, unser Hauptziel, die eigene Integration, klar im Auge zu behalten. Es gibt jedoch mehrere Wege, um sich zu beruhigen und wieder zu sammeln – praktische Einstellungen und Handlungen, die unsere Bemühung um Integration unterstützen, wenn die Hindernisse besonders überwältigend erscheinen.

Die normale menschliche Tendenz ist es z. B., neidisch zu werden, wenn ein anderer Mensch erfolgreich, glücklich und wohlhabend ist. Das führt aber nur zu weiterem Leiden bei uns und hält uns nur davon ab, die wirklichen Herausforderungen und Möglichkeiten im eigenen Leben zu erkunden. Es ist viel besser, freundlich zu sein und die Freude anderer zu teilen. Das schafft einen Geist der Offenheit, der es uns erlaubt, unsere eigenen Möglichkeiten voll zu entfalten.

Wenn jemand anderes unter unglücklichen Umständen leidet, könnten wir leicht zum Kritisieren verleitet sein, aber selten erkennen wir die Wirkung, die das auf uns selbst hat. Es ist besser, einfach mitfühlend und besorgt zu sein und der Tendenz zu widerstehen, daß wir an anderen schnell etwas auszusetzen haben.

Ebenso wichtig ist es, unterstützend und hilfreich zu sein, wenn jemand eine gute Tat vollbringt oder sich für eine gute Sache einsetzt. Falls jemand etwas macht, das wir als unangemessen empfinden, sollten wir uns zurückhalten und sorgfältig beobachten, bevor wir etwas tun. Denn wenn wir selbst nicht klar sind, kann unsere anfängliche Reaktion leicht aus falschen Motiven entspringen. Wenn die Verhältnisse angespannt oder aufgeheizt sind, können wir auch Atemtechniken einsetzen lernen. Das Betonen der Ausatmung hat eine entspannende Wirkung auf den Geist und hilft dabei, uns wieder zu beruhigen.

Im allgemeinen ist es auch gut, über die Art und Weise nachzudenken, wie unser Verstand uns auf Ereignisse reagieren läßt. Die Kontrolle, die er über unsere Reaktionen, Gedanken und Wahrnehmungen ausübt, kann oft die Ursache des Problems sein, ohne daß wir uns dessen bewußt sind.

Außerdem kann es uns helfen, über die größere Frage nach dem Sinn des Lebens nachzudenken. Wenn wir uns auf die Richtung des eigenen Lebens konzentrieren, kann uns das eine neue Orientierung geben und so unsere geistige Unruhe besänftigen. Auch aus einer anderen Quelle können wir Unterstützung bekommen. Unsere Schwierigkeiten rühren oft von verschiedenen Sehnsüchten in unseren Gedanken her (raga). Wir können über Menschen nachdenken, die solchen Wünschen bewußt begegnet sind und sie überwunden haben, und uns davon inspirieren lassen. Wir können uns fragen: „Wie hätte dieser Mensch, den ich bewundere, das Problem gelöst?" Oder wir suchen vielleicht auch eine wirkliche Führung durch eine Lehrerin oder einen Lehrer.

Manchmal ist es hilfreich, unseren Schlaf und unsere Träume zu erforschen. „Das Leben ist nur ein Traum", wird manchmal gesagt. Wenn wir z. B. die Erfahrung des Tiefschlafs untersuchen, entdecken wir, daß es ein Zustand ohne Erregung ist. Das Wesen dieser Erfahrung zu erforschen, kann uns vielleicht helfen, einen ruhigen Geisteszustand während unseres Wachseins zu erreichen. Ebenso ist es möglich, zu meditieren oder uns auf ein uns interessierendes Objekt zu konzentrieren. Wir können alles auswählen, was den Geist beschäftigt und seine Unruhe reduziert.

All das können Hilfen sein, die Hindernisse ausfindig zu machen und mit ihnen zu arbeiten. Wir sehen also, daß Praxis und Unterweisung im Yoga – weit davon entfernt, nur eine Reihe abstrakter Prinzipien zu enthalten – aus der gewöhnlichen menschlichen Erfahrung erwachsen. Yoga erkennt die Erfahrungen an, mit denen wir alle zu kämpfen haben, und versucht, uns Möglichkeiten anzubieten, wie wir damit umgehen können.

Handeln und Integration

Neben den Vorschlägen, wie mit den Hindernissen für die Integration umgegangen werden kann, bietet Yoga auch einen ganzheitlichen Zugang zu unserem Handeln in der Welt. Handeln ist immerhin ein Schlüsselelement des Lebens. Niemand kann dem Handeln entgehen. Im Yoga sind unsere Handlungen insofern wirklich bedeutungsvoll, als sie entweder zu Verwirrung und Abhängigkeit oder aber zu Freiheit führen können. Einige der Handlungen fördern unsere Integration, andere nicht. Der Unterschied liegt darin, in welcher Geistesverfassung wir an die Dinge herangehen.

Damit unsere Handlungen, einschließlich der Praxis des Yoga, unsere Integration unterstützen können, müssen sie drei Eigenschaften haben:

Verfeinerung (und Reinigung), Reflexion (und Aufmerksamkeit) sowie Loslassen. Diese drei zusammen werden *Kriya Yoga* genannt.

Verfeinerung

Das Sanskritwort für Verfeinerung ist *tapas. Tap* bedeutet „verbrennen" oder „kochen". Wie Kochen ist tapas ein Prozeß der Verfeinerung. Die Aktivitäten, die uns verfeinern oder reinigen – wir könnten auch sagen, die die kleshas oder Unreinheiten beseitigen –, werden als tapas angesehen. Dazu gehören Yogaübungen körperlicher Art und Atemübungen, aber auch geistige Disziplin. In der Diskussion über die kleshas haben wir gesehen, daß die Reinigung von den Unreinheiten des Geistes entscheidend ist, um den Yogazustand zu erreichen.

Tapas wird oft als „Buße, Kasteiung" oder „Fasten" übersetzt, denn Übungen dieser Art können bei der Beseitigung der kleshas helfen. Im allgemeinen ist es schon möglich, sie durchzuführen, vorausgesetzt sie bringen den Geist nicht aus dem Gleichgewicht.

Reflexion

Wenn Verfeinerung der Verbrennungsprozeß ist, ist Reflexion das Feuer, das zum Kochen oder Verbrennen der Unreinheiten gebraucht wird. Durch Nachdenken können wir uns mit unserer eigenen religiösen oder spirituellen Tradition auseinandersetzen. Wir können Schriften wie die *Veden*, die *Bibel* oder den *Koran* studieren. Dieses Studium hilft im Prozeß der Selbsterforschung. Wir können z. B. etwas in dem klassischen indischen Werk *Ramayana* lesen, das eine Reaktion wie Ärger, Sympathie oder Zustimmung in uns hervorruft. Solche Reaktionen kommen aus unserem Inneren und können als wichtiger Ausgangspunkt für Selbsterforschung und Reflexion über uns dienen.

Die Übungen von *asana* und *pranayama* (das Training von Körper und Atmung) können, wie wir sehen werden, auch eine Quelle des Nachdenkens werden und das Wissen über uns selbst erweitern. Das geschieht, wenn wir sie korrekt, und d. h. mit Aufmerksamkeit, ausführen. Es ist wichtig, daß wir dahin kommen, alle unsere Handlungen mit Aufmerksamkeit zu begleiten, weil jede mechanisch ausgeführte Handlung steril wird und zu Problemen führt. Idealerweise sollte Handeln immer von Reflexion begleitet sein. Aus diesem Grund liegt Reflexion auch zwischen Verfeinerung und Loslassen: beide brauchen es, um effektiv zu sein.

Loslassen

Manchmal entwickeln sich die Dinge einfach nicht so, wie wir es uns gewünscht haben, obgleich wir unser Handeln vorher sorgfältig geprüft und überdacht haben. Wenn wir auf solche Mißgeschicke sofort reagieren, unterstützt das keineswegs unsere Integration. Solche Situationen erfordern ein ganz anderes Verhalten. Statt auf das Ergebnis unserer Handlungen fixiert zu sein, müssen wir lernen, loszulassen und diese Verhaftung aufzugeben.

Trotzdem können wir uns Ziele setzen und sie auch verfolgen. Doch manchmal hindert uns gerade die Zielvorstellung daran, uns einfach nur um die Qualität unseres Handelns zu kümmern. Es ist besser, das Ziel, das Resultat, von der Handlung selbst zu trennen und mit Abstand zu agieren. Das ist auch deshalb besonders wichtig, weil es sich ja herausstellen kann, daß wir ein unangemessenes Ziel verfolgt haben. Die Reflexion darüber erlaubt uns – zusammen mit einer allgemeinen Haltung des Loslassens –, so etwas leichter zu entdecken und die Richtung zu wechseln. Nur zu leicht verbrauchen wir eine Menge Energie, indem wir irrelevante Ziele von nur geringem Wert verfolgen. Schließlich können wir auch ernsthaft enttäuscht und entmutigt werden, wenn wir einem bestimmten Ziel eine zu große Bedeutung beigemessen haben und es dann nicht erreichen konnten.

Hingabe

Jenseits des Loslassens liegt die Hingabe. Wenn das Loslassen eine Haltung und eine Herangehensweise ist, die sich auf einzelne Handlungen bezieht, so ist Hingabe eine Seinsweise. Die *Yogasutras* sprechen über Hingabe als Hingabe an Gott. Dort wird festgestellt, daß die Suchenden, die eine Beziehung voller Andacht und Hingabe zu Gott entwickeln, den Yogazustand bestimmt erreichen werden. Deshalb müssen die Suchenden Gott annehmen, ihn zu verstehen versuchen, ihn loben und seine Hilfe suchen. Die *Yogasutras* sagen, daß Gott jenseits des falschen Verstehens und der Unreinheiten sei, die unseren Geist beeinflussen. Er sei die Quelle allen Wissens und wisse alles zu allen Zeiten auf umfassende Weise. Er sei der erste Lehrer und existiere jenseits der Zeit.

Aus diesen Gründen ist Gott die tiefste Essenz dessen, was wir durch die Yogapraxis erkennen können. Hingabe an Gott ist der Prozeß, uns tief für das Erkennen dieser Realität zu öffnen, uns nicht zurückzuhalten und nicht zuzulassen, in all das verfangen zu werden, was unsere Sicht trübt und unser Handeln in die Irre leitet.

Wenn wir doch verhaftet sind, entsteht sogleich das Problem, daß die Resultate unseres Handelns uns Leiden verursachen. Die Nachwirkungen dieser Erfahrungen trüben unsere Wahrnehmung nur noch mehr, so daß wir unser Handeln kopflos fortsetzen und seine Folgen nie verstehen. Das führt natürlich nur zu noch mehr Leiden.

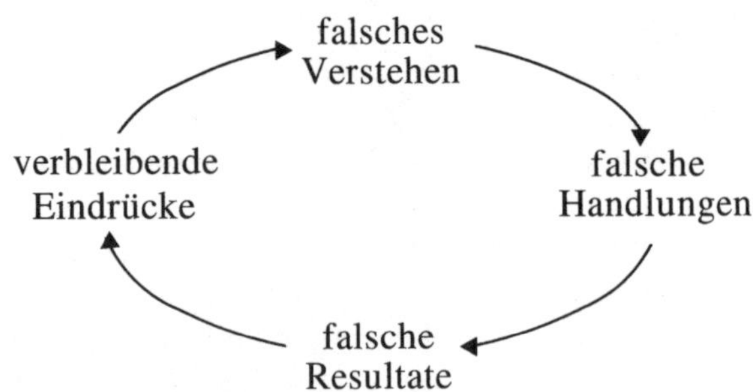

Hingabe an Gott – das Verständnis und die Erfahrung, daß etwas Tieferes in unserem Leben wirkt – bringt ein echtes Verständnis von uns selbst mit sich. Obwohl wir eigentlich erwarten könnten, daß Beten zu Gott uns helfen würde, Gott deutlicher zu sehen, sagt Patanjali, daß wir durch Beten uns selbst besser kennenlernen. Eine Übung, die wir z. B. machen können, ist, uns hinzusetzen und hundertmal den Namen Gottes zu wiederholen, der am bedeutungsvollsten für uns ist. Beobachten wir, was währenddessen in unserem Geist vor sich geht. Wir werden wahrscheinlich bemerken, daß er zu allerhand anderen Orten wandert, als auf Gott ausgerichtet zu bleiben. Wir werden sogar alle unsere Ablenkungstendenzen beobachten können, während sie an die Oberfläche des Bewußtseins kommen. Wenn wir dann darüber nachdenken, werden wir mehr von uns selbst verstehen.

Der Weg zur Klärung der Wahrnehmung braucht Zeit. Wir müssen uns selbst kennen, bevor wir Gott erkennen können. Natürlich gibt es Probleme und Hindernisse entlang des Weges – die meisten sind in uns selbst –, die den Fortschritt in unseren Bemühungen behindern. Wenn wir jedoch unser Verständnis von Hingabe und unsere Beziehung zu Gott entwickeln, werden wir fähiger im Nachdenken, und das wird uns schließlich zu einem klaren Sehvermögen, d. h. zum Yogazustand, führen.

Die acht Glieder des Yoga

Wir haben gesehen, daß wir als Folge von falscher Wahrnehmung und fehlerhaftem Verstehen Leiden erleben. Wir haben auch gesagt, daß wir Freiheit finden, wenn wir diese Mißverständnisse verringern können. Das wesentlichste Mittel auf diesem Weg ist das Unterscheidungsvermögen oder die Fähigkeit, zu erkennen, was unser Streben nach Freiheit unterstützt und was es erschwert. Dieses Unterscheidungsvermögen ist auch der Schlüssel zur Entfaltung einer klaren Sichtweise. Zuallererst brauchen wir allerdings die Erkenntnis, daß wir uns ändern müssen und dann eine ständige Anstrengung, um unsere Bewußtheit, unser Unterscheidungsvermögen, wachsen zu lassen.

Die *Yogasutras* schlagen eine detaillierte Methode vor, um Unterscheidungsvermögen und Klarheit zu entwickeln (II: 29–55 und III: 1–3). Sie besteht aus acht Teilen, bekannt als „die acht Glieder des Yoga". Zusammen enthalten die acht Glieder des Yoga einen praktischen Ansatz, der jede Seite des eigenen Wesens anspricht. Sie sind ein umfassender Prozeß zur Klärung der Unreinheiten, die unsere Sicht trüben, und stellen uns Mittel zur Verfügung, mit denen wir alle unsere Seiten von jedem Blickwinkel aus betrachten können. Außerdem ist jedes dieser Glieder auch ein Schauplatz, wo wir Verfeinerung, Nachdenken und Loslassen üben können, weil alle direkt mit der Entwicklung des Unterscheidungsvermögens zusammenhängen. Die acht Glieder werden im folgenden genannt.

1. Yama

Yama betrifft unser Verhalten zu anderen und zur Umgebung. Dazu gehört Rücksicht, richtige Kommunikation, Nicht-Begehrlichkeit und Mäßigung sowie das Fehlen von Habgier. Wir müssen unser Verständnis dieser Verhaltensweisen vertiefen und uns in ihrer praktischen Ausführung üben.

2. Niyama

So wie yama unsere Interaktion mit anderen betrifft, befaßt sich niyama mit unserer persönlichen Disziplin und der Einstellung zu uns selbst. Dazu gehören persönliche Sauberkeit, Zufriedenheit, die Beseitigung von Unreinheiten durch Disziplin und richtige Gewohnheiten sowie das ständige Erkennen und Annehmen unserer Grenzen. Yama und niyama zusammen befassen sich mit unseren inneren Haltung.

3. Asana

Asana betrifft den Umgang mit dem Körper und ist eines der Hauptthemen dieses Buches. Es wird im 2. und 3. Kapitel ausführlich behandelt.

4. Pranayama

Pranayama ist die Praxis, so mit der Atmung zu üben, daß das eine Wirkung auf unseren Geist, unsere Bewußtheit und unseren Allgemeinzustand hat. Es wird im 6. Kapitel ausführlich behandelt. Asana und pranayama sind beide praktisch und betreffen besondere, lehrbare Techniken. Pranayama ist eine Hilfe zur Sammlung des Geistes, während asana eine Voraussetzung zum Üben von pranayama sein kann.

5. Pratyahara

Pratyahara widmet sich dem Einfluß der Sinne auf unseren Geist, wenn wir eine bestimmte Handlung ausführen wollen. Im Idealfall sollten die Sinne treu der Führung des Geistes folgen, anstatt durch die Objekte, die sie wahrnehmen, überall hin angezogen zu werden. Pratyahara betrifft den Rückzug des Geistes aus der Knechtschaft durch die Sinne. Das braucht Übung, da die Reaktionen unserer Sinne oft schwer zu erkennen sind.

6.–8. Dharana, dhyana und samadhi

Dharana, dhyana und samadhi betreffen das Training der Aktivitäten des Geistes. Dharana bezieht sich auf die Konzentration, auf die Ausrichtung der Aufmerksamkeit auf ein bestimmtes Objekt. Dhyana stabilisiert den Geist in einer ununterbrochenen Konzentration auf ein Objekt. Samadhi ist, wie früher besprochen, das reine Bewußtsein von einem Objekt – der Geist ist frei von seiner gewöhnlichen Zerstreuung und Bewegung. Das ist der Zustand reiner Bewußtheit und Freiheit. Diese drei Glieder des Yoga werden im 7. Kapitel zusammen ausführlich behandelt.

Mit dem Wort *anga*, „Glied“ oder „Zweig“, werden die Übungsbereiche bezeichnet. Wie die Glieder eines Körpers oder die Äste eines Baumes entwickeln sie sich eher gleichzeitig als in aufeinanderfolgenden Schritten, selbst wenn sie in der Darstellung so geordnet sind, daß eine Bewegung vom Groben zum Feinen oder von äußeren Beziehungen zu einer verfeinerten Selbstbeobachtung nahegelegt wird. In der Praxis wird die Erfahrung jedes einzelnen Bereichs jedoch immer an die anderen Bereiche weitergegeben.

Yoga wird oft fälschlicherweise entweder mit Körperhaltungen oder mit dem Sitzen in Meditation gleichgesetzt. AnfängerInnen in asana mögen glauben, daß nur die Körperhaltungen notwendig sind, während andere, die mit der Meditation anfangen, vielleicht glauben, daß die Körperhaltungen nicht viel nützen. Bestimmte Übungsweisen für Körper und Atmung sind jedoch wesentlich, um jede Meditationspraxis zu unterstützen. Entsprechend werden Körperhaltungen ohne geistige Beteiligung und richtiges Atmen SchülerInnen nicht zur vollen Erfahrung der eigenen Integration bringen. Außerdem kommen wir mit einer Vertiefung unserer Erfahrungen eher dahin, den wichtigen Zusammenhang zwischen allen acht Gliedern des Yoga zu erkennen.

Wie wir in den folgenden Kapiteln ausführlicher behandeln werden, müssen wir lernen, im Körper wie im Geist flexibel zu werden. Das kann nur geleistet werden, indem wir die Hindernisse auf allen Ebenen unseres Wesens entfernen. Deshalb betrifft eine richtig integrierte Übungspraxis die Vereinigung von Körper, Atem und Geist, und sie muß jeden Tag ausgeübt werden, so daß sie zu einem integrativen Bestandteil unseres Lebens wird. Dann wird sie zur Erkenntnis und Entfaltung aller Seiten unseres Wesens führen.

AnfängerInnen können mit jedem der acht Glieder anfangen. Wir sind alle verschieden und brauchen unterschiedliche Mittel für einen individuell passenden Beginn. Falls die richtigen Mittel ausgewählt werden, wird Wachstum in einem Bereich auf natürliche Weise zu Arbeit in einem anderen führen, denn alle Bereiche sind ja miteinander verbunden.

Angenommen, Sie werden aufgefordert, sich anzusehen. Sie können das so verstehen, daß Sie sich im Spiegel ansehen gehen oder sich hinsetzen, um über Ihre wahre Natur nachzudenken. Yoga ist der Spiegel, der die Vielfalt des Verständnisses durch die acht Glieder berücksichtigt. Je nach unserem Entwicklungsstand erlaubt er uns, auf einer Stufe eines Bereichs zu beginnen. Der erste ausgewählte Bereich steht nur am Anfang des Fragens. Zur gleichen Zeit oder zu einem anderen Zeitpunkt werden andere Richtungen folgen. Yoga zielt darauf ab, die ganze Person zu entwickeln, so wie es für sie am geeignetsten ist.

Die entscheidende Frage, um mit dem Üben zu beginnen und dann auch dabei zu bleiben, besteht darin, daß wir zuerst erkennen, daß unser augenblickliches Verständnis von den Dingen falsch ist. Wir müssen akzeptieren, daß wir Schritte unternehmen müssen, um es zu ändern, und dann den wirklichen Wunsch und die Bereitschaft haben, das auch zu tun. Wir müssen das starke Bedürfnis spüren, uns auf den Weg zum Yogazustand zu machen, mit dem Üben beginnen und dann den Weg fortsetzen, ohne den Übungsgeist unterwegs zu verlieren.

Die konkreten Mittel, die wir verwenden, sind von sekundärer Bedeutung. Sie sind vorläufig und können sich ändern. Aber unsere Ausrichtung muß klar und konsequent sein, da sonst der tatsächliche Ablauf unserer Übungspraxis mechanisch und bedeutungslos werden könnte. Eine authentische Übungspraxis muß regelmäßig, über einen langen Zeitraum und ohne Unterbrechung ausgeführt werden. Wir müssen sie voller Erwartung, Optimismus und positiver Einstellung ausüben. Eine solche Übungspraxis, deren weiter entferntes Ziel uns klar vor Augen steht, befähigt uns automatisch, Gelassenheit gegenüber den Ereignissen im Leben zu üben. Sie hilft uns auch, uns nicht von den Kräften stören zu lassen, die uns sonst von unserem Ziel ablenken würden.

Üben und Loslassen sind die Mittel auf dem Weg zur eigenen Integration oder zum Yogazustand. Obgleich manche Menschen mit diesem Grad von Klarheit geboren werden, muß die Mehrheit von uns doch eine lang anhaltende und ernsthafte Übungspraxis auf sich nehmen, um den Yogazustand zu erreichen und zu festigen. Vertrauen in das Ziel gibt uns nach den *Yogasutras* die nötige Energie, unseren Weg unbeirrt fortzusetzen und das Ziel im Auge zu behalten. Es ist die Intensität unserer Sehnsucht, die unsere volle Integration schließlich herbeiführt.

Aspekte der Integration

Dieses Buch wird drei der acht Glieder des Yoga ausführlicher untersuchen: asana, pranayama und Meditation. Diese drei sind die praktischen Glieder des Yoga. Jedes von ihnen hängt mit einem besonderen Aspekt der Integration zusammen. Sie sind der Ausgangspunkt, von dem aus sich die anderen Glieder auf natürliche Weise entwickeln.

Man kann es auch so sehen, daß wir nicht über acht Schritte sprechen, denen wir nacheinander folgen, sondern über acht Aspekte des Yoga. Das ist möglich, obwohl die Anordnung der acht Bereiche von den groben zu den feinen Aspekten unserer Erfahrung voranschreitet. Und doch gibt es eine innere Einheit zwischen ihnen. Wenn die Vorgehensweise, so wie sie es sein sollte, an uns angepaßt ist, dann werden sich alle Bereiche auf natürliche Weise in organischer Einheit entwickeln, wie die Glieder eines Körpers. Sie werden die verschiedenen Seiten der Integration zusammen hervorbringen.

Der erste Bereich, die *strukturelle Integration* wird durch die asana-Praxis in Angriff genommen. Unsere Körper haben eine Struktur, die von der frühesten Kindheit an beeinflußt worden ist, z. B. durch Geburt, Bewegungsmuster, Berufswahl, Aktivitätsgrad, Verletzungen usw. Diese Struktur wirkt sich auf unsere Funktionsfähigkeit aus. Rückenschmerzen sind ein klassisches Beispiel dafür. Durch Rückenschmerzen wird unsere Bewegungsfreiheit eingeschränkt; selbst Routineaufgaben, wie zu sitzen oder etwas zu heben, können schmerzhaft sein. Ebenso können physiologische Funktionen, wie eine normale Verdauung oder Atmung, beeinträchtigt sein. Zudem kann man sich mit Rückenschmerzen psychisch geschwächt fühlen, z. B. depressiv, müde oder lethargisch, was auch noch soziale Folgen hat.

Asana-Praxis, die körperliche Disziplin des Yoga, integriert den Körper strukturell. In der asana-Praxis wird der physische Körper durch die Verwendung verschiedener Bewegungen und Haltungen zum Mittelpunkt der Integration gemacht. Zugleich nimmt die asana-Praxis Atmung und Konzentration mit in die Haltungen hinein und berücksichtigt so die Verbindung von Körper, Atem und Geist; sie ist eine integrative Vorgehensweise.

Nach der Yogaphilosophie entsteht die echte strukturelle Integration, wenn die Energiezentren des Körpers, die *chakras* richtig ausgerichtet sind. Da diese Energiezentren auch mit unseren emotionalen und psychischen Funktionen verbunden sind, ergibt sich aus der Integration auf der einen Ebene die Integration auf der anderen.

Der zweite Schwerpunkt dieses Buches betrifft die *funktionale Integration.* Die Yogaphilosophie erklärt, daß die funktionale Integration dann vorhanden ist, wenn der Energiefluß in unserem System in Ordnung ist. Wenn unsere Energie ausgerichtet ist, sind wir zentriert und eins mit uns selbst. Wir können den Energiefluß durch das, was wir essen, durch persönliche Disziplin, durch Gewohnheiten, durch die Art der Sinneswahrnehmung und besonders durch den Atem beeinflussen.

Pranayama, das sich mit dem Atem befaßt, ist eines der wichtigsten Mittel, um die funktionale Integration zu erreichen. Dieser Prozeß führt auch zu psychischer Integration. Die pranayama-Praxis entfernt die Unreinheiten aus dem Geist, so daß er sich konzentrieren kann.

Die Verbindung zwischen Geist und Körper ist im östlichen Denken und auch in einigen Disziplinen des westlichen Denkens gut eingeführt. Das Fehlen einer *psychischen Integration* schadet der strukturellen und funktionalen Integration und umgekehrt. Wenn die Ruhe des Geistes gestört ist, sind Körper und Atem es auch. Die Meditationstechniken gehen dieses Problem direkt an. Außerdem unterstützen verschiedene pranayama-Techniken und auch asana die Integration, indem sie Körper und Atmung richtig koordinieren.

Soziale Integration ist die natürliche Folge dieser verschiedenen Praktiken und Formen von Integration. Wenn unsere strukturelle, funktionale und psychische Verfassung in Ordnung ist, können wir uns angemessen an der sozialen Interaktion beteiligen. Es ist ungefähr so, wie die Geschichte vom General und seinem neunjährigen Sohn.

Ein General hatte einmal einen neunjährigen Sohn, der sehr aufgeweckt war und immerzu Fragen stellte. Eines Abends, als der General mit Kriegsplänen beschäftigt war, kam der Sohn mit noch mehr neuen Fragen zu ihm. Um das Kind für eine Weile zu beschäftigen, gab ihm der Vater eine Weltkarte, die in Stücke zerrissen war, und bat ihn, sie zusammenzusetzen.

In der Erwartung, daß der Junge einige Zeit dafür brauchen würde, war der Vater sehr überrascht, als sein Sohn innerhalb von Minuten wieder da war, mit der zusammengefügten Weltkarte. Er fragte seinen Sohn, wie er das so schnell fertiggebracht hätte, und der Junge antwortete darauf: „Es war sehr einfach. Ich entdeckte das Bild einer Person auf der Rückseite und habe die Stücke so wieder zusammengesetzt." Da erkannte der Vater, daß die Welt in Ordnung ist, wenn man die Person in Ordnung bringt. Das ist persönliche Integration im vollen Sinn.

2. Asana – Die integrative Funktion des Körpers

Asana ist ein naheliegender Ausgangspunkt für die Integration, weil es sich mit etwas Konkretem und Greifbarem befaßt: mit dem Körper.* Bei fast jeder Aufgabe ist es leichter, auf der groben Ebene zu beginnen und dann auf die feineren Aspekte hinzuarbeiten. Das gilt auch für unsere Integration. Den meisten von uns ist vor allem der Körper bewußt. Meist identifizieren wir das „Selbst" auf irgendeine Weise mit unserem körperlichen Dasein. Wir erfahren uns selbst, unsere Umgebung und andere Menschen durch unseren Körper. Folglich ist der Körper auch die richtige Stelle, um mit der Yogapraxis zu beginnen.

Eine geeignete asana-Praxis – eine, die Körper, Atem und Geist berücksichtigt – wird den Körper stärken, ausgleichen und stabilisieren. Wenn das geschieht, entwickelt sich unser ganzes Wesen auf dieselbe Weise. Mit einer isolierten Entwicklung von einem oder auch zwei der drei Bereiche ist das nicht zu erreichen. Wenn wir uns z. B. nur auf das Denken und den Atem konzentrieren, bauen wir keinen gesunden Körper auf. Ein ungesunder Körper wird dann zu einem Hindernis beim Meditieren und Reflektieren. Erst die integrative Arbeit mit allen drei Bereichen – Körper, Atem und Geist – erlaubt ernsthaften SchülerInnen, sich zu verändern, sich von Beschränkungen freizumachen und sinnvolle Ziele in der inneren Entwicklung und im äußeren Leben zu verwirklichen.

Das richtige Üben der asanas hilft auch, Struktur und Funktion der Chakras, der Energiezentren des Körpers, auszugleichen. Wenn wir die Körperposition in den verschiedenen Haltungen wechseln, verändern wir auch die Lage der Chakras. Jede Bewegung und Form des Körpers, wie auch des Atems und des emotionalen Zustands, hat eine unterschiedliche Wirkung auf diese Konzentrationspunkte der Energie und beeinflußt so das Energiesystem des Körpers. Um gesund zu bleiben, müssen die Chakras richtig ausgerichtet sein und in einem idealen Abstand zueinander stehen. Eine korrekte asana-Praxis mit einer wirksamen Atmung kann das erwünschte Gleichgewicht herbeiführen.

Hier ist eine wichtige Klärung nötig, bevor wir fortfahren: Wenn Leute im Westen an „Yoga" denken, ist es typisch für sie, sich die Haltungen

* In diesem Buch wird zwischen „asana" als Oberbegriff (dem Bereich oder der Ebene der Körperhaltungen) und „einem asana" oder „den asanas" (den einzelnen Körperhaltungen) unterschieden. (Anm. d. Übers.)

oder asanas vorzustellen. Sie nehmen an, daß Yoga einfach nur eine Disziplin ist, um den Körper gesund zu erhalten. Natürlich ist das ein wohlbekanntes Ergebnis der asana-Praxis. Eine richtig geplante und ausgeführte asana-Praxis wird unsere Kraft, Flexibilität und Ausdauer erhöhen und uns ein ungewöhnliches Gefühl von Gesundheit und Wohlbefinden geben. Doch dieses Resultat ist nur ein Nebenprodukt der asana-Praxis, nicht ihr endgültiges oder einziges Ziel, denn die körperliche Seite ist nur ein Teil des Zugangs zur völligen Integration.

Die Kernprinzipien der integrativen asana-Praxis

Fast alle asana-Schulen haben ihren eigenen Ansatz. Viele Schulen betonen die Beherrschung der Endhaltungen. Die asana-Methode, die wir in diesem Buch skizzieren, ist in ihrer Ausrichtung und Einfachheit einzigartig. Besonders wirkungsvoll an dieser Methode sind die ihr zugrundeliegenden Prinzipien und die Art, wie die Praxis durch sie ausgefüllt und gelenkt wird. In diesem Kapitel werden einige dieser Prinzipien eingeführt und in ihrer praktischen Anwendung dargestellt.

1. Die asana-Praxis sollte beständig und angenehm sein und den Körper stark und flexibel machen.
2. Die asana-Praxis sollte die Wirbelsäule betonen.
3. Die asana-Praxis sollte dem eigenen Ziel angepaßt werden.
4. Die asana-Praxis sollte in überlegten, geordneten Schritten vorgehen (vinyasa krama).
5. Die asana-Praxis sollte den Atem verwenden, um Körper und Geist zu integrieren.
6. Die asana-Praxis sollte den Atem zur Anpassung der Haltungen einsetzen.
7. Die asana-Praxis sollte den Atem als Feedback verwenden.

1. Prinzip:
Die asana-Praxis sollte beständig und angenehm sein und den Körper stark und flexibel machen

In den *Yogasutras* (II:46) definiert Patanjali asana als *sthiramsukhamasanam.* Sthira bedeutet „fest, beständig" oder „aufmerksam" und bezieht sich auf Stärke. *Sukha* bedeutet „angenehm" oder „bequem" und betrifft Flexibilität. Patanjalis Definition ist bedeutungsvoll: asana ist weniger eine spezifische Körperhaltung als vielmehr ein bestimmter Zustand. Beständigkeit und Wohlbefinden beziehen sich nicht nur auf die angestrebte körperliche Beschaffenheit, sondern auch auf die angestrebte geistige Verfassung. Asana ist ein Zustand der Aufmerksamkeit ohne Anspannung, der durch eine Bewegung oder eine Körperhaltung zustandekommt; er ist ein Ausdruck dessen, wie Geist, Körper und Atem in einer ausgeglichenen Art und Weise zusammenwirken, um ein ausgeglichenes Ergebnis zu erzielen.

Das Ziel einer richtigen asana-Praxis ist die Entwicklung von Stärke *und* Flexibilität, das Gleichgewicht von sthira und sukha. Ohne sie kann man sich dem größeren Ziel der Integration nicht annähern.

2. Prinzip: Die asana-Praxis sollte die Wirbelsäule betonen

Alles im Körper ist auf irgendeine Weise mit der Wirbelsäule verbunden. Sie ist wie der Stamm eines Baumes: Wenn der Stamm stark und elastisch ist, ist der Baum gesund, wenn nicht, ist der Baum gefährdet. Wenn die Funktion der Wirbelsäule verbessert wird, so entsteht ein stabiles Fundament des Körpers.

Das Bindegewebe um die Wirbelsäule herum braucht Bewegung, um die Wirbelsäule stark und flexibel zu halten. Aber die normalen Aktivitäten des modernen Lebens bringen wenig Bewegung und deshalb auch wenig Regeneration dieses Bereichs mit sich. Rückenprobleme sind zu einem der größten Gesundheitsprobleme der modernen westlichen Welt geworden. Körperlich liegt das Hauptaugenmerk einer effektiven asana-Praxis daher auch auf der Wirbelsäule.

In der ganzheitlichen asana-Arbeit betonen wir die Wirbelsäule, indem wir:

1. die richtigen Haltungen dafür auswählen
2. die Haltungen so anpassen, daß sie maximal auf die Wirbelsäule einwirken
3. den Atem richtig einsetzen.

3. Prinzip: Die asana-Praxis sollte dem eigenen Ziel angepaßt werden

Alle, die asana üben, sollten mit einem Ziel oder einer Absicht beginnen. Das Ziel kann sich von Tag zu Tag oder je nach Jahreszeit ändern. Es kann von einem speziellen Ziel, wie der Beherrschung einer bestimmten Körperhaltung, zu einem weitergefaßten Ziel, wie der Streßreduzierung im täglichen Leben, fortschreiten. Eigentlich ist jedes unmittelbare Ziel in einer asana-Praxis Teil einer fortlaufenden Bewegung hin zu dem größeren Ziel der völligen Integration.

Wenn man sowohl das unmittelbare wie das größere Ziel gut eingeführt hat, muß man seine Übungspraxis ständig neu einschätzen und diesen Zielen anpassen, um sicherzugehen, daß man sie auch erreichen wird. Das macht die Kunst der Anpassung aus.

4. Prinzip: Die asana-Praxis sollte in überlegten, geordneten Schritten vorgehen (vinyasa krama)

Vinyasa krama heißt intelligent gesetzte, geordnete Schritte. Wenn man sich einmal für ein Ziel entschieden hat, muß man festlegen, wie man sicher und effizient dahin kommt. Um irgendwo hinzukommen, muß man den Punkt kennen, von dem man ausgeht. Weil jedeR von uns verschieden ist, unterscheidet sich auch der Ausgangspunkt jeder Übungspraxis, selbst wenn wir das gleiche Ziel haben.

Darin liegt auch der Wert von vinyasa krama auf dem Weg zur individuellen Integration. Der Prozeß von vinyasa krama berücksichtigt schon bei der Planung des Weges, den individuellen Ausgangspunkt und die spezifischen Charakterzüge und Beschränkungen. Er geht davon aus, was augenblicklich in unserem Leben, unserem Körper und unserer Umgebung passiert, und bestimmt so exakt die besten Mittel, um das Ziel zu erreichen.

Der Versuch, ein Ziel in einem einzigen großen Schritt zu erreichen, kann oft entmutigend und riskant sein. Wenn wir den Weg in leicht machbare Schritte unterteilen, lernen wir jeden gründlich kennen und empfinden jedesmal, daß wir etwas geschafft haben. Dieser Prozeß macht es den SchülerInnen möglich, bei jedem Schritt innezuhalten, ihn auszuwerten, die nötigen Veränderungen zu treffen und dann fortzufahren. So können Weg und Ziel entsprechend den ständigen Veränderungen in uns und um uns herum aktualisiert werden. Außerdem entdecken wir, wie nützlich dieser Zugang aufgrund seiner Weisheit und leichten Durchführbarkeit in allen Lebensbereichen sein kann. Veränderungen dieser Art sind leicht ausführbar und individuell passend, ob sie nun den Charakter, die Umgebung oder die Ziele betreffen.

5. Prinzip:
Die asana-Praxis sollte den Atem verwenden, um Körper und Geist zu integrieren

Körper, Atem und Geist sind eng miteinander verbunden. Eine Veränderung in einem Bereich kommt notwendigerweise auch in den anderen zum Ausdruck. Wenn der Geist gestört ist, sind Körper und Atmung ebenfalls betroffen. Wenn der Körper aktiv ist, erhöhen auch Geist und Atmung ihr Tempo. Die Kraft dieser Wechselwirkung ist so groß, daß man alle drei Bereiche benutzen kann, um ein gewünschtes Resultat zu erzielen. Man kann den Geist beruhigen, indem man die Atmung beruhigt, und man kann die Atmung durch eine entsprechende Veränderung der körperlichen Aktivität beruhigen. Das gehört zum Grundverständnis der Yogapraxis und wird im ganzen Buch immer wieder angesprochen.

6. Prinzip:
Die asana-Praxis sollte den Atem zur Anpassung der Haltungen einsetzen

Allein durch den Umgang mit der Atmung können wir die Haltungen schon an unsere Bedürfnisse anpassen. Der richtige Zeitpunkt des Einatmens, die richtige Dauer des Ausatmens und das geeignete Anhalten des Atems sind alles sehr wirkungsvolle Mittel, die eine Übungspraxis wohltuend oder auch schädlich machen können. Eine Körperhaltung, die mit einem Atemzug eingenommen wird, bei dem man bis vier zählt, unterscheidet sich von der gleichen Haltung mit einem Atemzug von acht Einheiten. Das Anhalten der Ausatmung während der Ausführung einer Bewegung kann unter den richtigen Umständen den Rücken stärken. Das Anhalten der Einatmung kann sogar Rückenprobleme verursachen, wenn es falsch gemacht wird. So groß ist die Macht des Atems, eine Übungspraxis zu beeinflussen.

Der Atem ist ein sehr feines Mittel der Anpassung, aber ein äußerst wirkungsvolles. Er wirkt als der größte Hebel in der Entwicklung, die zur eigenen Integration zurückführt.

7. Prinzip:
Die asana-Praxis sollte den Atem als Feedback verwenden

Der Atem dient für viele Seiten des Übens als Feedback. Insbesondere zeigt er uns, ob sthira und sukha erfüllt sind: ob wir uns beständig und angenehm fühlen oder nicht. Wenn unsere Atmung kurz oder angestrengt wird, überanstrengen wir uns. Das kann zeigen, daß eine Haltung zu schwer ist, daß wir sie für unsere Kräfteverhältnisse zu oft wiederholen oder daß wir uns zu sehr anstrengen, um einen Widerstand zu überwinden.

Der Atem zeigt vor allem auch an, ob unsere Aufmerksamkeit gesammelt ist. Wenn wir merken, daß unsere Gedanken abschweifen und wir die Atmung nicht länger wahrnehmen, wissen wir, daß wir uns nicht mehr konzentrieren und nicht richtig Yoga machen. Es ist entscheidend für asana, die Atmung zu regulieren.

Idealerweise sollte der Atem lang und gleichmäßig und bewußt kontrolliert sein. Ein unbeständiger Atem zeigt an, daß unsere Vorgensweise nicht mehr wohlüberlegt ist und deshalb modifiziert werden sollte. Im wesentlichen weisen derartige Veränderungen der Atmung auf Widerstände auf der körperlichen, mentalen oder emotionalen Ebene hin.

Richtlinen für das Üben

Sich die Absicht klarmachen

Wie wir früher besprochen haben, ist es entscheidend, zuerst festzulegen, mit welcher Absicht wir die asanas üben wollen. Diese Absicht kann sich von Tag zu Tag ändern oder so lange gleichbleiben, bis unsere Bedürfnisse sich ändern. Wenn wir unsere Übungspraxis aufmerksam beobachten, werden wir feststellen, daß deren Ziele sich mit dem Leben verändern. Wenn die Übungspraxis z. B. ursprünglich darauf abzielte, mit einem Rückenproblem zurechtzukommen, werden wir vielleicht neue Stärke und Flexibilität aufbauen wollen, nachdem sich die Rückenschmerzen gebessert haben. Entsprechend verändern sich dann auch die Übungen.

Bevor wir mit einer asana-Praxis anfangen, sollten wir darüber nachdenken, warum wir das machen wollen. Wenn wir weitergehen, sollten wir immer wieder überprüfen, ob die ursprüngliche Absicht als Hauptmotiv bestehen bleibt. Wenn nicht, sollten wir auswerten, *warum* nicht, und darüber nachdenken, was das neue Ziel der Übungspraxis sein könnte.

Den Körper kennenlernen

Da keine zwei Körper gleich sind, sehen sie in denselben Haltungen auch nicht gleich aus. Idealerweise sollte einE LehrerIn jede Haltung und das ganze Übungsprogramm an die Bedürfnisse der SchülerInnen anpassen. Früher hatten Yogalehrer eine Einzelbeziehung zu ihren Schülern, die eine heilige Verantwortung mit sich brachte: sich darum zu kümmern, daß der Schüler keinen körperlichen oder emotionalen Schaden nahm. Diese Lehrer verstanden ihre Rolle nicht nur als Lehrer (*sikshana*), sondern auch als Beschützer (*rakshana*) ihrer Schüler.

Im Grunde bezeichnet sikshana, was man in der asana-Praxis tun sollte, und rakshana, was man dort nicht tun sollte. Gute YogalehrerInnen sollten das empfindliche Gleichgewicht zwischen den beiden Aufgaben des Lehrens und Beschützens aufrechterhalten. YogalehrerInnen, die sich zu sehr um das Beschützen kümmern, lassen vielleicht nicht zu, daß ihre SchülerInnen genug erreichen, während YogalehrerInnen, die zu entschlossen ein Ziel verfolgen, ihnen schaden können. Genauso, wie es ideal ist, wenn ein Gleichgewicht zwischen sthira und sukha besteht, gilt das auch für sikshana und rakshana.

Hier ist ein wichtiger Punkt zu beachten: Es liegt in der Verantwortung der YogaschülerInnen, mit dem richtigen Verständnis der Demonstration einer Haltung durch einen Lehrer oder eine Lehrerin zu folgen. Wenn man zum ersten Mal ein asana lernt, sieht man meist zu, wie einE YogalehrerIn die Haltung ausführt und versucht es dann selbst.

Bei dieser Herangehensweise gibt es Vor- und Nachteile. Eine Haltung zu beobachten, hilft zu verstehen, wie man sie ausführen kann, aber es kann auch ein Bild im Kopf festlegen, wie die Haltung genau aussehen sollte. Wenn man nicht in der Lage ist, dieses Bild mit dem eigenen Körper zu reproduzieren, könnte man schließlich die Bewegung erzwingen wollen, frustriert und enttäuscht werden und sich zu guter Letzt noch verletzen. Zumindest könnte man eine Abneigung gegen die asana-Praxis entwickeln. Es ist also am besten, die Arbeit der Lehrerin oder des Lehrers zu beobachten, einen gewissen Abstand zu wahren und die eigenen Erfahrungen in der Haltung zu überprüfen. Wie die Haltung aussieht, ist dann nicht so wichtig.

Auch YogalehrerInnen mit einem sehr hohen Niveau haben nicht immer das richtige Verständis davon, wie ein anderer Körper durchgearbeitet oder geschont werden muß. Wir müssen selbst wissen, wie das passende Gleichgewicht zu finden und, wenn nötig, zu verändern ist. So ist es

z. B. in den frühen Stadien eines Heilungsprozesses sehr wichtig, im Zweifelsfall eher zu vorsichtig zu sein. Aber manchmal ist es auch wichtig, den eigenen Widerstand zu überwinden, um Fortschritte zu machen. Im letzteren Fall ist es notwendig, den Körper gut durchzuarbeiten. Der Atem und das erweiterte innere Bewußtsein zeigen uns dann am besten, ob wir zu hart arbeiten oder uns nicht genug anstrengen. Beide werden in späteren Abschnitten noch behandelt.

Den richtigen Rahmen schaffen

1. Im allgemeinen ist es am besten, im Haus zu üben. Dann ist die Temperatur mäßig und solche Dinge wie starker Wind oder heiße Sonne können unsere Übungspraxis nicht stören. Wählen Sie einen gut durchlüfteten Raum mit genügend Platz für freie Bewegung.

2. Benutzen Sie einen Teppich oder eine bedeckte Oberfläche zum Üben. Diese soll den Körper vor einem harten Boden schützen, aber fest genug sein, das Gleichgewicht in den Stehhaltungen zu unterstützen. Eine Oberfläche mit den Eigenschaften sthira und sukha (fest und angenehm) hilft uns, diese Qualitäten selbst zu erreichen.

3. Wenn Sie Sport oder Gymnastik vor Ihrer asana-Praxis machen, lassen Sie sich etwas Zeit zum Ausruhen, bevor Sie anfangen zu üben, so daß Körper, Atem und Geist voll einsatzfähig sind.

4. Essen Sie etwas Leichtes, und legen Sie eine Pause von mindestens anderthalb bis zwei Stunden vor der asana-Praxis ein. Wenn der Magen leer ist, kann das Zwerchfell sich frei bewegen, und das Üben wird angenehmer und leichter.

5. Wählen Sie die richtige Dauer für Ihre Übungspraxis und berücksichtigen Sie dabei auch Ihr Durchhaltevermögen. Jeden Tag regelmäßig fünfzehn Minuten zu üben, ist bei weitem besser für Sie, als zwei Stunden an den Wochenenden. Es ist auch besser, eine kurze Folge von asanas gründlich und aufmerksam zu üben, als hastig ein langes kompliziertes Übungsprogramm zu absolvieren, ohne die Integration zu beachten, die es erst wirklich zu asana macht.

6. Wählen Sie eine passende Tageszeit zum Üben. Die optimale Zeit dafür ist von vielen Faktoren abhängig: von der Arbeitszeit, den Familienpflichten, der körperlichen und geistigen Verfassung zu verschiedenen Tageszeiten u. a. Im allgemeinen ist eine Übungszeit früh am Morgen ideal. Wenn Sie Ihren Tag voller Energie, entspannt und ausgeglichen beginnen, so kann sich das nur positiv auswirken.

Wie alle Aspekte des Übens, so sollte auch die Übungszeit flexibel bleiben. Ein rigides Festhalten am Prinzip des frühen Übens kann sich auch nachteilig auswirken. So mußte z. B. ein Yogaschüler, der am frühen Morgen zu üben pflegte, einmal sehr früh ein Flugzeug nehmen. Es war kalt, als er um vier Uhr früh aufstand, um sein normales Programm, das Umkehrhaltungen enthielt, zu üben. Als er dann vormittags sein Reiseziel erreichte, hatte er Kopfschmerzen und akute Rückenschmerzen.

Am frühen Morgen, wenn der Körper noch kalt ist und die Gelenke noch nicht durch den Gebrauch geschmiert sind, funktioniert der Körper nicht so wie sonst. Wenn man so früh übt und es noch kalt ist, muß man das Übungsprogrammm modifizieren und einige Zeit zum Aufwärmen verwenden. Das gilt besonders für Menschen mit Rückenproblemen.

Wenn man tagsüber ein volles Programm hat, kann die einzige Zeit zum Entspannen vor dem Schlafengehen liegen. Das wäre dann die beste Zeit zum Üben. Das Übungsprogramm muß dann natürlich auf den anschließenden Schlaf abgestimmt sein.

Die allgemeinen Richtlinien sind:

- Üben Sie während einer möglichst störungsfreien Zeit. Sie können dann dem Üben mehr Aufmerksamkeit schenken und sich Ihrer selbst bewußter werden und so die Integration fördern.
- Entspannen Sie sich beim Üben. Geben Sie sich Mühe, sich auf den Atem und die Bewegung zu konzentrieren, anstatt an die vorhergehenden oder anschließenden Aktivitäten des Tages zu denken. Das ist schwierig und braucht ständig Aufmerksamkeit, lohnt sich jedoch sehr.
- Seien Sie flexibel, was die Übungszeit betrifft, aber üben sie regelmäßig. Yoga ist ein dauernder Wachstums- und Veränderungsprozeß. Wenn es Ihnen gelingt, die Übungspraxis in Ihren Alltag zu integrieren, kann das höchst wertvolle Auswirkungen haben.

Die Übungspraxis unterbrechen

Wenn Sie die Übungspraxis dauernd beobachten und darüber nachdenken, wissen Sie, wann ein Wechsel notwendig wird. Wenn Sie z. B. bestimmte Haltungen jeden Tag üben und andere nicht, könnten Sie davon abhängig werden. Es könnte sich lohnen, mit diesen Haltungen aufzuhören und statt dessen darüber nachzudenken, warum Sie so daran hängen.

Wenn Sie körperliche Symptome, wie nach einer Krankheit, haben, kann es wichtiger sein, sich auszuruhen, als zu üben. Nach einer Verletzung müssen Sie eventuell das Üben unterbrechen, um die Heilung zuzulassen. In solchen Fällen beschleunigen einfache Atemübungen oft die Genesung.

Eine Symphonie aus der Übungspraxis machen

Das Üben der asanas sollte eine harmonische Erfahrung und niemals ein Kampf sein. Je nachdem, wie man in ein Blasinstrument, z. B. eine Flöte, bläst, kommt entweder ein schrilles Quietschen oder eine wohlklingende Melodie heraus. Der Körper ist auch ein Instrument. Wenn er geschickt benutzt wird, und Bewegung und Atmung im Einklang miteinander sind, ist die Haltung, die sich daraus ergibt, eine wertvolle und harmonische Erfahrung. Wenn alle seine Teile, wie in einem Orchester, harmonisch zusammenwirken, wird asana zu einer Musik von Körper, Atem und Geist. Eine solche Musik ergreift alles, was sie berührt.

Die Prinzipien in die Praxis umsetzen

1. Prinzip:
Beständig und angenehm, stark und flexibel

Beständigkeit und Wohlbefinden (sthira und sukha) stehen zueinander in einer funktionalen Beziehung. Wenn Menschen steif auf dem Boden sitzen, werden sie nicht fähig sein, die Aufmerksamkeit z. B. ganz auf eine Atemübung auszurichten. Sie besitzen kein sukha, keine Flexibilität, und deshalb fehlt ihnen die Beständigkeit von sthira.

Umgekehrt kann eine bestimmte Haltung für sehr flexible YogaschülerInnen so bequem werden, daß ihre Aufmerksamkeit dabei abschweift. Keiner dieser Fälle ist wirklich asana, da jeweils eines der Merkmale fehlt, durch die asana definiert ist: sthira und sukha.

Die asana-Praxis wird effektiv, wenn in ihr zugleich Stärke aufgebaut und Flexibilität entwickelt wird und beide im Gleichgewicht sind. Eine Unausgeglichenheit zwischen beiden kann zu Problemen führen. Sehr oft wird asana irrtümlich nur als eine Methode gesehen, um flexibler und entspannter zu werden, und Stärke wird dabei ganz übersehen.

Wenn man flexibler wird, ohne stärker zu werden, werden viele Haltungen, die den Rücken betreffen, ineffektiv. Ja, man kann auch eine Endhaltung einnehmen und den Rücken dabei gar nicht benutzen oder sich sogar verletzen. Obwohl die Haltung gut *aussehen* mag, kann sie den Körper zugleich auf eine disfunktionale Weise belasten.

Jede Struktur gibt am Punkt des geringsten Widerstandes nach – zu viel Flexibilität führt in einigen Bereichen zu zu wenig Widerstand. Es ist möglich, eine Haltung nicht aus dem Gleichgewicht von Stärke und Flexibilität heraus zu erreichen, sondern nur deshalb, weil der Körper an einem geschwächten und überflexiblen Punkt nachgibt. Schließlich kann dieser Bereich überbeansprucht und verletzt werden.

Falls man sehr stark, aber nur begrenzt flexibel ist, ist man genauso gefährdet. Wenn unsere Bewegungsmöglichkeiten eingeschränkt sind, kann schon eine einfache Bewegung einen Schmerz oder sogar eine Verletzung hervorrufen. Sich nur nach vorn zu beugen, kann zu einem Problem werden. Jede spontane, ungewohnte Bewegung kann das Risiko einer Verletzung beträchtlich vergrößern. Außerdem behindern chronisch angespannte Bauchmuskeln den Kreislauf und die Bewegung der Eingeweide und hemmen dadurch die Verdauung und die Vitalität der Organe im unteren Bauchraum.

Auf der anderen Seite sieht es bei allzu flexiblen YogaschülerInnen so aus, als ob der obere und der untere Teil des Körpers funktional getrennt wären. Ein Teil arbeitet, nur aufgrund dieser Flexibilität, ohne Beziehung zum anderen. Diese Unausgeglichenheit kann schließlich zu Rückenproblemen führen. Die Rückenprobleme wiederum können die Vorderseite oder den unteren Bauchraum beeinflussen und Probleme mit der Verdauung, dem Menstruationszyklus u. a. verursachen. Ein geschwächtes Muskelsystem ist z. B. oft eine der Hauptursachen von Leistenbruch oder Gebärmuttervorfall.

Die Bedeutung des Gleichgewichts gilt auch für den Grad der Anstrengung in der asana-Praxis. Ohne ausreichende Bewegung wird der Körper steif und tut vielleicht sogar weh. Doch zuviel Anstrengung kann auch Schmerzen oder Verletzungen verursachen. Eine angemessene asana-Praxis enthält das richtige Maß an Arbeit und eine Intensität, die uns herausfordert, aber uns weder verletzt noch erschöpft – noch einmal das Gleichgewicht von sthira und sukha.

Die *Yogasutras* (II:47) nennen vier Mittel, um sthira und sukha zu erreichen:

– *prayatna* – auf überlegte und richtige Weise vorgehen

– *shaitilya* – Widerstände erkennen und verringern
– *ananta* – den Atem richtig einsetzen
– *samapatti* – sich mit dem eigenen Ziel identifizieren.

Überlegt vorgehen, um Widerstände zu überwinden

Jede Bewegung, ob sie nun körperlich, mental oder emotional ist, trifft auf verschiedene Widerstände. In der asana-Praxis ist es entscheidend, daß wir die Widerstände erkennen, die uns daran hindern, richtig zu üben. Jede Bewegung bringt Reibung mit sich. Deshalb ist es wichtig, exakt zu bestimmen, worin die Reibung besteht. Widerstände können körperlich, mental oder emotional sein und Körper, Atem und Geist betreffen.

Sagen wir z. B., daß Sie eine starke Vorwärtsbeugung im Sitzen, wie *paschimatanasana*, machen wollen. Ihr Widerstand dagegen kann verschiedene Ursachen haben: körperliche, wie bei einem steifen Rücken oder steifen Beinen, emotionale, wie bei der Angst, sich vorzubeugen, oder auch eine Kombination davon. Ein guter Lehrer oder eine gute Lehrerin beobachtet, wie Ihr Körper sich in den Vorbereitungshaltungen und in der Endhaltung selbst verhält. Er oder sie ändert dann Ihr Programm ab, um sicherzustellen, daß Ihr Vorgehen intelligent und richtig und nicht gewaltsam ist.

Eine verbreitete Gefahr der Yogapraxis tritt auf, wenn YogaschülerInnen ihre Grenzen nicht kennen und sich in eine Haltung hineinzwingen. Das heißt nicht, daß einE YogaschülerIn ein asana, daß er oder sie machen möchte, u. U. überhaupt nicht einnehmen kann – es heißt nur, daß solche Haltungen anfangs nicht erzwungen werden sollten. Wenn man seine Grenzen einmal erkannt hat, kann man die Haltung auf vielfältige Weise abändern: Man kann die Intensität verringern, die Atmung verändern, die Haltung wiederholen oder die Zeit, in der man in der Haltung bleibt, einschränken. Was man sich merken muß, ist, daß Zwang nur Widerstand hervorruft. Das Üben sollte mehr einem Feilen als einem Meißeln gleichen.

Den Atem richtig einsetzen, um Widerstände zu überwinden

Die Bedeutung des Atems kann nicht genug betont werden. Atem ist Leben, und asana ohne richtiges Atmen ist nicht fruchtbar in bezug auf die eigene Integration oder auf echten Yoga. Das Sanskritwort *ananta* hat mehrere Bedeutungen, darunter auch „das, was endlos ist“. Im Kontext von asana bedeutet es „Atem“, weil der Atem endlos ist, mit der Geburt in den Körper kommt und ihn erst mit dem Tod verläßt. Der Atem ist das, was dem Körper Leben gibt.

Die Atmung fungiert auf vielfältige Weise. Sie spiegelt einen Widerstand sofort wider und ist deshalb ein wirksames Mittel, um ihn zu entdecken und zu überprüfen. Sie zeigt auch an, wie sehr wir uns anstrengen und ob wir über unsere Grenzen gehen oder nicht. Ebenso ist sie ein Mittel, um den Geist zu sammeln. Ein gesammelter Geist ist eine Voraussetzung für eine effektive asana-Praxis.

Außerdem kann die Atmung ein Mittel sein, um einen Widerstand zu verringern. Wenn wir z. B. paschimatanasana (Vorwärtsbeugung im Sitzen) üben, können wir den Widerstand der steifen Rücken- oder Beinmuskeln umgehen, indem wir gleichmäßig ausatmen, während wir den Oberkörper sich nach vorn über die Beine bewegen lassen. Das gibt uns auch einen Sicherheitsspielraum – es ist nicht mehr so leicht möglich, uns über die körperlichen Grenzen hinwegzusetzen, wenn wir während der ganzen Übung auf die Qualität unserer Atmung achten.

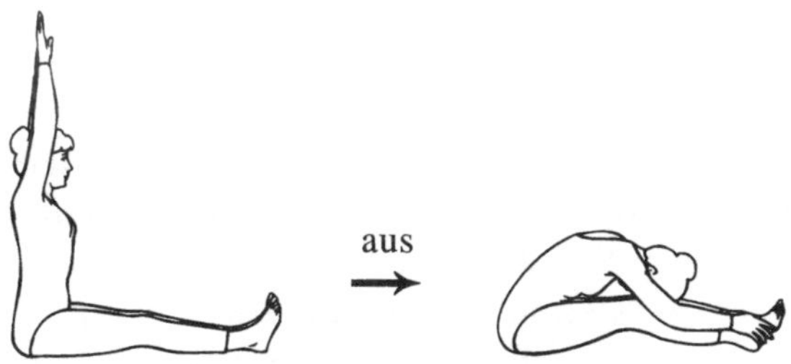

Fassen wir die Gesichtspunkte einer effektiven asana- Praxis, die zu Beständigkeit und Wohlbefinden, zu Stärke und Flexibilität führt, noch einmal zusammen:

- uns der Verbindung von Körper, Atem und Geist bewußt sein und dankbar dafür sein
- die Widerstände in Körper, Atem und Geist in einer Übungspraxis richtig einschätzen
- auf den Atem achten, um dadurch:
  - unsere Widerstände zu erkennen und zu verringern
  - die Intelligenz unseres Vorgehens zu beurteilen
  - festzustellen, ob wir unserem Ziel näherkommen oder nicht.

2. Prinzip: Die Wirbelsäule betonen

Wir betonen die Wirbelsäule, indem wir Haltungen auswählen, die auf die Wirbelsäule einwirken, und indem wir diese Haltungen so abändern, daß sich die Wirkung auf die Wirbelsäule noch vergrößert. Für die erste Aufgabe empfehlen wir, mit den zwanzig asanas zu arbeiten, die in diesem Buch erklärt werden. Um die zweite Aufgabe zu lösen, brauchen wir Erfahrungen damit, wie die Haltungen mit Hilfe von Aufmerksamkeit, Atem und Bewegung sinnvoll abgeändert werden können, mit anderen Worten: wie sie an die individuellen Besonderheiten angepaßt werden können.

Sich der Wirbelsäule bewußt sein

In jeder Haltung, bei jedem Atemzug sollten wir uns der Bewegung in der Wirbelsäule und der notwendigen Anstrengung im Rücken bewußt sein. Wir können den Bewegungsspielraum der Wirbelsäule vergrößern, wenn wir eine Haltung so einnehmen, daß die Wirbelsäule sich leicht bewegen läßt. Das bedeutet im allgemeinen, in den Armen, im Nacken und in den Beinen nachzugeben, damit sich die Spannungen dort lösen können. Dann kann die Arbeit besser auf die Wirbelsäule einwirken.

Sehen wir uns dieses Konzept etwas näher an. Es besteht ein wesentlicher Unterschied zwischen dem Heben der Arme, wenn sie entspannt sind, und dem Heben der Arme, wenn sie steif und gerade sind. Einen schon gestreckten und steifen Arm zu heben, läßt wenig Bewegung in der Wirbelsäule zu und verspannt Nacken und Schultern. Auf der anderen Seite wird die Wirbelsäule an einer Bewegung aktiv beteiligt, die im Zentrum des Körpers (im Rumpf) beginnt und sich in die Extremitäten fortsetzt. Dabei werden Spannungen in Nacken und Schultern vermieden.

Probieren Sie diese Armbewegung einmal selbst aus und achten Sie dabei auf Ihren Oberkörper. Zuerst strecken Sie Ihre Arme an der Seite des Körpers, dann heben Sie sie entweder seitlich oder vorn über den Kopf. Halten Sie die Arme während der ganzen Bewegung steif. Wiederholen Sie das einige Male.

Als nächstes lassen Sie Ihre Ellbogen, Handgelenke und Hände entspannt und beginnen wieder mit der Armbewegung. Fangen Sie dieses Mal mit leicht gebeugten Ellbogen an, und strecken Sie allmählich die Arme während der Bewegung, um sie schließlich mit dem Ende der Bewegung ganz auszustrecken. Lassen Sie Ihren Oberkörper sich auch mitbewegen. Wiederholen Sie das einige Male, und achten Sie darauf, wie unterschiedlich die Muskeln jetzt daran beteiligt sind.

Den Atem einsetzen, um die Wirbelsäule zu betonen

Wenn wir den Atem intelligent einsetzen, wirkt das auch auf die Wirbelsäule ein. Mit den passenden Bewegungen ein- und auszuatmen, verstärkt unser Bewußtsein von der Wirbelsäule und gibt ihr mehr Gewicht beim Üben der einzelnen asanas.

3. Prinzip: Die Übungspraxis dem eigenen Ziel anpassen

Das Übungsziel festlegen

Überlegen Sie sich vor jedem Üben, was Sie damit erreichen wollen, und ändern Sie Ihr Programm entsprechend ab. Wenn Sie z. B. einen Tag voller Streß hatten, könnte Ihr Ziel für eine abendliche Übungspraxis darin bestehen, ruhig zu werden. Sie könnten Ihr Programm aber auch so planen, daß Körper und Geist als Vorbereitung für abendliche Aktivitäten wieder fit werden. Um sich über Ihr Ziel klarzuwerden, müssen Sie darüber nachdenken, wie Sie sich gerade fühlen und wie Sie sich am Ende des Übens fühlen möchten.

Man muß seine Übungspraxis laufend neu festlegen, um sicherzugehen, daß das Ziel noch realistisch und der Weg dahin noch angemessen ist. Es ist leicht, in neue Gewohnheiten zu verfallen, insbesondere bei einer regelmäßigen Aktivität wie einer Übungspraxis. Wenn das passiert, wird das Üben steril, und das Gefühl von Vitalität und Fortschritt verschwindet. Die Gedanken schweifen ab, die Konzentration auf Körper und Atmung ist verloren, und das, was ursprünglich eine asana-Praxis war, wird zu einer Reihe mechanischer Übungen.

Die Kunst der Anpassung

Jede Übungspraxis, mit der man vorhat, an sich zu arbeiten, muß den ständigen Fluß des täglichen Lebens widerspiegeln. Jeden Tag verändert sich der Körper, die Stimmung, der Zeitplan, die Umgebung u. a. Deshalb gibt es auch Zeiten, wo ein altes Ziel neu überdacht und eine bestehende Übungspraxis geändert werden müssen. Diese Veränderung ist zweifach:

Zum einen wird die Übungspraxis als ganze – die speziellen Haltungen, die man zusammenstellt – den neuen Erfordernissen angepaßt, zum anderen werden die Haltungen selbst geändert. Das ist die Kunst der Anpassung – eine subtile und differenzierte Kunst, die man am besten bei einem oder einer qualifizierten LehrerIn lernt.

Nehmen wir das Beispiel von oben noch einmal auf. Das Programm, das man plant, um am Abend eines anstrengenden Tages ruhig zu werden, kann ganz anders sein als das, das dazu dient, am frühen Morgen wach zu werden. Das ist jedoch noch nicht alles. Es kann sein, daß man abends und morgens die gleiche Reihe von Haltungen verwendet, aber Atem und Bewegung dabei unterschiedlich einsetzt. Man kann ganz verschiedene Ziele durch Anpassung der Haltungen erreichen. Das geht, weil die einzelnen asanas keinen präzisen, immanenten Zweck haben. Ihre Form sollte vielmehr anpassungsfähig genug sein, um den speziellen Bedürfnissen eines Individuums zu dienen.

Wichtige Prinzipien der Anpassung sind:

Die Funktion mehr als die Endhaltung betonen. Obgleich es üblich ist, einzelnen asanas eine spezifische Wirkung zuzuschreiben, gibt es das in so einer standardisierten Form eigentlich nicht. Viele hoffen, daß die eine Haltung den unteren Rücken kurieren wird, die andere die Verstopfung. Doch während eine Haltung eine bestimmte *Funktion* haben kann, wie z. B. den Rücken zu dehnen, ist ihre *Wirkung* entsprechend dem Körper, den Bewegungen, dem Alter, der psychischen Verfassung und dem Lebensstil der SchülerInnen unterschiedlich. Die Wirkung unterscheidet sich auch je nach der Art, wie eine Haltung ausgeführt wird.

Jedes asana hat einen Namen, eine Form und typische Merkmale. Paschimatanasana (Vorwärtsbeugung im Sitzen) ist z. B. der Name einer Haltung, die eine bestimmte Form hat und deren Funktion es ist, den Rücken zu dehnen. In diesem Fall fällt der Name mit den Merkmalen zusammen und beschreibt die Funktion: *paschima* heißt „Rückseite des Körpers“ und *tana* „dehnen“ oder „strecken“. Die Funktion ist der wichtigere Aspekt, also paßt man die Form in der Übungspraxis an das Individuum an und kann so die Funktion relativ zum jeweiligen Entwicklungsstand bewahren.

Unglücklicherweise ist das einzige Ziel in bezug auf ein asana häufig nur die Endhaltung. Bei dem Versuch, die ideale Form eines asanas zu kopieren, verliert man oder verzerrt man dann oft seine eigentliche Funktion. Diese gewaltsame Beeinträchtigung ist gegen die eigene Weiterentwicklung gerichtet und sollte eigentlich in keinem Bereich von Yoga vorkommen. Asana sollte nicht nur eine äußere Form sein, an die wir unseren Körper anpassen, sondern von innen entstehen. Was man im Spiegel sieht, ist die Form – was man *fühlt*, ist die Funktion einer Haltung. Einheit, nicht Gleichförmigkeit ist das Ziel von Yoga.

Das ist nur natürlich, denn die Menschen sind auch nicht gleichförmig, sondern unterscheiden sich auf vielen Ebenen. Und so sind ihre Bedürfnisse und Vorlieben notwendigerweise auch verschieden. Das weite Spektrum von körperlichen Voraussetzungen stellt sicher, daß jede Haltung oder Bewegung einzelner YogaschülerInnen nicht nur anders aussieht, sondern auch anders aussehen sollte. Deshalb ist es auch nicht angebracht, die Haltung einer anderen Person zu imitieren. Das kann sich sogar gegenteilig oder schädlich auswirken. Asana kann gerade deshalb für alle nützlich sein, weil die Haltungen so anpassungsfähig sind.

Widerstände erkennen und veringern. Die Anpassung der Haltungen beruht vor allem darauf, Widerstände zu erkennen und zu reduzieren. YogaschülerInnen oder YogalehrerInnen müssen die Bereiche, wo Widerstand auftritt, herausfinden und dann die Bewegungen und Haltungen so abändern, daß die Funktion der asanas nicht länger durch einen Widerstand behindert wird.

Zwei YogaschülerInnen – eineR mit flexiblen Beinmuskeln an der Rückseite der Oberschenkel, an den Hüften und am Rücken, eineR mit Steifheit in den gleichen Bereichen – brauchen sehr unterschiedliche Versionen von paschimatanasana (Vorwärtsbeugung im Sitzen), damit ihnen diese Haltung nutzen kann. Wenn die beiden die Haltung genau nach einem abgebildeten Ideal und völlig gleich versuchen würden, könnte es sein, daß die flexible Person keinen Gewinn daraus zieht und die steife sich verletzt oder die Erfahrung zumindest unangenehm und frustrierend findet.

Mit anderen Worten, man muß die Haltung jedesmal neu planen, um Wohlbefinden zusammen mit Stabilität zu erreichen und ihre Funktion zu erfüllen. Rigide an der idealen Form einer Haltung festzuhalten, ist eigentlich nur Gewohnheit und Konditionierung, während die funktionale Anpassung der Haltung ein schöpferischer Akt ist.

Zusätzlich zum körperlichen Widerstand können auch noch andere Arten von Widerstand unsere Übungspraxis beeinflussen. Unsere allgemeine Geistesverfassung und unser emotionaler Zustand im allgemeinen und in bezug auf asana müssen in einer gut konzipierten Übungspraxis mit berücksichtigt werden. Körperliche Aktivitäten, bei denen solche Gesichtspunkte nicht sorgfältig bedacht werden, können im größeren Zusammenhang des Yoga nicht wirklich fruchtbar sein. Alle Seiten unseres Wesens müssen in die Bewegung zur Ganzheit hin einbezogen werden.

Sich der Führung eines qualifizierten Yogalehrers oder einer qualifizierten Yogalehrerin anvertrauen. Eine sorgfältige Anpassung der Haltungen an das Individuum ist unbedingt erforderlich. Die Führung durch eine Lehrerin oder einen Lehrer, die qualifiziert sind, ist entscheidend dafür. Sie werden Ihnen helfen, Ihre Absichten zu verstehen, und werden die Übungsprogramme so anpassen, daß die Funktion und nicht die äußere Form der asanas den Vorrang hat. Nur so können YogaschülerInnen wirklich Yoga ausüben.

4. Prinzip: Vinyasa krama – geordnete Schritte auf ein Ziel hin

YogaschülerInnen, die den oben beschriebenen Anpassungsprozeß richtig durchlaufen, praktizieren vinyasa krama. Wenn man z. B. das Ziel hat, eine schwierige Rückwärtsbeugung zu meistern, und sich dafür entscheidet, zuerst mit leichteren Rückwärtsbeugungen zu arbeiten, geht man den schrittweisen Weg von vinyasa krama.

Natürlich gibt es mehrere Wege, um ein Ziel zu erreichen, und auch in der asana-Praxis gibt es viele verschiedene vinyasa kramas für jede Haltung. Sie können sich auf die typischen körperlichen Merkmale, auf die damit verbundenen Einschränkungen und Widerstände oder auf die beabsichtigten Wirkungen beziehen. Eine einzige Haltung kann ganz verschiedene Wirkungen haben, je nachdem, welche Sequenz zu ihr hinführt. Die Wirkungen von *adhomukha shvanasana* (abwärtsgerichteter Hund) und paschimatanasana unterscheiden sich in verschiedenen vinyasa kramas.

Drei Sequenzen für die Vorwärtsbeugung im Sitzen (paschimatanasana)

ein
aus

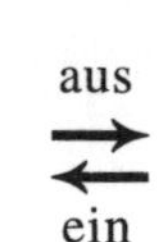

aus
ein

Sprung nach Ausatmung
Sprung nach Ausatmung

ein
aus

aus
ein

Drei Sequenzen für den abwärtsgerichteten Hund (adhomukha shvanasana)

1.

2.

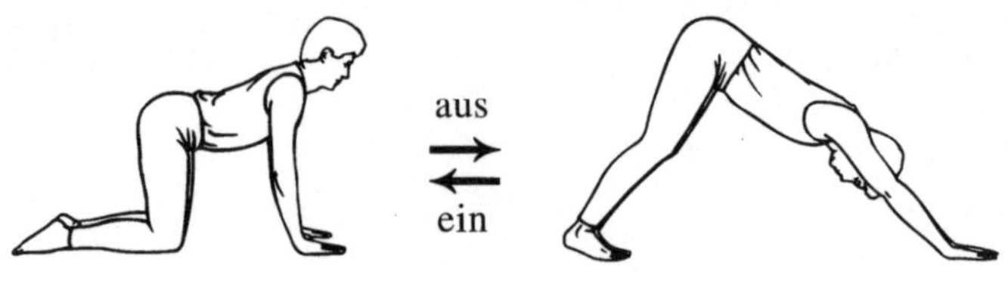

3.

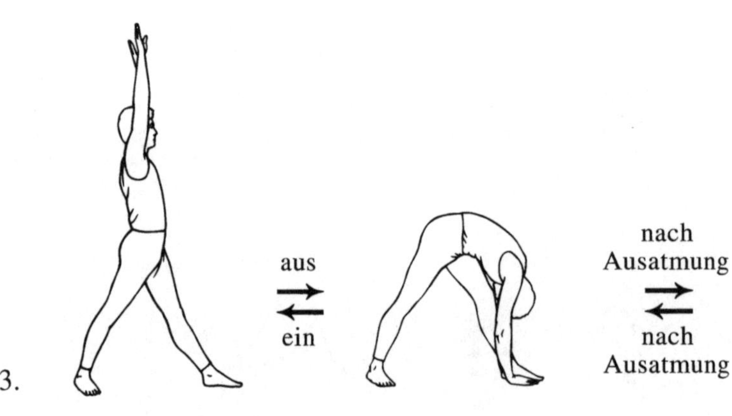

Anhand der obigen Beispiele kann man sehen, daß vinyasa krama eine Kunst ist. Es ist ein guter Anfang, nur leichtere Versionen einer Haltung zu machen, um sich für die Endhaltung vorzubereiten. Doch das kann auch unzureichend sein, um die beabsichtigte Wirkung zu erzielen oder die Bedürfnisse des Individuums zu treffen. Die Planung von vinyasa krama geschieht am besten unter der Anleitung einer erfahrenen Lehrerin oder eines erfahrenen Lehrers.

Die Rolle statischer Haltungen in vinyasa krama

Da das Wort asana auch „bleiben" bedeutet, vertreten einige Yogaschulen den Ansatz, daß alle Haltungen so auszuführen sind, daß man lange Zeit in ihnen bleibt. Außerdem werden in den meisten asana-Büchern nur die Endhaltungen beschrieben, ohne Bilder oder Beschreibungen ihrer Vorbereitungsstufen. Als Folge daraus versuchen SchülerInnen oft, die Endhaltungen einzunehmen, und arbeiten daran, lange Zeit in ihnen zu bleiben.

Genaugenommen gibt es kein wirkliches „Bleiben", keine Bewegungslosigkeit in einer Haltung, denn jede Haltung wird von der Atmung beherrscht, und richtiges Atmen ist mit einer Bewegung des Körpers verbunden. Das gilt auch für asanas, die eine Zeitlang gehalten werden. Es handelt sich dann eher um eine dynamische Ruhe als um die Abwesenheit von Bewegung. Das Verharren in der Haltung sollte sich aus der Bewegung ergeben, die in die Haltung führt, und danach sollte sich der Wunsch nach Bewegung in der Ruhe auflösen.

Bewegung ist die Voraussetzung, um zu einer Endhaltung – oder zu einem anderen Ziel – zu gelangen. Sie ist notwendig, um überhaupt erst einmal dorthin zu kommen. Man muß wissen, wie man Atem und Bewegung zusammen richtig einsetzt, um in eine Stellung zu gehen und sie dann zu halten. Nur dann erfährt man, wie wohltuend es sein kann, in einer Haltung zu bleiben. Sonst könnte das Halten einer Stellung auch zu einer starren Verrenkung des Körpers werden und keine der vorteilhaften Wirkungen von asana mehr haben. Manchmal erkennt man plötzlich, was es heißt, eine Haltung zu erzwingen, ohne dabei auf den Atem zu achten. Das richtige Üben der asanas mit der Aufmerksamkeit bei der Atmung wird unter den drei weiteren Prinzipien behandelt.

Wenn man auf diese Weise in einer Haltung bleibt, erfährt man die Endhaltung als angenehm und wertvoll. Viele YogaschülerInnen, die davon ausgehen, daß die Stellungen gehalten werden müssen, und deshalb damit anfangen, sie so zu lernen, werden frustriert und entmutigt. Sie müssen ganz bestimmt zu hart arbeiten und fühlen leider nie die positive Wirkung eines gehaltenen, aber angenehmen asanas.

5. Prinzip: Körper und Geist durch die Atmung integrieren

Der Atem ist die Brücke zwischen Körper und Geist. Er ist für den Körper, was das Denken für den Verstand ist. Das Denken bewegt den Verstand wie der Atem den Körper. Um die starke und unmittelbare Wirkung des Geistes auf die Atmung zu begreifen, müssen wir nur beobachten, wie der Atem bei Angst stockt, sich bei Ärger beschleunigt und verkürzt oder sich in der Entspannung beruhigt. Genauso klar ist die Wirkung des Geistes auf den Körper, wenn z. B. ein problematisches Telefongespräch beim Abendessen einen Heißhunger augenblicklich in Appetitlosigkeit verwandelt. Offensichtlich ruft eine Veränderung im Geist eine Veränderung in einem der anderen Bereiche hervor, und diese Verbindung ist konstant und verändert sich nicht.

Das Hauptaugenmerk der asana-Praxis muß auf der Einheit von Körper, Atem und Geist liegen. Es geht darum, die Aufmerksamkeit auf die Verbindung von Körper und Atmung zu lenken, so daß sie sich auf die richtige Atmung für die Bewegung konzentrieren kann, während der Körper sich in eine Haltung hineinbewegt. Um das tun zu können, muß der Geist die Geschwindigkeit und die Richtung der Bewegung beobachten, das richtige Atemmuster kennen und die Atmung entsprechend anpassen. Auf diese Weise gehen Körper, Atem und Geist in einer einzigen Aktivität zusammen. Diese zielgerichtete, integrative Aktivität ist Yoga.

Sich der Atmung bewußt werden

Obwohl unsere Atmung ununterbrochen weitergeht, ist sie uns die meiste Zeit nicht bewußt. Wenn wir uns der Komponenten der Atmung bewußt werden – wenn wir wahrnehmen, wann wir einatmen, ausatmen oder den Atem nach der Ein- oder Ausatmung anhalten –, verbinden wir den Geist mit der Atmung.

Nehmen Sie jetzt ein paar bewußte, tiefe Atemzüge. Nehmen Sie einfach wahr, wo Sie mehr atmen: im Brustkorb oder im Bauch. Stellen Sie fest, ob die Einatmung oder die Ausatmung länger ist. Probieren Sie, ob Ihre Atmung ganz ruhig werden kann.

Es ist unbedingt erforderlich, daß wir uns während des Übens der Atmung ganz bewußt sind, daß wir Geist und Atmung dabei miteinander verbinden. Unsere Atmung sollte bewußt, langsam und angenehm sein und Brust und Zwerchfell voll in Anspruch nehmen.

Es gibt viele bewußte und unbewußte Atemmuster. Wir atmen ganz unterschiedlich, je nachdem, ob wir schlafen, laufen, denken oder ein schweres Gewicht heben. Es gibt auch viele verschiedene Atemweisen in den asanas, je nach Person, Situation oder Übungszweck. Doch alle Atemmuster sind mit einer Bewegung des Körpers, vor allem der Wirbelsäule und des Rumpfes, verbunden.

Bewegung und Atmung haben ein Ursache-Wirkungs-Verhältnis. Bewegung löst Atmung aus, und Atmung verursacht Bewegung. Wenn wir den Körper beim Gehen, Tanzen oder bei einer anderen körperlichen Aktivität bewegen, ändert sich automatisch unser Atemmuster. Tempo, Tiefe und Regelmäßigkeit von Ein- und Ausatmung passen sich an und spiegeln wider, wie intensiv und wie vertraut die Bewegung ist. Ebenso verursacht der Atemprozeß selbst Bewegung. Achten Sie z. B. auf die Bewegung von Zwerchfell, Rippen, Wirbelsäule und Schultergürtel, wie diese den Rumpf ausdehnen und zusammenziehen, um sich auf das wechselnde Luftvolumen in der Lunge einzustellen. Atmung und Bewegung sind untrennbar miteinander verbunden.

Nehmen Sie einen tiefen Atemzug und beobachten Sie dabei die Bewegung der Wirbelsäule. Jede Atmung löst diese Bewegung bis zu einem gewissen Grad aus. Wenn der Atem richtig eingesetzt wird, kann er leicht und natürlich die Bewegung der Wirbelsäule in den asanas unterstützen.

Die ideale Atemmethodik

Das ideale Atmen in den asanas bezieht Brustkorb und Bauch mit ein und wird bewußt eingesetzt, um die Wirbelsäule so zu bewegen, daß die Haltungen vertieft werden. Wenn die Einatmung im oberen Brustkorb beginnt, richtet sich die Wirbelsäule natürlicherweise auf. Eine mühelose, kontrollierte Einatmung sollte im Brustkorb beginnen, die Wirbelsäule gerade bis zu dem Punkt strecken, wo das Zwerchfell leicht nach innen gesaugt wird, aber nicht so weit, daß der obere Bauch eingezogen wird. Dieser Teil der Atmung hält die Wirbelsäule aufrecht und unterstützt die effektive Ausrichtung des Körpers in den Haltungen. Die Ausatmung sollte in den asanas so eingeleitet werden, daß der untere Bauch leicht eingezogen wird. Das ist auch ein gesunder Gebrauch der unteren Bauchmuskeln.

Die obere Wirbelsäule wird gedehnt, wenn wir zuerst in die obere Brust einatmen und dann in die untere. Die untere Wirbelsäule wird gedehnt, wenn wir im unteren Bauch mit der Ausatmung beginnen. Auf diese Weise wird die ganze Wirbelsäule durch die Atmung mitbewegt. Wenn wir die entsprechenden Anteile der Atmung mit einzelnen Bewegungen verbinden, werden diese Bewegungen auf natürliche Weise erleichtert. Einatmen in *shalabasana* (Heuschrecke) z. B. biegt den Oberkörper auf natürliche Weise zurück und bringt ihn so in die Stellung hinein. Ausatmen hilft automatisch bei den Vorwärtsbeugungen.

Es ist wichtig, daß die Atmung in den asanas entspannt bleibt. (Das Anhalten des Atems, das spontan auftritt, wenn man sich z. B. erschreckt oder sich sehr anstrengen muß, ist ein allgemeines Zeichen von Anspannung.) Deswegen sollte die Atmung in den asanas gleichmäßig, langsam und ruhig sein. Schnelligkeit kann irreführend sein, denn sie kann weniger fordernd sein als eine Bewegung in Zeitlupe.

Im allgemeinen läßt eine schnelle Aktivität die Gedanken abschweifen; bevor diese eingreifen können, ist das Ereignis schon vorbei. Eine Handlung, die bewußt und kontrolliert ausgeführt wird, verlangt dagegen, daß die Aufmerksamkeit während der ganzen Dauer der Handlung nicht nachläßt. Diese Sammlung der Aufmerksamkeit, diese Verbindung von Körper, Atem und Geist während einer Folge von Bewegungen oder Haltungen ist entscheidend in der asana-Praxis. Die Wechselwirkung von Körper und Atem setzt den für die Transformation notwendigen Prozeß in Gang. Wenn unser ganzes Wesen daran beteiligt ist, wirken sich Bewegung und Haltung viel stärker aus.

Eine Methode, um Körper und Geist miteinander zu verbinden, besteht darin, die Atmung die Bewegung umschließen zu lassen. Wir beginnen mit der Atmung einen Augenblick, bevor wir mit der Bewegung einsetzen. und verlängern sie ein bißchen über das Ende der Bewegung hinaus. Z. B. so:

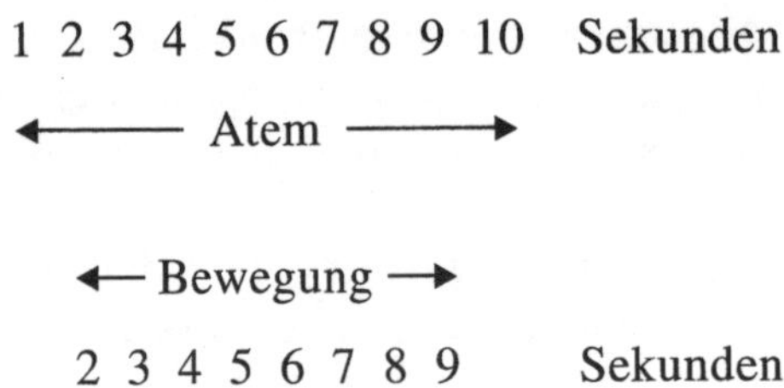

Auf diese Weise sind Atmung und Bewegung ausgezeichnet aufeinander abgestimmt. Wir verbinden Atem und Geist mit der Bewegung und konzentrieren uns dynamisch auf die Gegenwart, so daß unser Ziel einer integrativen Aktivität erreicht werden kann.

Ujjayi-Atmung oder Kehlatmung

Die Atmung, die man in den asanas verwenden sollte, wird ujjayi-Atmung genannt. Mit ihrer Hilfe können wir den Atemfluß kontrollieren und die Länge der Atemzüge regulieren. Wir schließen leicht die Kehle, so daß der Atem ein Geräusch macht, das gerade laut genug ist, um gehört zu werden. Wir können den Atem hinten im Rachen fühlen. Versuchen Sie diese Atmung zuerst beim Ausatmen, da das leichter ist als beim Einatmen, das am Anfang etwas rauh und ruckartig ist.

Ein großer Vorteil dieses Typs von ujjayi-Atmung besteht auch darin, daß ihr Ton als Feedback und als Objekt der Konzentration dienen kann. Die Beschaffenheit des Tons und seine Veränderungen zeigen uns unmittelbar die Anwesenheit oder Abwesenheit von sthira und sukha an. Und noch wichtiger ist, daß wir uns der Atmung bewußt bleiben und so automatisch Geist und Atem miteinander verbinden.

6. Prinzip: Den Atem zur Anpassung der Haltungen einsetzen

Wie schon gesagt, löst jede Körperbewegung die Atmung aus, und die Atmung ruft notwendigerweise auch Bewegung hervor. Es ist wichtig zu erkennen, daß jeder Bewegungstyp ein ganz bestimmtes Atemmuster hat, das ihn mühelos und natürlich begleitet. Es ist z. B. leicht, die Arme mit der Einatmung über den Kopf zu heben, weil diese Bewegung automatisch den oberen Brustkorb ausdehnt. Ebenso ist es leicht, sich mit der Ausatmung in der Taille vorzubeugen, weil diese Bewegung die Lungen zusammendrückt und die Luft herauspreßt. Obgleich einige Ausnahmen vorkommen, werden die meisten Öffnungs- und Streckbewegungen durch die Einatmung erleichtert, während Vorwärtsbeugungen am besten zusammen mit der Ausatmung gemacht werden.

Die Verbindung zwischen Körper und Atmung unterliegt den folgenden allgemeinen Prinzipien:

1. Das Heben der Arme ist mit der Einatmung verbunden, das Senken der Arme mit der Ausatmung.

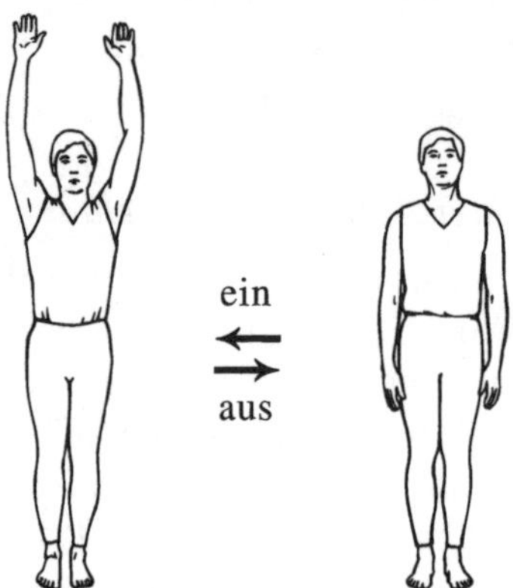

2. Sich vorwärts zu beugen, ist mit der Ausatmung verbunden, zum Stehen zurückzukehren, mit der Einatmung.

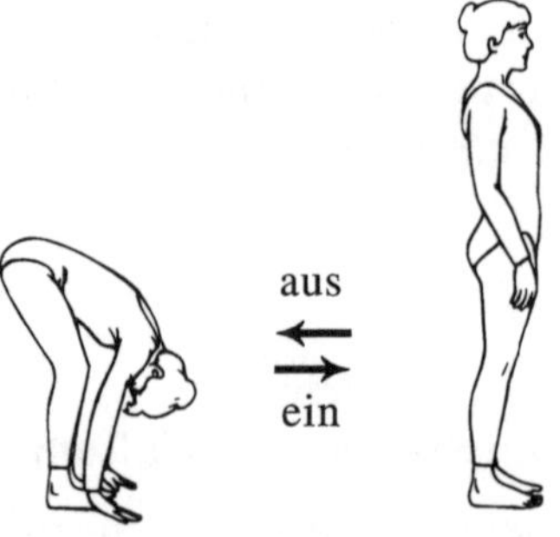

3. In die Drehung zu gehen, ist mit der Ausatmung verbunden, aus der Drehung herauszukommen, mit der Einatmung.

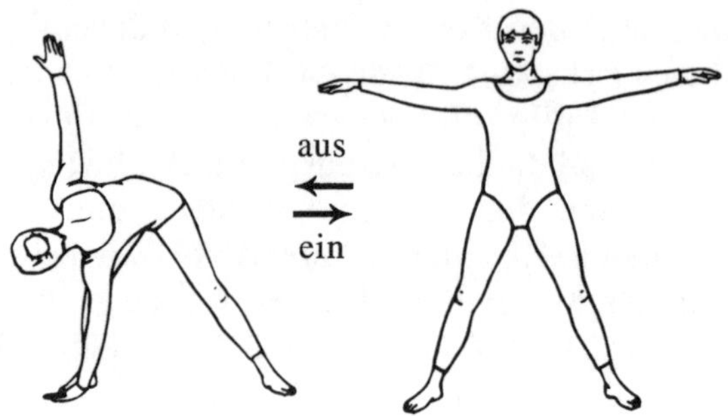

Nachdem man diese Verbindungen von Körperbewegung und Atmung verstanden (und praktiziert) hat, kann man damit beginnen, den Atem in den asanas nach der Ein- und Ausatmung anzuhalten. Das ist ein anderer wichtiger Aspekt der Atmung. Man sollte den Atem zuerst nach der Ausatmung anhalten, da das leichter und sicherer als nach der Einatmung ist. Die Kraft und die unzähligen Feinheiten des Atems, die durch diese Variation zum Vorschein kommen, können einzelnen Haltungen oder der ganzen Übungspraxis eine neue Dimension hinzufügen.

In den asanas sollte man die ujjayi-Atmung zusammen mit der Ein- und Ausatmung ebenso wie die Brust- und Bauchatmung machen. Der Atem sollte immer gleichmäßig, langsam und entspannt bleiben. Auf diese Weise kann er als eine Methode des Feedbacks und der Sammlung des Geistes dienen. Die Ebene von synchronisierter Bewegung und Atmung intensiviert und bereichert die Erfahrung der asana-Praxis sehr und ist es ganz bestimmt wert, mit großem Eifer verfolgt zu werden.

Im folgenden werden verschiedene Möglichkeiten aufgelistet, wie die Atmung bei der Anpassung der Haltungen eingesetzt werden kann:

1. Einatmung, Ausatmung oder beide verlängern:
- Die Verlängerung der Einatmung hat eine stärkende Wirkung, besonders wenn man bereits stark ist. Wenn man schwach ist, sollte man allmählich und vorsichtig versuchen, die Einatmung zu verlängern.
- Die Verlängerung der Ausatmung in Vorwärtsbeugungen unterstützt das Loslassen und vertieft die Dehnung.
2. Den Atem nach der Einatmung oder nach der Ausatmung oder nach beiden anhalten; das intensiviert meist die für ein asana nötige Anstrengung.
3. Den Atem umgekehrt wie üblich einsetzen (z. B. eine Rückwärtsbeugung mit der Ausatmung machen).
4. Den Atem kontinuierlich beobachten und so die Widerstände oder ein Zuviel an Anstrengung erkennen:
- Ein verkürzter Atem zeigt uns, daß wir die Intensität so abschwächen oder die Haltung so abändern sollten, daß Körper, Atem und Geist ausgeglichen werden und optimal zusammenarbeiten. (Beispiele dafür finden sich bei *uttanasana* im 3.Kapitel.)

Die Fähigkeit zur Ein- und Ausatmung unterscheidet sich bei einzelnen Personen sehr. Einige können leicht die Einatmung verlängern, aber nicht die Ausatmung. Bei anderen ist es umgekehrt. Im Idealfall sollten Ein-

und Ausatmung gleich lang sein. Ein häufiges Ziel ist daher auch, die Kapazität einer der beiden Atemkomponenten zu erhöhen.

Man kann sich darauf konzentrieren, eine der beiden Komponenten zu verlängern, indem man die einfachere so läßt, wie sie ist, und die andere während einer Reihe von Atemzügen allmählich verlängert. Man kann auch eine minimale Dauer für die schwierigere Komponente festlegen – z. B. sechs Sekunden – und sie unverändert so lassen, während die andere freibleibt.

Wie oben besprochen, hat die Wirbelsäule einen erheblichen Einfluß auf die Atmung. Wenn ihre Bewegungsmöglichkeiten eingeschränkt sind, beeinträchtigt das die Atmung. Natürlich ist auch das Gegenteil wahr: Wir können unsere Atemfähigkeit weiterentwickeln, indem wir Haltungen machen, die die Atmung erleichtern und unterstützen. Haltungen, in denen die obere Wirbelsäule nach hinten gebeugt wird, öffnen den Brustkorb und erleichtern die Einatmung. Haltungen, die die Bewegung des Zwerchfells unterstützen, sind hilfreich für diejenigen, die Schwierigkeiten mit der Ausatmung haben.

7. Prinzip: Den Atem als Feedback verwenden

Die Wahrnehmung des Atemstroms, sein Geräusch und wie er sich anfühlt, kann uns eine Menge Information über unser Tun liefern. In der asana-Praxis kann sie uns zeigen, wie sehr wir uns anstrengen, ob wir uns im richtigen Tempo und im richtigen Bereich bewegen und ob wir innerhalb unserer eigenen, noch angenehmen Grenzen arbeiten oder nicht. Es ist wichtig, daß wir durch das Feedback der Atmung erkennen, wann aufzuhören oder anzufangen ist, wieviel von etwas zuviel ist usw.

Dies geschieht dadurch, daß wir uns der Atmung bewußt sind und sie gleichmäßig, lang, ungezwungen und angenehm sein lassen. Ein Wechsel in einer dieser Qualitäten zeigt an, daß wir weniger intensiv arbeiten oder die Bewegung verlangsamen oder einschränken sollten, daß wir warten sollten, bis die Atmung wieder normal wird, oder daß wir vielleicht das Üben beenden sollten. Mit anderen Worten: mit Hilfe von Aufmerksamkeit und Atmung stimmen wir die Übungen auf unseren Körper und seine Bedürfnisse ab. Die Anpassung und die Änderungen, die wir aufgrund dieses Vorgehens machen, sorgen dafür, daß unsere Übungspraxis sinnvoll bleibt.

Entscheidend ist unsere Fähigkeit, vollständige Atemzüge zu machen. Wenn ein Atemzyklus (eine ganze Ein- und Ausatmung) nicht abgeschlossen ist, fühlen wir Widerstände und Hemmungen in der Bewegung. Am wichtigsten ist es, daß wir in der Lage sind, lange genug gleichmäßig und vollständig auszuatmen. Doch die Länge der einzelnen Atemzüge pro Zyklus sollte auch angenehm für uns sein. Wenn wir die Ausatmung zu lang machen, erhöht sich der Druck im Magen oder in anderen Bereichen. Wenn wir den Atem nach der Einatmung zu lange anhalten, schafft das innere Spannungen, erhöht den Druck in Nacken und Kopf, verursacht Unbehagen oder führt zu anderen Schwierigkeiten.

Auch die Dauer der Bewegung und die Dauer der Atemzüge sollten gut zusammenpassen. Wenn die Atmung bei AnfängerInnen kurz, unregelmäßig oder angstauslösend wird, sollte die Bewegung entweder verkürzt werden, um sich der Atmung besser anzupassen, oder in zwei getrennte Bewegungen aufgeteilt werden, jede mit ihrer eigenen vollen und leichten Atmung.

3. Die asanas

Hunderte von verschiedenen Haltungen (asanas) werden von YogaschülerInnen und YogalehrerInnen geübt, und Hunderte von Beschreibungen der asanas sind in der Yogaliteratur zu finden. Diese ungeheure Vielfalt mit den zahlreichen Möglichkeiten, die sie bietet, macht asana zu einer leicht zugänglichen, erfreulichen und nützlichen Form von Yoga, die in der ganzen Welt von Menschen mit unterschiedlichen Voraussetzungen ausgeübt und über Tausende von Jahren geschätzt worden ist.

Dank der großen Anpassungsfähigkeit der asanas kann man eine einzige Haltung so verändern, daß sie mehrere Funktionen erfüllt. Durch Anpassung der folgenden zwanzig asanas kann man fast jedes mit dem Körper verbundene Ziel erreichen. Man muß den Atem dabei richtig einsetzen, Widerstände erkennen und reduzieren und das Ziel an die sich entwickelnde Übungspraxis anpassen. Auf diesem Weg reichen zwanzig Haltungen aus, um uns mit allem Nötigen für die strukturelle Entwicklung zu versorgen, die schließlich zu Ausgleich und Klarheit führt.

Jede der zwanzig Haltungen hat viele Funktionen, Variationen und Anpasungsmöglichkeiten. Für viele der Haltungen geben wir einige dieser Möglichkeiten an, aber nur bei der Vorwärtsbeugung im Stehen (uttanasana) gehen wir mehr ins Detail. Es würde den Rahmen dieses Buches sprengen, die unzähligen Variationen aller Haltungen angemessen zu behandeln. Erst wenn die asanas in jeder Übungspraxis an die einzelnen YogaschülerInnen individuell angepaßt werden, sind sie wirklich zutreffend.

Zur Information ist die klassische Form der asanas mit angegeben. Um diese Form zu erreichen, muß das passende vinyasa krama über einen längeren Zeitraum von einer Lehrerin oder einem Lehrer gelernt werden. Die Beschreibung der asanas enthält auch eine Auswahl von Ausgleichhaltungen, die im Anschluß an die asanas gemacht werden sollen.

Im folgenden sind die Kategorien zu den einzelnen asanas aufgelistet. Es kann sein, daß sie variieren und nicht immer vollständig angegeben sind.

1. *Klassische Haltung:* Die frühen Yogaschriften beschreiben nur die Endhaltung oder die klassische Form der asanas. Die relevanten Vorbereitungshaltungen und die notwendigen geordneten Schritte (vinyasa krama), um die Endhaltung zu erreichen, müssen von einem

Lehrer oder einer Lehrerin gelernt werden. Zur Information ist die klassische Form der asanas mit angegeben.

2. *Gemäßigte Haltung:* eine gemäßigte Version der klassischen Haltung für den „gesunden Durchschnittsmenschen"
3. *Vinyasa krama:* ein vinyasa krama für die gemäßigte Haltung
4. *Änderungen:* Änderungen zur individuellen Anpassung der Haltungen
5. *Anmerkungen:* besondere Anmerkungen nach Bedarf
6. *Ausgleichshaltungen:* eine Auswahl von Ausgleichshaltungen für jedes asana.

Vollständige Liste der asanas

1. *Samasthiti* (Standhaltung)

2. *Parshva uttanasana* (asymmetrische Vorwärtsbeugung)

3. *Uttanasana* (Vorwärtsbeugung im Stehen)

4. *Ardha uttanasana* (halbe Vorwärtsbeugung)

5. *Ardha utkatasana* (Stuhl)

6. *Utthita Trikonasana* (gedrehtes und seitliches Dreieck)

7. *Virabhadrasana* (Held)*

8. *Adhomukha Shvanasana* (abwärtsgerichteter Hund)

9. *Sukhasana* (bequeme Haltung)

10. *Vajrasana* (Fersensitz)*

11. *Paschimatanasana* (Vorwärtsbeugung im Sitzen)

12. Maha Mudra*

13. *Dvipada Pitham* (Schulterbrücke)*

14. *Urdhva Prasrita Padasana* (Beinheben)

15. *Chakravakasana* (Sonnenvogel)

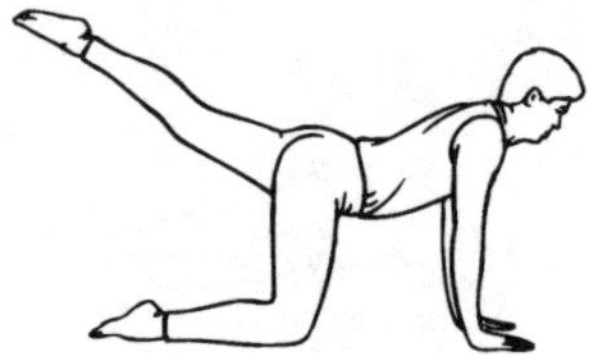

16. *Bhujangasana* (Kobra)

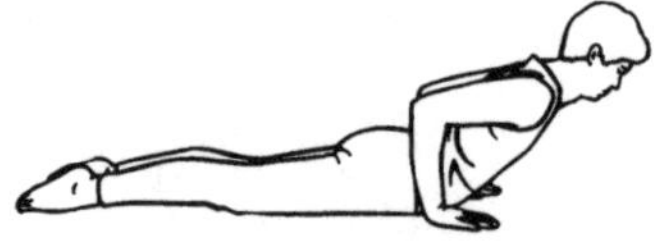

17. *Shalabasana* (Heuschrecke)

18. *Jathara parivritti* (Drehlage)

19. *Apanasana* (Knie zur Brust)

20. *Shavasana* (Entspannungslage)

1. Samasthiti (Standhaltung)

sama – gleich *sthiti* – bleiben

Früher begann jede asana-Praxis mit einem Gebet zu Gott, zu Patanjali und zum Meister des Schülers. Das verlieh der asana-Praxis eine Bedeutung und einen Sinn, der über eine bloße Reihe von körperlichen Übungen hinausging. Samasthiti, das oft die erste Haltung einer Übungspraxis ist, kann mit *anjali mudra* (Handflächen zueinander in Gebetshaltung) als einem Symbol für das Beten ausgeführt werden.

In diesem asana können die SchülerInnen sich selbst einschätzen, sich sammeln und sich für ein erfolgreiches Üben ins Gleichgewicht bringen. Die Gebetshaltung läßt eine Pause entstehen, die die Übungspraxis von den vorhergehenden körperlichen und geistigen Aktivitäten trennt und

* 7. Eigentlich „Krieger", im Deutschen hat sich Held eingebürgert. 10. Im Original „Donnerkeil" (des Götterkönigs Indra). 12. Ohne englische Übersetzung, „großes Mudra". 13. Im Original „desk" (Schreibtisch oder Pult). (Anm. des Übers.)

die volle Aufmerksamkeit auf die Gegenwart lenkt. Tatsächlich gibt sie uns einen kurzen Moment der gezielten Integration, der uns dabei hilft, uns an das größere Ziel des Yoga zu erinnern.

Die Standhaltung kann entweder den Anfang der ganzen Übungspraxis bilden oder auch jeweils vor den einzelnen Haltungen eingenommen werden, ganz wie man es für richtig hält. Auf diese Weise bildet sie die Basis für die anderen Haltungen. Ihre Sanskritbedeutung ist „Gleichheit" und ihre Funktion besteht darin, einen Ausgleich zu schaffen. Diese Qualität ist gerade am Übungsbeginn entscheidend, um eine feste, sichere und stabile Grundlage (körperlich und mental) zu schaffen. Ohne diesen Ausgleich am Übungsbeginn ist es schwer, die Qualität von Festigkeit und Wohlbefinden (sthira und sukha) zu erreichen.

Wir haben Yoga als ein Fortschreiten von einem Punkt zu einem anderen (höheren) Punkt beschrieben. Wir haben auch gesagt, daß wir etwas über unseren Ausgangspunkt wissen müssen, um diese Bewegung oder Entdeckung machen zu können. Nur so ist es möglich, die nächsten Schritte festzulegen und später in der Lage zu sein, den eigenen Fortschritt in der Rückschau zu beurteilen. Samasthiti sollte dazu dienen, den augenblicklichen Zustand von Körper, Atem und Geist so einzuschätzen, daß man die Art der Übungen festlegen kann, die am besten als nächste geeignet sind.

Gute YogalehrerInnen benutzen samasthiti dazu, um die Aufrichtung und natürliche Haltung ihrer SchülerInnen zu beobachten. Es ist schwer, die eigene Körperstruktur zu beobachten, selbst mit einem Spiegel. Damit die Übungspraxis sich nicht von unseren Bedürfnissen entfernt, ist es ungeheuer wichtig, daß wir uns des eigenen Körpers bewußt werden, wenn wir allein üben. Die Atembeobachtung hilft uns dabei sehr.

Klassische Haltung

Die Füße stehen eng zusammen und flach auf dem Boden. Das Gewicht ist gleichmäßig auf beide Füße verteilt.
Der Körper ist gerade und im Gleichgewicht.
Die Arme sind an der Seite des Körpers.
Das Kinn ruht auf der Brust *(jalandhara bandha).*

Neben der körperlichen Wirkung führt dieses Senken des Kopfes auch zum richtigen Geisteszustand für die asana-Praxis. Mein Meister, Shri Krishnamacharya, sagte: „Trage Deinen Kopf nicht so hoch, laß ihn unten.“ Die asana-Praxis sollte das Ego nicht vergrößern.

Gemäßigte Haltung

Der Kopf kann aufrecht sein.

Die Zehen zeigen leicht nach außen, mit den Fersen eng zusammen oder auch leicht auseinander. Was davon bequemer ist und eine solide, ausgeglichene Basis bietet. Diese Variation kann die Haltung ruhiger und angenehmer machen.

Anmerkung: Wenn die Füße eng zusammen stehen, verändert sich die Beckenstellung. Das kann zu einer Anspannung des Rückens, der äußeren Hüften und der Beinmuskeln führen, und das stört wiederum das Gleichgewicht. Eine feste Basis ist äußerst wichtig für die richtige Ausführung aller Haltungen. Besonders am Anfang des Übens geht es darum, die Haltung so einzurichten, daß Festigkeit und Wohlbefinden entstehen (sthira und sukha).

Vinyasa krama

Genaugenommen, gehören zur Standhaltung keine Schritte oder Bewegungen. Die Essenz der Standhaltung ist der Ausgleich Anfang und

Ende sind bei ihr gleich. Ein nützliches vinyasa krama ist jedoch, die Arme einatmend über den Kopf zu heben und ausatmend zu senken. Idealerweise sollte es so sein, daß die Arme bis zu den Ohren gehoben werden, die Handflächen sich berühren und die Ellbogen gestreckt sind.

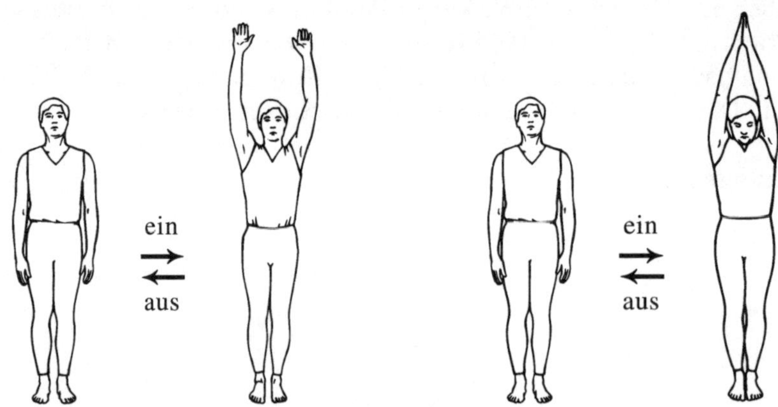

Bei dieser Bewegung können die Arme vorne oder seitlich gehoben werden. Üben Sie beide Variationen, und beobachten Sie den Unterschied. Wie immer hängt das, was gut tut, von den individuellen Besonderheiten ab.

Änderungen

Wenn man die Standhaltung mit anjali mudra macht, kann das die Qualität der Haltung selbst oder auch die der ganzen Übungspraxis verändern. Anjali mudra wird als eines der höchsten mudras oder Symbole angesehen und führt zu einer inneren Gebetshaltung hin. Die Hände werden gefaltet, und die Daumenwurzeln berühren die Brust unten am Brustbein. Nach den alten Schriften ist das die Stelle, wo Gott im Körper wohnt.

Eine wichtige Anmerkung zu anjali mudra: die Intention, mit der diese Geste gemacht wird, ist der wesentlichste Aspekt dabei und spiegelt die Qualität der inneren Haltung wider. Bewegungen, mudras oder Körperhaltungen ohne Aufmerksamkeit helfen vielleicht auch irgendwo, aber sie bringen den Prozeß der eigenen Integration nicht so voran, wie wenn sie mit Bewußtsein ausgeführt werden.

2. Parshva uttanasana (asymmetrische Vorwärtsbewegung)

parshva – eine Seite *uttana* – dehnen, strecken

Klassische Haltung

Ein Fuß ist einen Schritt vorgestellt.
Der hintere Fuß ist um 45–60° ausgestellt.
Beide Beine sind gestreckt.
Der Oberkörper ist über das vordere Bein gebeugt.
Die Hände werden auf beiden Seiten des vorderen Fußes flach auf den Boden gelegt.
Die Stirn berührt das Bein, und das Kinn ruht auf der Brust.

Gemäßigte Haltung

Das vordere Knie ist gebeugt.
Es genügt, wenn die Finger den Boden berühren.
Die Stirn braucht das Bein nicht zu berühren, und das Kinn muß nicht auf der Brust sein.

Vinyasa krama

Stellen Sie den einen Fuß in der Standhaltung um 45–60° nach außen, und machen Sie mit dem anderen Fuß einen großen Schritt vorwärts. Ihre Füße sollten nur so weit auseinander stehen, daß Sie mit einem glatten Schritt in die Standhaltung zurückkommen können.

Mit der Einatmung heben Sie die Arme vorne nach oben. Oben zeigen die Handflächen nach vorn.

Atmen Sie aus, während sich der Oberkörper vorbeugt, bis Ihre Handflächen leicht auf dem Boden ruhen. Die Hände sollten ohne Gewicht aufliegen.

Um hochzukommen, heben Sie zuerst die Arme, dann den oberen Rükken und zuletzt den unteren Rücken und den ganzen Rumpf in eine senkrechte Position. Machen Sie das mit einer einzigen Einatmung.

Änderungen

1. Sie können die Armbewegung einschränken. Heben Sie die Arme nur so hoch, wie es bequem ist, und beugen Sie sie leicht in den Ellbogen.

2. Beugen Sie das vordere Bein. Beginnen Sie die Bewegung mit geraden Beinen, und beugen Sie den Oberkörper vor, bis Sie die Spannung im vorderen Bein spüren. Dann geben Sie im Knie nach und lassen die Rumpfbewegung sich bis zur Endposition fortsetzen.

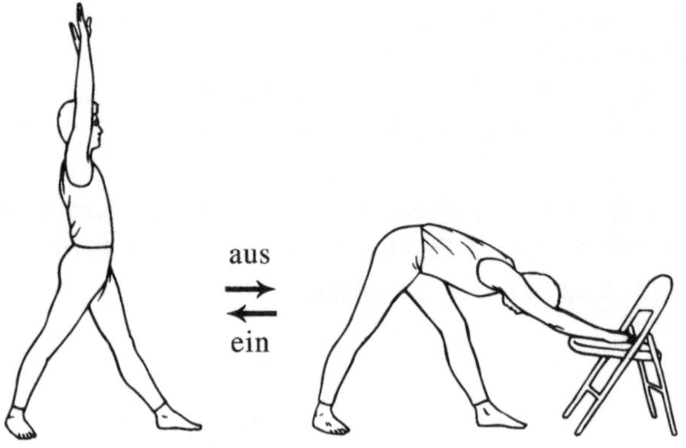

3. Nehmen Sie einen Stuhl oder einen Tisch, damit der Oberkörper sich nicht so weit vorbeugen muß. Die Hände ruhen dann auf dem Stuhl und nicht auf dem Boden. Das vordere Bein ist gebeugt.

4. Um stabiler zu stehen, stellen Sie den hinteren Fuß gegen die Wand. Diese Änderungen lassen sich auch auf die meisten anderen Haltungen im Stehen anwenden. Das vordere Knie kann in allen asymmetrischen Stehübungen nachgeben. Die Art, wie man diese Änderungen einsetzt, hängt von den individuellen Merkmalen und von der Haltung ab.

Anmerkungen

In parshva uttanasana ist es, wie in den anderen Haltungen auch, äußerst wichtig, wie wir in die Haltung hineingehen, denn das muß uns eine sichere Basis für Bewegung und Gleichgewicht geben. Der vordere Fuß sollte vom hinteren durch einen großen Schritt getrennt sein. Wenn dieser Abstand zu klein ist, läßt das nicht genug Dehnung zu; wenn er zu groß ist, wird die Stellung unsicher, das Gleichgewicht ist schwer zu halten, das Gewicht verlagert sich gewöhnlich auf den vorderen Fuß, und die Unterstützung durch den hinteren Fuß fehlt.

Das Gewicht sollte gleichmäßig auf beide Füße verteilt werden, und die Hände sollten leicht aufliegen. Oft ist es hilfreich, bewußt den hinteren Fuß zu belasten, um Stabilität und Gleichgewicht der Stellung abzusichern. Der hintere Fuß sollte fest auf dem Boden stehen und einen Winkel von 45–60° bilden.

Die Innenseiten der Fersen sind entlang einer Linie ausgerichtet. Schultern und Oberkörper zeigen nach vorn. Die Schultern sind gleich hoch. Weil der hintere Fuß ausgestellt ist, drehen sich die Hüften leicht. Es sollte eher um Stabilität als um die Exaktheit der betreffenden Winkel gehen, so daß die Funktion der Haltung mehr als ihre Form betont wird.

Asymmetrische Vorwärtsbeugungen sind nützlich, um Asymmetrien im Körper zu beobachten und zu korrigieren.

Ausgleichshaltungen

Uttanasana

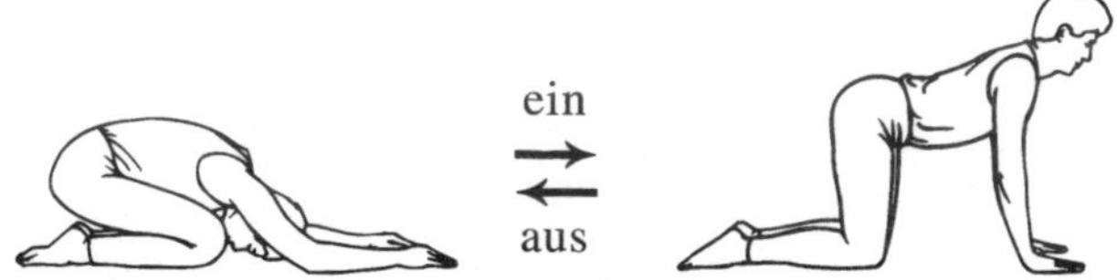

Chakravakasana

Anmerkung: Ausgleichshaltungen sollten wiederholt werden.

3. Uttanasana (Vorwärtsbeugung im Stehen)

uttana – dehnen, strecken

Klassische Haltung

Die Füße stehen eng zusammen und flach auf dem Boden.
Die Beine sind gestreckt.
Der Oberkörper ist nach vorn über die Beine gebeugt.
Die Hände liegen auf beiden Seiten der Füße flach auf dem Boden auf.
Die Stirn berührt die Beine, und das Kinn ruht auf der Brust.

Gemäßigte Haltung

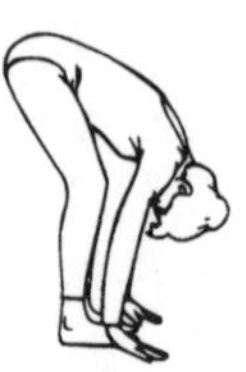

Die Füße stehen etwas auseinander.
Die Knie sind leicht gebeugt.
Die Hände berühren die Füße oder die Knöchel.

Vinyasa krama

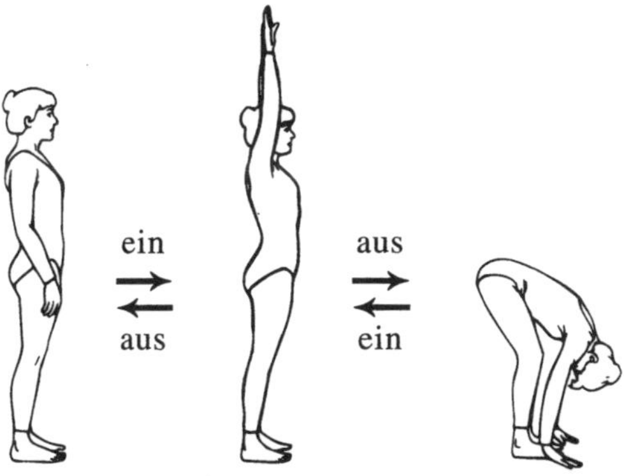

Fangen Sie im Stehen an. Mit der Einatmung heben Sie die Arme vorne hoch. Oben zeigen die Handflächen nach vorn. Beugen Sie sich mit der Ausatmung vor, bis die Hände auf dem Boden ruhen.

Um hochzukommen, heben Sie mit der Einatmung zuerst die Arme und strecken dann den Rücken, während der Rumpf sich aufrichtet. Lassen Sie die Bewegung vom Zentrum des Rückens ausgehen.

Halten Sie den Kopf leicht gesenkt, während Sie sich vorbeugen und wieder aufrichten.

Änderungen

In den folgenden modifizierten Haltungen sind die Füße leicht auseinander gestellt, so daß Sie bequem stehen. Sie können sich auch mit einem gerundeten Rücken wieder aufrichten.

1. Geben Sie in den Knien nach, so daß der Oberkörper sich weit vorbeugen kann und die Hände den Boden berühren. Um herauszufinden, wie weit Sie nachgeben müssen, beginnen Sie die Bewegung mit geraden Beinen, beugen Sie den Oberkörper vor, bis Sie die Spannung in den hinteren Oberschenkelmuskeln spüren, und geben Sie dann nach.

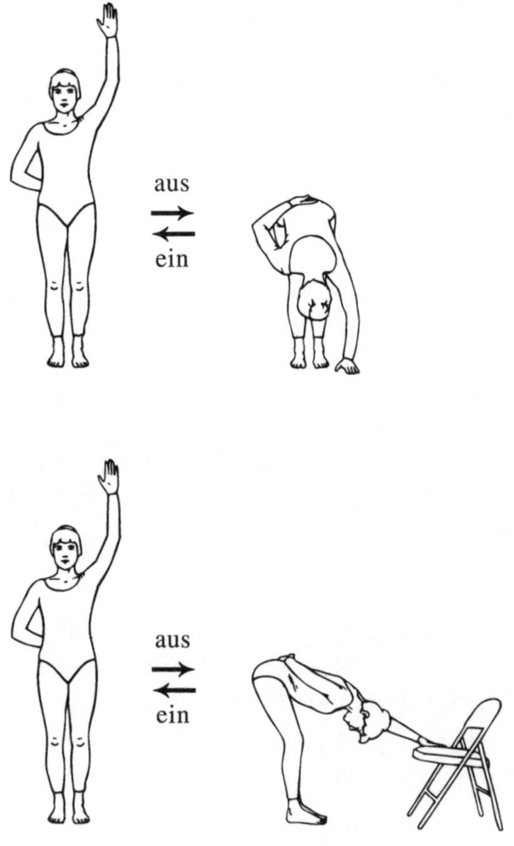

2. Die eine Hand ruht bequem auf dem Rücken oder an der Seite. Heben Sie den anderen Arm, und beugen Sie sich vor, bis die Hand zum Stuhl oder zum Boden kommt. Wiederholen Sie das einige Male, und wechseln Sie dann die Seite.

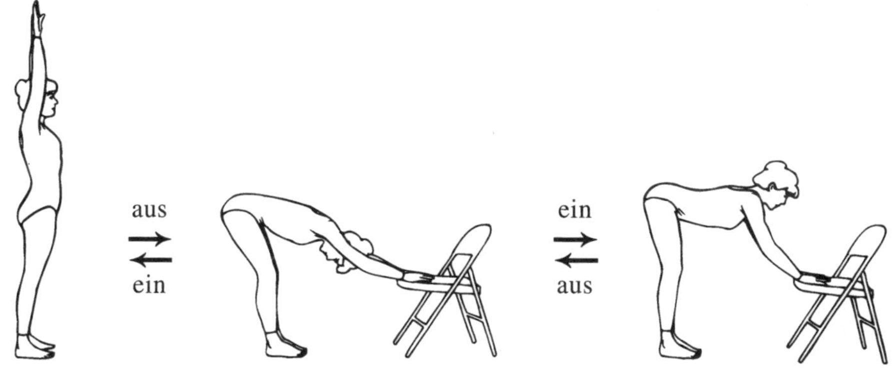

3. Wenn Sie einen Stuhl nehmen, dann beugen Sie sich soweit vor, bis die Hände ohne Gewicht auf dem Stuhl ruhen. Mit der Einatmung strecken Sie den Rücken und heben leicht den Kopf. Mit der Ausatmung runden Sie den Rücken und senken den Kopf. Wiederholen Sie das einige Male. Sie können sich aussuchen, ob Sie die Hände auf der Stuhllehne oder auf der Sitzfläche ablegen wollen.

Änderungen der Atmung

1. Sie können die Arbeit des Rückens verstärken, wenn Sie mit mehreren Atemzügen aus der Vorwärtsbeugung hochkommen. Mit der Einatmung strecken Sie den Rücken und heben ihn teilweise an. Mit der Ausatmung gehen Sie wieder nach unten zurück. Kommen Sie so mit jeder Einatmung etwas höher, bis Sie schließlich ganz aufgerichtet sind.
2. Kommen Sie aus der Vorwärtsbeugung mit gestrecktem Rücken und mit einer langen Einatmung heraus. Lassen Sie die Bewegung vom Zentrum des Rückens ausgehen. Das verstärkt ebenfalls die Wirkung auf den Rücken.
3. Gehen Sie erst im Anschluß an die Ausatmung in die Vorwärtsbeugung hinein, und halten Sie dabei den Atem an. Das wird den Bauch stärken.
4. Uttanasana eignet sich zum Aufwärmen, wenn Sie Atem und Bewegung so anpassen, daß Ein- und Ausatmung jeweils 4 Sekunden lang sind. Wiederholen Sie das einige Male.

Variationen von uttanasana

1. Breiten Sie die Arme zur Seite aus.

2. Verschränken Sie die Finger hinter dem Rücken.

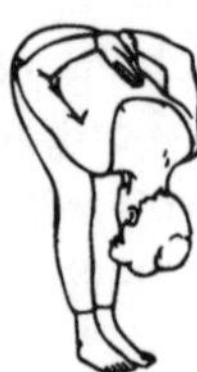

3. Legen Sie die Handflächen hinter dem Rücken aneinander.

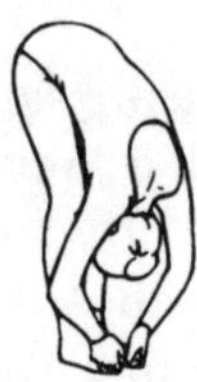

4. Halten Sie die großen Zehen fest *(padangusthasana)*.

5. Legen Sie die Handflächen unter die Fußsohlen *(padahastasana)*.

Ausgleichshaltungen

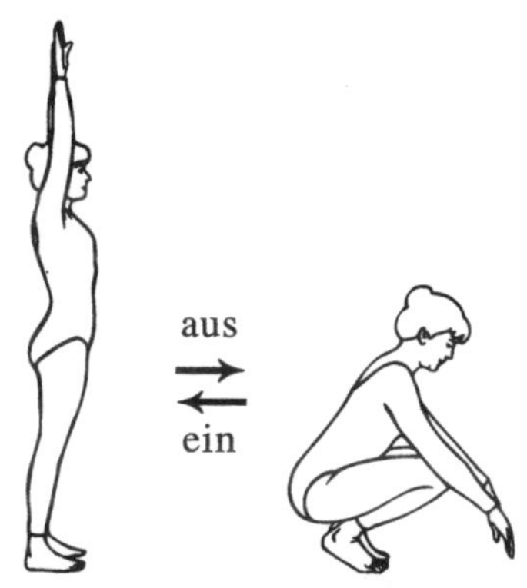

Hocke

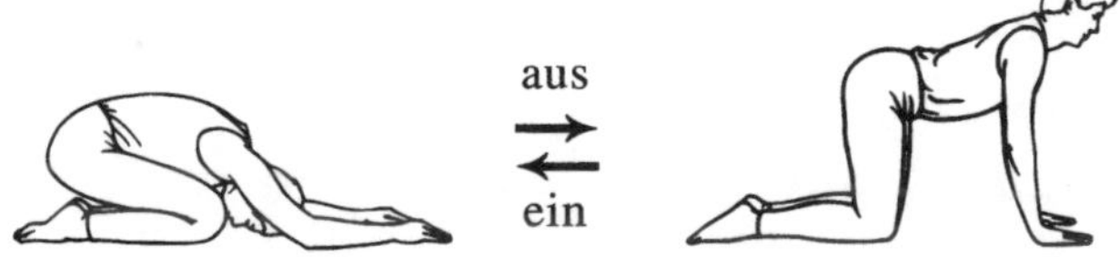

Chakravakasana

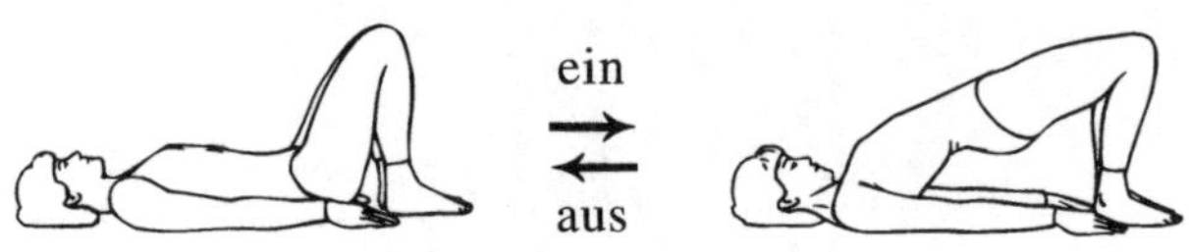

Dvipada pitham

4. Ardha uttanasana (halbe Vorwärtsbewegung)

ardha – halb *uttana* – dehnen, strecken

Klassische Haltung

Die Füße stehen eng zusammen und flach auf dem Boden.
Die Beine sind vollkommen gerade.
Der Rumpf ist in beinahe rechtem Winkel nach vorn gebeugt und der Rükken gestreckt.
Die Arme sind über den Kopf ausgestreckt.
Das Kinn ruht auf der Brust.

Gemäßigte Haltung

Die Füße stehen etwas auseinander, in einer angenehm stabilen Stellung.
Knie und Arme sind leicht gebeugt.

Vinyasa krama

Die folgenden vinyasas haben eine unterschiedliche Wirkung.

1. Fangen Sie im Stehen an. Gehen Sie mit der Ausatmung in eine halbe Vorwärtsbeugung. Strecken Sie Rücken und Arme mit der Einatmung. Bleiben Sie ausatmend in der Haltung, und richten Sie sich einatmend wieder auf.

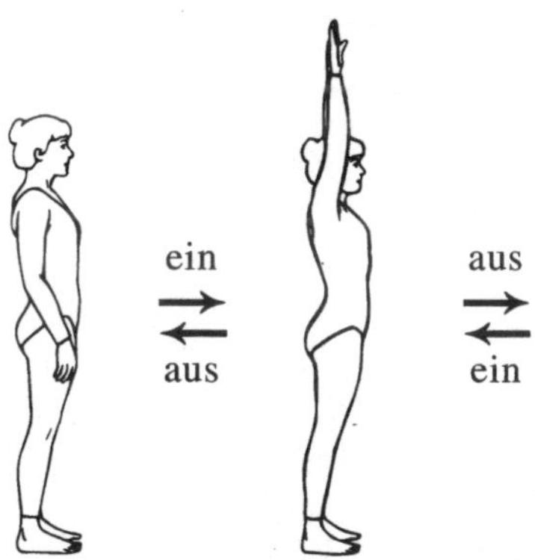

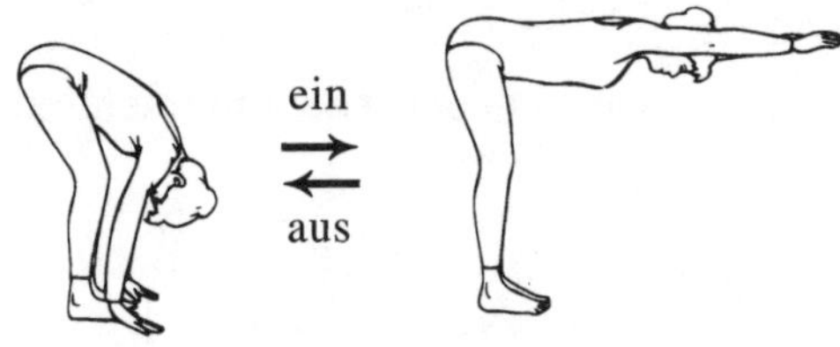

2. Fangen Sie im Stehen an. Heben Sie mit der Einatmung die Arme vorne nach oben, und gehen Sie mit der Ausatmung in uttanasana. Kommen Sie einatmend halb hoch, und strecken Sie dabei Rücken und Arme. Gehen Sie ausatmend nach unten, und richten Sie sich einatmend wieder auf.

Ausgleichshaltungen

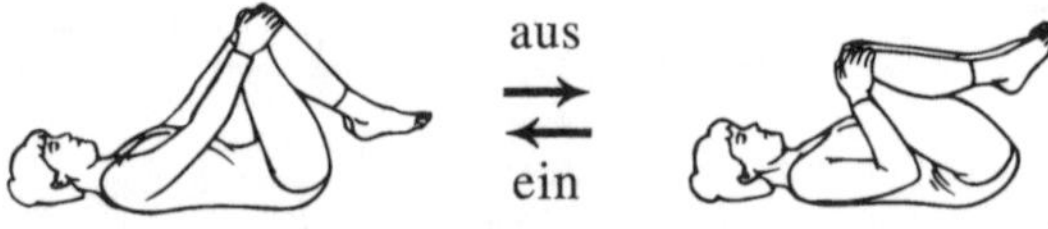

Apanasana

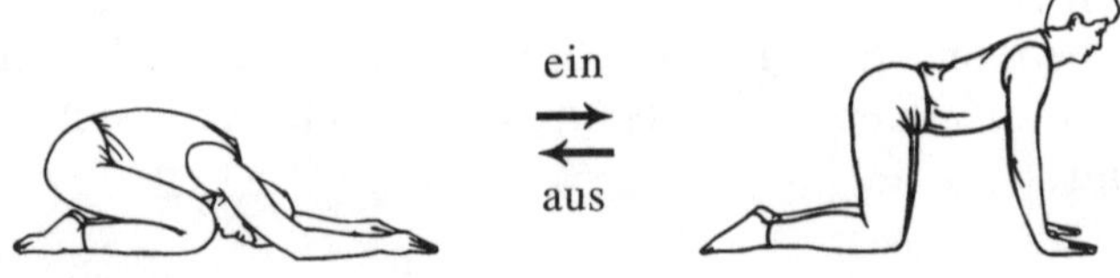

Chakravakasana

Ausruhen mit aufgestellten Füßen

5. Ardha utkatasana (Stuhl)

ardha – halb *utkata* – hocken

Klassische Haltung

Die Füße stehen eng zusammen und flach auf dem Boden.
Die Knie sind gebeugt und geschlossen.
Der Rücken ist leicht nach hinten gebogen.
Die Arme sind über den Kopf gehoben und nahe bei den Ohren. Die Finger sind verschränkt und die Handflächen nach oben gedreht.
Das Kinn ruht auf der Brust.

Gemäßigte Haltung

Die Füße sind bequem auseinander gestellt.
Die Arme sind gebeugt, die Handflächen zeigen nach vorn, und die Schultern sind gesenkt und entspannt.

Vinyasa krama

Fangen Sie im Stehen an. Mit der Einatmung heben Sie die Arme vorne nach oben. Mit der Ausatmung gehen Sie mit einem leicht gerundeten Rücken in die halbe Hocke. Einatmend strecken Sie den Rücken in die Haltung hinein.

Ausgleichshaltungen

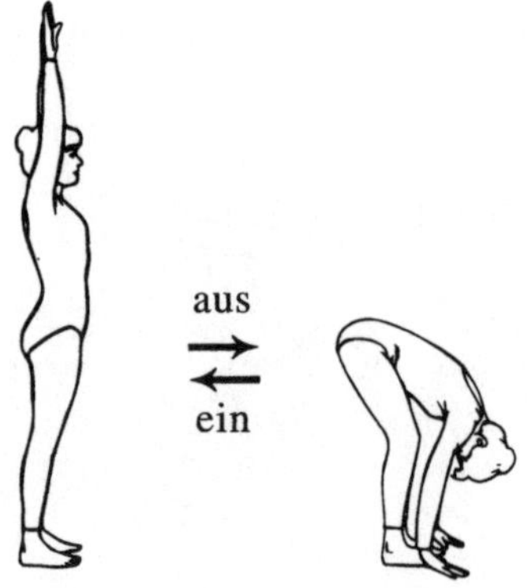

Uttanasana, dynamisch wiederholen

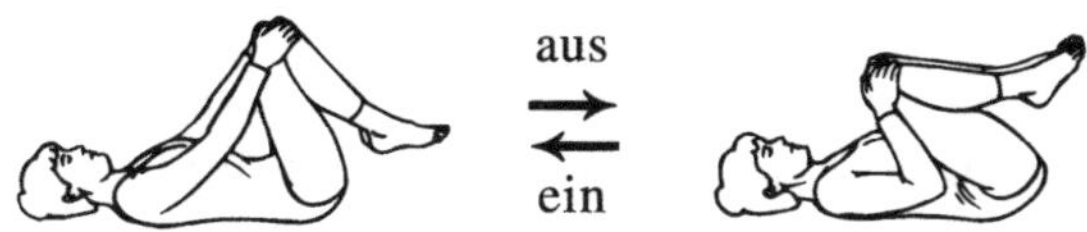

Apanasana

Ausruhen mit aufgestellten Füßen

6. Utthita trikonasana (Dreieck)

utthita – stehen   *trikona* – Dreieck

Wir stellen zwei Formen von utthita trikonasana vor: die Drehung und die Seitwärtsbeugung. Diese beiden Haltungen sind in ihrer Wirkung und ihrem Schwierigkeitsgrad ganz unterschiedlich. Es hängt von der Beschaffenheit des Rumpfes ab, welche von ihnen für jemand besser geeignet ist. Die Seitwärtsbeugung sollte immer mit einer gewissen Vorsicht ausgeführt werden.

Utthita trikonasana zur Gegenseite – die Drehung

Klassische Haltung

Die Füße sind einen Schritt weit voneinander entfernt, so daß Sie bequem und sicher stehen und leicht zu samasthiti zurückkehren können.
Die Füße stehen parallel, und die Beine sind gerade.
Der Oberkörper wird parallel zum Boden gehalten und so gedreht, daß die gegenüberliegende Schulter näher am Boden ist.
Die Arme sind seitlich in Schulterhöhe ausgestreckt, wobei eine Hand an der Außenseite des Fußes leicht auf dem Boden aufliegt.
Der Kopf bildet eine Linie mit der Wirbelsäule, und das Gesicht ist zur oberen Hand hin gedreht.

Gemäßigte Haltung

Die Füße sind etwas ausgestellt.
Das Bein, zu dem man sich hindreht, kann gebeugt sein.
Der Kopf wird eher in einer Linie mit der Wirbelsäule gehalten als nach oben gedreht.

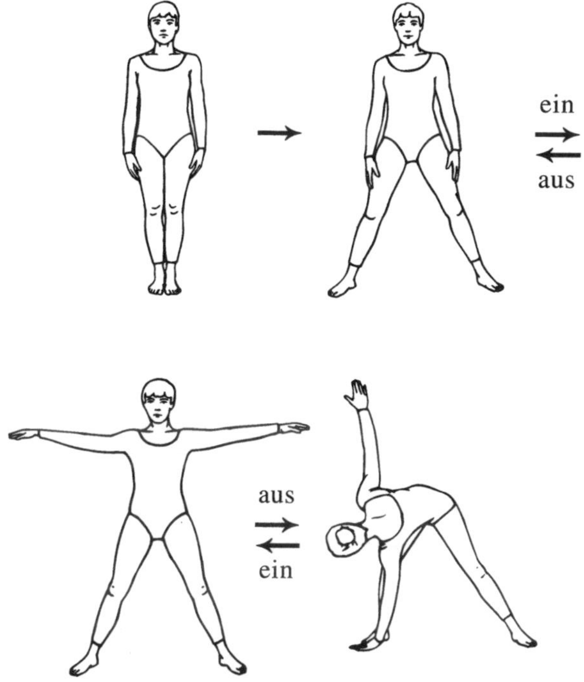

Beugen Sie als erstes den Rumpf leicht vor, bevor Sie in die Drehung gehen. Der Körper ist mehr daran gewöhnt, sich vorzubeugen, als gedreht zu werden; diese geringfügige Anpassung erleichtert die Haltung. Lassen Sie das Knie, zu dem Sie sich hinbewegen, genügend nachgeben, damit der Rumpf zur Seite hin loslassen kann.

Bleiben Sie in der Haltung, und atmen Sie. Spüren Sie die Drehung im Bauch, wenn Sie mit jeder Ausatmung tiefer hineingehen.

Kommen Sie langsam aus der Drehung heraus, indem Sie sich während des Aufrichtens zur Mitte hinbewegen. Wenn Sie gleich zur Mitte gehen, führt das eher zu der Bewegung einer Vorwärtsbeugung als zu der einer Drehung. Atmen Sie ein, während Sie hochkommen.

Utthita trikonasana zur selben Seite – die Seitwärtsbeugung

Dies ist die schwierigere der beiden Haltungen. Sie sollte mit Vorsicht ausgeführt werden, besonders wenn sie gehalten wird.

Klassische Haltung

Der Stand ist genauso wie beim gedrehten Dreieck.
Der Rumpf wird parallel zum Boden gehalten, zeigt nach vorne und ist direkt über dem Bein.
Die Arme sind von den Schultern aus senkrecht zum Boden und nach oben ausgestreckt. Die Hand berührt den Boden leicht an der Außenseite des Fußes.
Der Kopf bildet eine Linie mit der Wirbelsäule, und das Gesicht zeigt zur oberen Hand.

Gemäßigte Haltung

Die Füße sind etwas ausgestellt.
Das Bein, zu dem man sich hinbewegt, kann gebeugt sein.

Der Rumpf ist nicht direkt über den Beinen.
Das Gesicht muß nicht zur oberen Hand hin zeigen.

Vinyasa krama

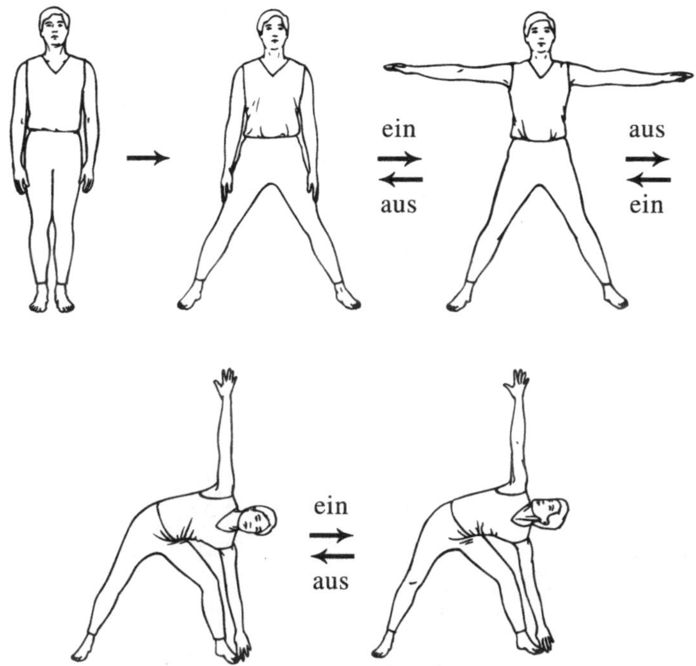

Beugen Sie mit der Ausatmung als erstes den Rumpf leicht vor, noch bevor Sie sich zur Seite beugen. Lassen Sie das Knie, zu dem Sie sich hinbewegen, genügend nachgeben, damit der Rumpf zur Seite hin loslassen kann. Mit der Einatmung strecken Sie den Rumpf und halten ihn parallel zum Boden.

Ausgleichshaltungen für Drehung und Seitwärtsbeugung

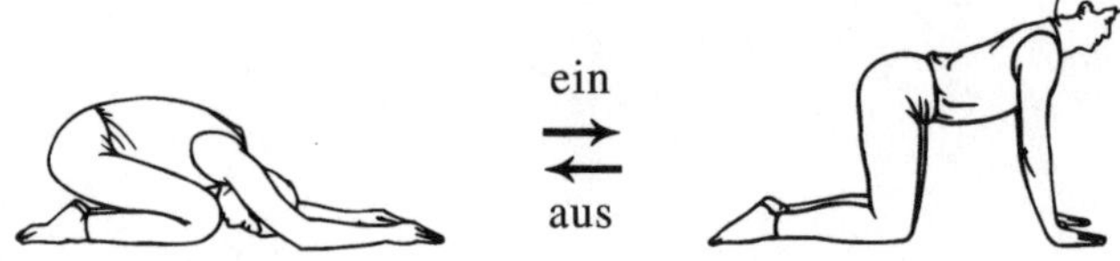

Chakravakasana

Uttanasana

Vajrasana

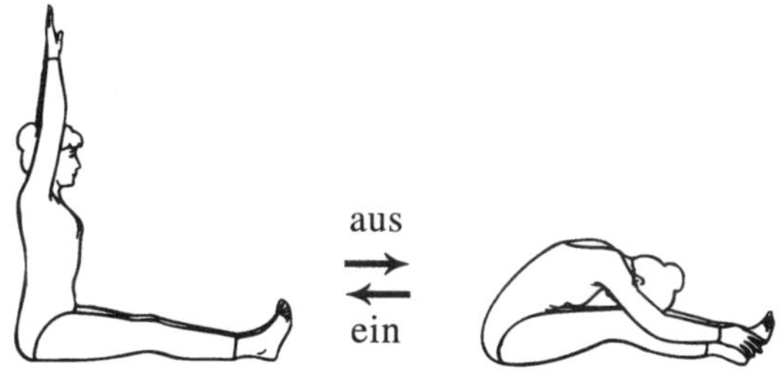

Paschimatanasana

7. Virabhadrasana (Held)

Virabhadra – einer von Shivas Kriegern

Klassische Haltung

Der Abstand zwischen den Füßen ist groß, aber nur so groß, daß man den vorderen Fuß ohne Anstrengung zurücksetzen kann.
Das hintere Bein ist gestreckt. Der hintere Fuß ist um 45–60° ausgestellt.
Der Rücken geht in eine leichte Rückwärtsbeugung, bleibt dabei aber senkrecht.
Das Gesicht zeigt nach vorne.
Die Arme werden gestreckt über den Kopf gehoben, bis nahe an die Ohren. Die Handflächen sind zusammen.

Gemäßigte Haltung

Die Arme sind leicht gebeugt.
Der Kopf kann leicht gehoben sein.

Vinyasa krama

Fangen Sie mit einem weiten Schritt an. Der hintere Fuß ist ausgestellt, beide Beine sind gestreckt, und die Arme sind an der Seite. Während des Einatmens beugen Sie das vordere Knie, heben die Arme vorne nach oben und beugen sanft den Rücken zurück.

Änderungen

Gehen Sie in die asymmetrische Vorwärtsbeugung. Atmen Sie ein, während Sie aus der Haltung herauskommen, die Arme heben und den Rücken leicht zurückbeugen. Wiederholen Sie das auf der anderen Seite.

Anmerkungen

Beide Beine müssen in der Haltung aktiv sein. Wenn das hintere Bein nicht aktiv ist, muß die Hüfte statt des Rückens arbeiten, und auch wenn der Winkel des gebeugten Beines nicht stimmt, verlagert sich das Gewicht vom Rücken weg in die Hüfte.

Ausgleichshaltungen

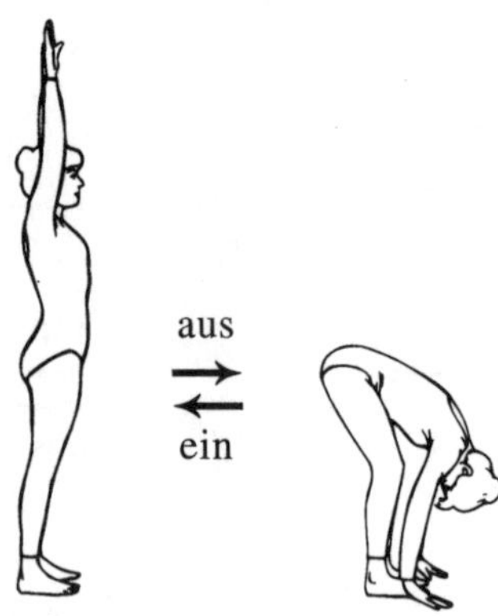

Uttanasana

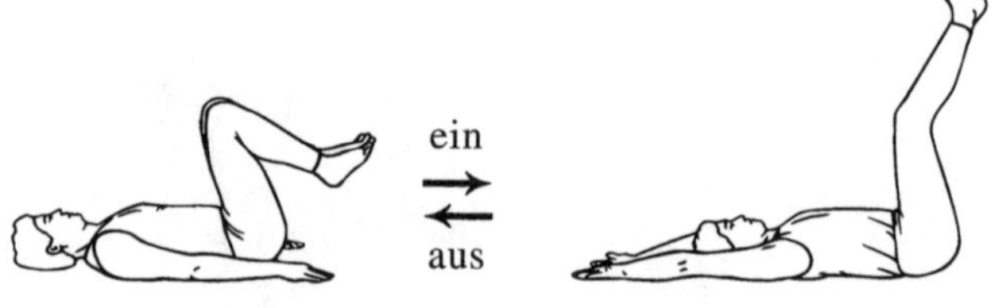

Beinheben

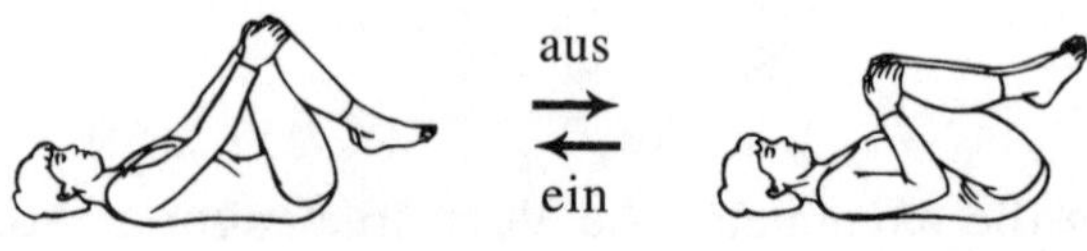

Apanasana

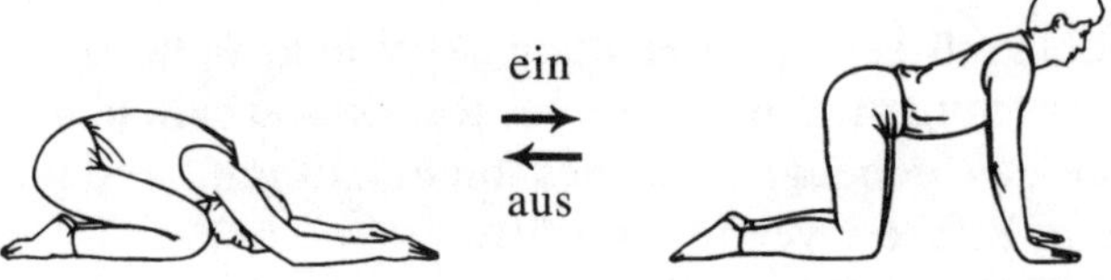

Chakravakasana

Ausruhen mit aufgestellten Füßen

8. Adhomukha shvanasana (abwärtsgerichteter Hund)

adho – unten *mukha* – Gesicht *shvana* – Hund

Klassische Haltung

Die Zehen und die Hände liegen auf dem Boden auf, und die Fersen gehen so weit wie möglich zum Boden.
Die Beine sind gestreckt.
Das Körpergewicht ist gleichmäßig auf Hände und Füße verteilt.
Das Kinn ruht auf der Brust, und der Kopf berührt den Boden.

Gemäßigte Haltung

Die Fersen müssen nicht zum Boden kommen.
Die Füße können ungefähr hüftbreit auseinander stehen.
Die Knie sind gebeugt.
Die Arme müssen nicht steif oder gestreckt sein.
Der Kopf bildet eine Linie mit der Wirbelsäule und berührt nicht den Boden.
Das Kinn kommt nicht ganz zur Brust.

Vinyasa krama

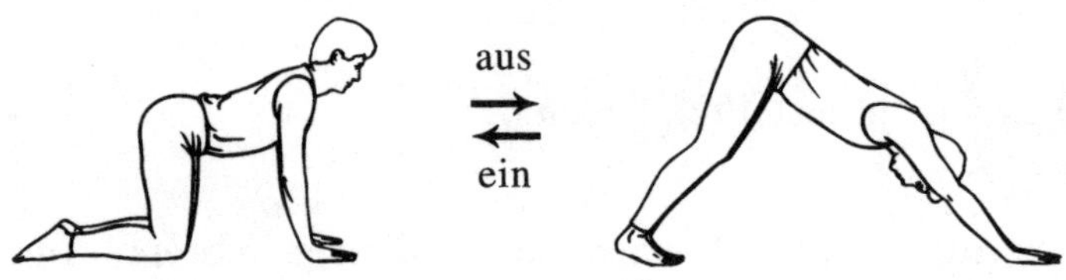

Fangen Sie mit chakravakasana an. Ausatmend gehen Sie in den abwärtsgerichteten Hund und einatmend zurück in chakravakasana. Wiederholen Sie die Sequenz.

Anmerkung: Weitere vinyasas finden sich auf Seite 61–62.

Anmerkungen

Im abwärtsgerichteten Hund wird das Körpergewicht von den Schultern getragen. Aus diesem Grund und auch wegen des Winkels der Schultern kann die Haltung zu Nackenspannungen führen. Vergleichen Sie sie mit uttanasana (Vorwärtsbeugung im Stehen), wo man die Wirkung der Umkehrhaltung ohne die Belastung der Schultern hat. Im abwärtsgerichteten Hund können die bandhas geübt werden (siehe 6. Kapitel).

Ausgleichshaltungen

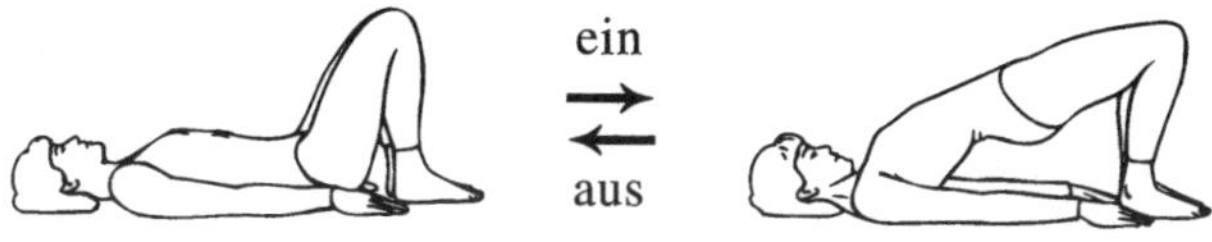

Dvipada pitham

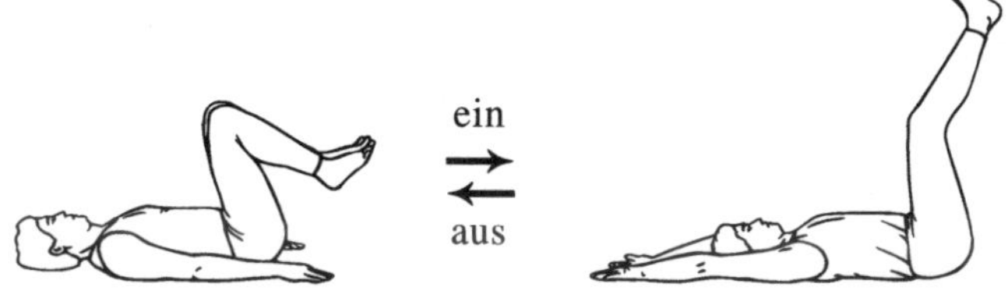

Beinheben

9. Sukhasana (bequeme Haltung)

sukham – angenehm, bequem

Klassische Haltung

Der Rumpf richtet sich in der Sitzhaltung auf. Die Wirbelsäule muß aufrecht gehalten werden, um das richtige Atmen zu ermöglichen.
Die Beine sind gebeugt und überkreuz, mit den Füßen unter den gegenüberliegenden Knien.
Das Kinn ruht auf der Brust.
Die Arme sind gestreckt, und die Handflächen liegen auf den Knien.

Gemäßigte Haltung

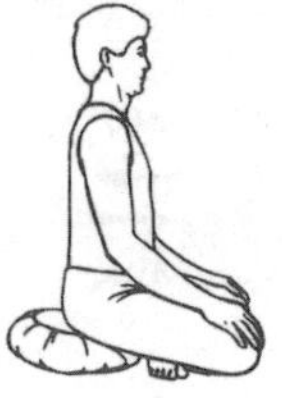

Man nimmt ein Kissen, damit das Becken höher ist.
Die Arme sind entspannt, und die Hände ruhen bequem auf den Oberschenkeln.
Der Kopf ist aufrecht.

Vinyasa krama

Setzen Sie sich auf den Boden. Überkreuzen Sie die Beine, mit den Füßen unter den gegenüberliegenden Knien. Legen Sie die Handflächen auf die Knie.

Anmerkungen

Sukhasana ist eine der Grundhaltungen für pranayama. Die beiden Voraussetzungen dafür sind, daß Sie sich in der Sitzhaltung auf dem Boden wohlfühlen und die Wirbelsäule leicht aufrecht halten können.

Im Anschluß an eine Haltung sollten keine schlechten Auswirkungen auftreten. Sukhasana ist eine statische Haltung. Die Wahrscheinlichkeit ist also größer, daß die Knie, die Knöchel oder der Rücken schmerzen, wenn man länger in der Haltung bleibt. Sie müssen sich richtig vorbereiten, um längere Zeit in sukhasana zu bleiben.

Sukhasana gibt Ihnen Stabilität im Sitzen und hilft dabei, die Wirbelsäule aufrecht zu halten – beides ist für die pranayama-Praxis notwendig. Diese Haltung ist nur wirksam, wenn sie fest und angenehm ist. Obgleich pranayama auf dem Boden uns ein anderes Gefühl gibt als pranayama auf einem Stuhl, geht das nur, wenn dabei Leichtigkeit und Festigkeit vorhanden sind.

Verwandte Haltungen

Es gibt mehrere andere Haltungen, die für pranayama oder zum ruhigen Sitzen verwendet werden. In allen ist die Form der Wirbelsäule ein bißchen anders. Es ist sehr wichtig, die richtige Haltung für sich zu finden, weil eine unbequeme Haltung, die über längere Zeit ausgeführt wird, Schmerzen und Folgeprobleme in anderen Bereichen nach sich ziehen kann.

1. Setzen Sie sich mit aufgerichteter Wirbelsäule auf einen Stuhl. Die Füße sind auf dem Boden.

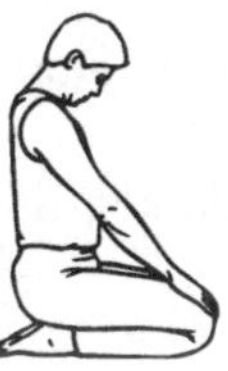

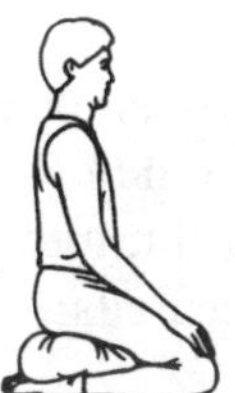

2. In vajrasana ist es leicht, die Wirbelsäule aufrecht zu halten, da die Fersen wie ein Kissen sind. Trotzdem werden einige Menschen Schmerzen in den Fußgelenken oder Knien bekommen. Man kann auch eine Unterlage in dieser Haltung nehmen.

Ausgleichshaltung

Shavasana

10. Vajrasana (Fersensitz)

vajra – Donnerkeil

Klassische Haltung

Knien Sie mit geschlossenen Beinen auf dem Boden, setzen Sie sich auf die Fersen, richten Sie den Rücken auf.
Die Arme sind gestreckt, und die Handflächen liegen auf den Knien.
Das Kinn ruht auf der Brust.

Gemäßigte Haltung

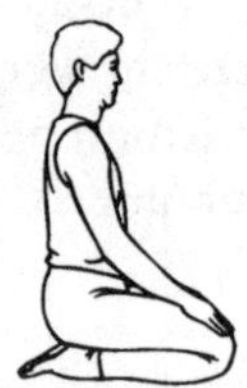

Die Ellbogen sind gebeugt, und die Handflächen ruhen auf den Knien oder Oberschenkeln.
Der Kopf ist aufrecht.

Vinyasa krama

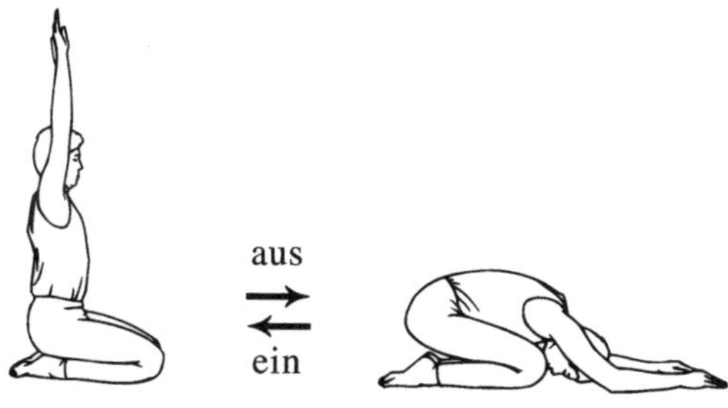

1. Setzen Sie sich auf die Fersen, heben Sie die Arme mit der Einatmung, und beugen Sie sich mit der Ausatmung vor.

2. Von einer knienden Stellung aus heben Sie die Arme mit der Einatmung, beugen sich mit der Ausatmung vor und setzen sich dabei langsam auf die Fersen zurück.

Ausgleichshaltung

Shavasana

11. Paschimatanasana (Vorwärtsbeugung im Sitzen)

paschima – unterer Rücken *tana* – dehnen, strecken

Klassische Haltung

Setzen Sie sich auf den Boden, die Beine sind geschlossen und gestreckt und die Füße angewinkelt.
Der Oberkörper ist über die Beine gebeugt.
Die Arme sind leicht gebeugt und sind ausgestreckt über dem Kopf. Die Hände halten die Füße von der Seite, und die Finger liegen über den Fußballen.
Die Stirn ruht auf den Beinen und das Kinn auf der Brust.

Gemäßigte Haltung

Geben Sie in den Knien nach. Um herauszufinden, wie weit Sie nachgeben müssen, beugen Sie sich zuerst mit geradem Rücken vor, bis Sie einen Widerstand in den Beinen spüren. Dann beugen Sie die Knie so weit an, daß der Rücken arbeiten kann. Behalten Sie diese Kniestellung bei, damit Sie sich auf den Rücken konzentrieren können, während Sie sich in der Haltung hin- und zurückbewegen.
Die Hände liegen bequem auf den Beinen oder den Knien.
Die Beine können leicht geöffnet sein.
Die Stirn braucht nicht bis zu den Beinen herunterzukommen.
Der Kopf ist in einer neutralen Haltung.

Vinyasa krama

Setzen Sie sich mit geraden Beinen auf den Boden. Heben Sie einatmend die Arme vorne über den Kopf. Beugen Sie ausatmend den Rumpf über die Beine, so daß die Stirn die Beine berührt und die Hände die Füße halten. Kommen Sie einatmend mit gestrecktem Rücken hoch.

Anmerkung: Wenn Sie in paschimatanasana bleiben, lassen Sie mit jeder Ausatmung los und gehen tiefer in die Haltung hinein. Falls Sie den Oberkörper mit den Armen nach unten ziehen, erzeugen Sie nur Spannung in Schultern und Nacken.

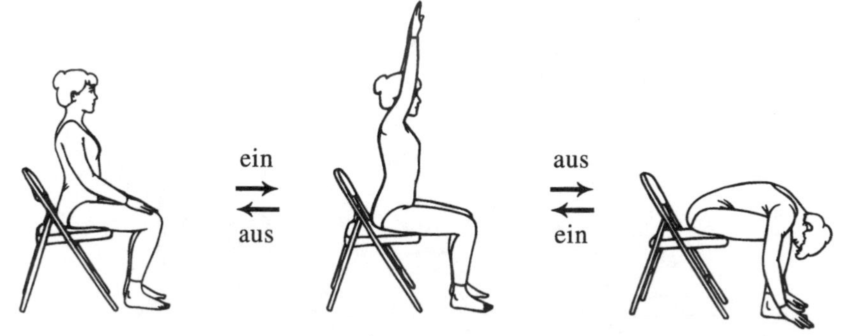

Paschimatanasana kann auch mit einem Stuhl gemacht werden. Dann können die angespannten Beinmuskeln genug nachgeben, damit der untere Rücken losläßt und gedehnt wird.

Änderungen

1. Die Arme werden zur Seite ausgebreitet.

2. Die Hände nehmen die Begrüßungshaltung hinter dem Rücken ein.

3. Die Arme sind mit aneinandergelegten Handflächen über die Füße hinaus ausgestreckt.

Ausgleichshaltungen

Paschimatanasana wird oft selbst als Ausgleichshaltung am Übungsende gemacht. Wenn es jedoch intensiv geübt wird oder schwierig für jemanden ist, sind die folgenden Haltungen als Ausgleich geeignet.

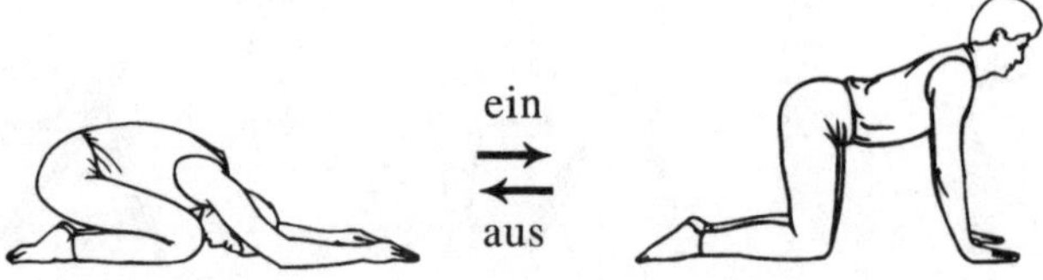

Chakravakasana

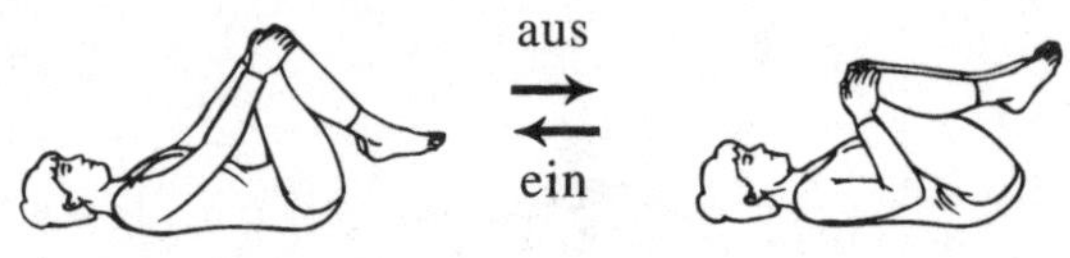

Apanasana

12. Maha mudra

maha – groß *mudra* – Symbol

Klassische Haltung

Setzen Sie sich auf den Boden, mit einem Bein direkt nach vorn ausgestreckt. Die Ferse dieses Beines liegt auf dem Boden auf, und der Fuß zeigt nach oben.
Das andere Bein ist angewinkelt, und der Fuß liegt innen am Oberschenkel des gestreckten Beines (an der Leiste), so nah wie möglich am Körper.
Das gestreckte Bein bildet einen rechten Winkel mit den Hüften.
Die Schultern sind gleich hoch und zeigen gerade nach vorn.
Das Kinn ruht auf der Brust, und die Arme sind gestreckt.
Der Rumpf ist vom Becken aus vorgebeugt, so daß die Finger die Fußsohle halten können.

Der Rücken ist gerade. In dieser Haltung können alle drei bandhas geübt werden (siehe 6. Kapitel).

Gemäßigte Haltung

Die Hände liegen an den Knöcheln, Schienbeinen oder Knien des gestreckten Beines, und das Knie dieses Beines gibt nach.
Um eine mögliche Anspannung in den Schultern zu mildern, geben die Ellbogen nach.
Das Kinn bewegt sich zur Brust.
Die Haltung wird ohne die bandhas ausgeführt.

Vinyasa krama

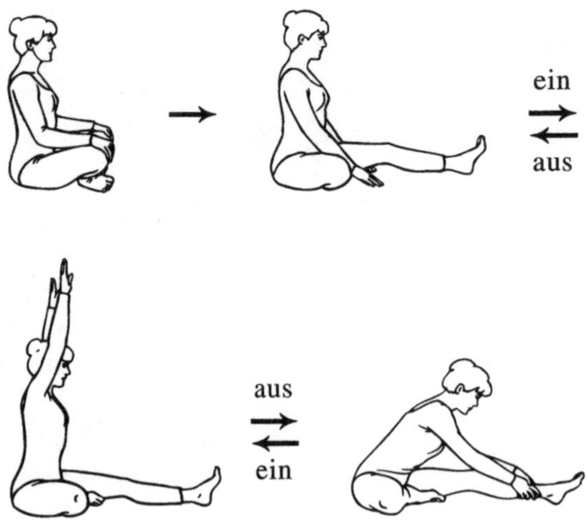

Setzen Sie sich in sukhasana. Strecken Sie ein Bein im rechten Winkel zu den Hüften nach vorn. Die Sohle des anderen Fußes berührt den Oberschenkel. Heben Sie einatmend die Arme. Senken Sie ausatmend die Arme, und fassen Sie das Bein an, wo Sie es erreichen. Bleiben Sie in der Haltung, und atmen Sie.

Anmerkungen

Diese Haltung wird als das erste der zehn wichtigsten mudras oder Symbole angesehen. Nach der *Hatha Yoga Pradipika* hilft sie, zerstreute Energie wieder zu zentrieren, und ist nützlich nach pranayama und zum Üben der bandhas.

Ausgleichshaltungen

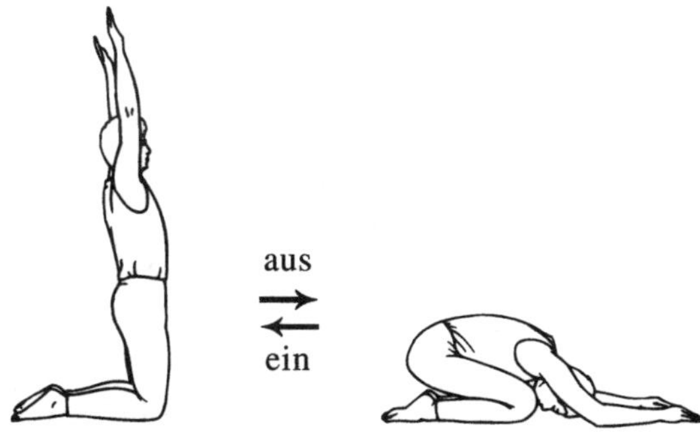

Vajrasana

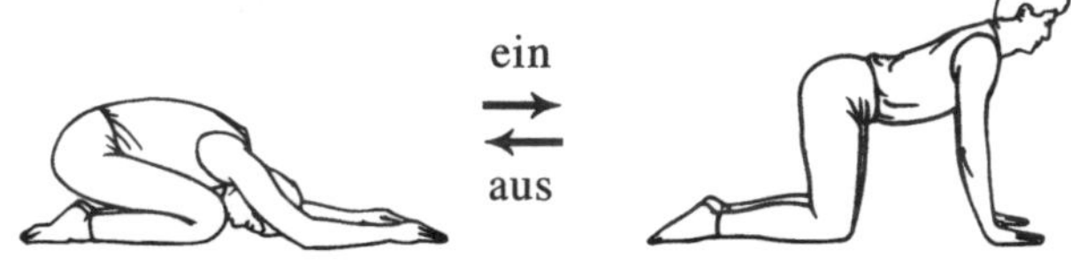

Chakravakasana

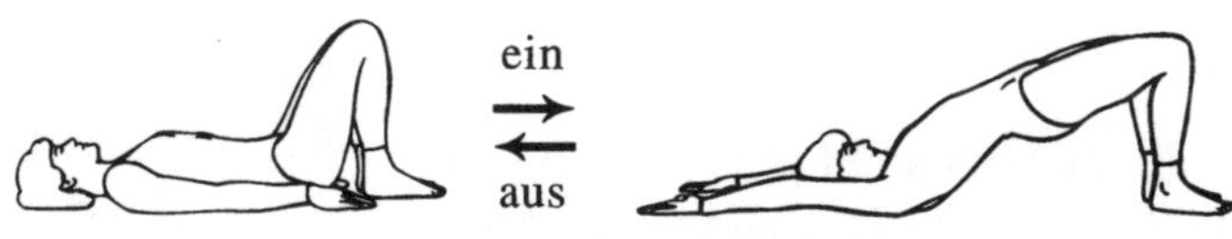

Dvipada pitham

13. Dvipada pitham (Schulterbrücke)

dvi – zwei *pada* – Füße pitham – Pult, Schreibtisch

Klassische Haltung

Das Becken und die Oberschenkel werden vom Boden hochgehoben und vom Kopf und von den Schultern und Füßen gestützt.
Der Kopf liegt auf dem Boden und das Kinn ist an der Brust.
Die Füße sind zusammen und stehen flach auf dem Boden, wobei die Unterschenkel fast senkrecht sind.
Die Knie sind geschlossen, und die Hände halten die Knöchel.

Gemäßigte Haltung

Die Knie müssen nicht geschlossen sein.
Die Füße sind parallel auseinandergestellt.
Die Arme liegen gerade auf dem Boden, mit den Handflächen nach unten.
Der Kopf ruht in einer neutralen Haltung auf dem Boden.

Vinyasa krama

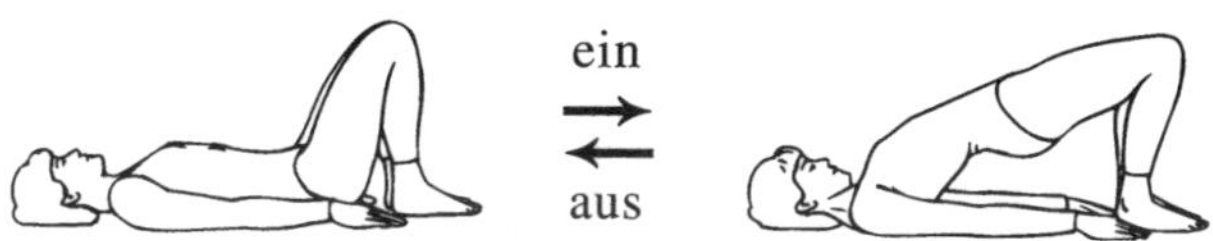

Mit der Einatmung drücken Sie die Füße in den Boden und heben dann den Rumpf hoch. Wenn es für die Stabilität der Haltung notwendig ist, drücken Sie leicht die Hände zum Boden und senken während der Ausatmung den Rumpf.

Änderungen

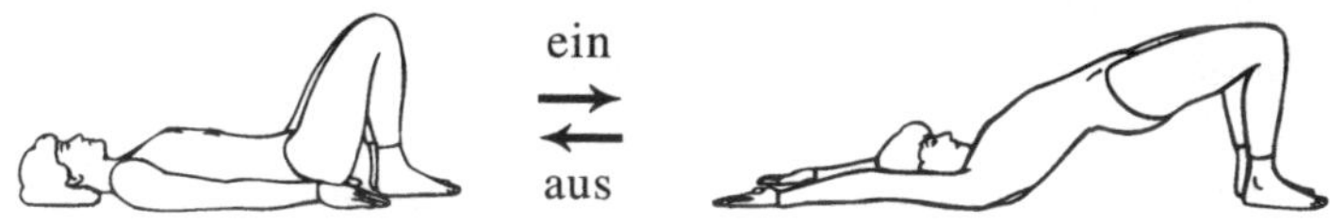

Heben Sie die Arme mit der Einatmung über den Kopf, während sich der Rumpf hebt.

Anmerkungen

Es ist wichtig, den Kopf nicht mit der Bewegung mitgehen zu lassen, um den Druck im Nacken zu lindern und die Arbeit des oberen Rückens zu fördern. Das braucht einige Aufmerksamkeit, da der Kopf sich während des Hebens von selbst nach hinten mitbewegt.

Ausgleichshaltungen

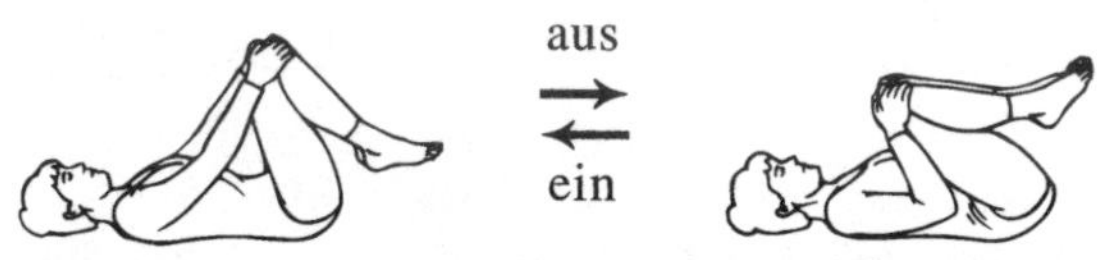

Apanasana

14. Urdhva prasrita padasana (Beinheben)

urdhva – aufwärts *prasrita* – ausgestreckt *pada – Beine*

Klassische Haltung

Legen Sie sich auf den Rücken, mit dem Kopf auf dem Boden.
Das Kinn ist auf der Brust.
Die Beine werden gestreckt, geschlossen und senkrecht nach oben gehoben.
Die Arme liegen gerade am Körper auf dem Boden.

Vinyasa krama

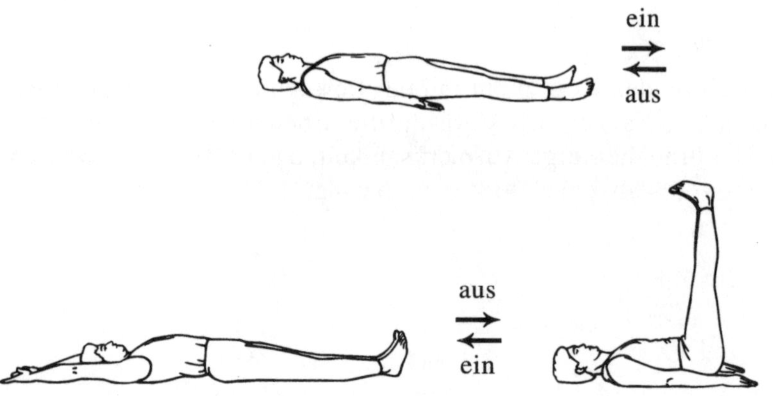

In der Rückenlage heben Sie die Arme einatmend über den Kopf. Ausatmend senken Sie die Arme und heben zugleich die Beine. Die gehobenen Beine werden senkrecht nach oben gehalten.

Änderungen

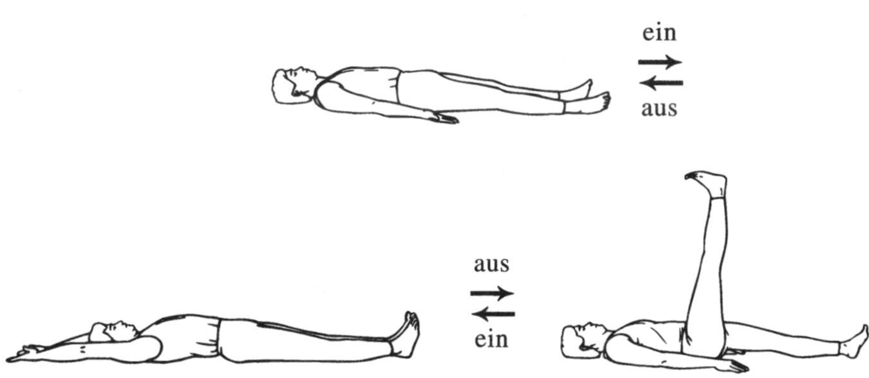

1. Heben Sie nur ein Bein mit der Ausatmung.

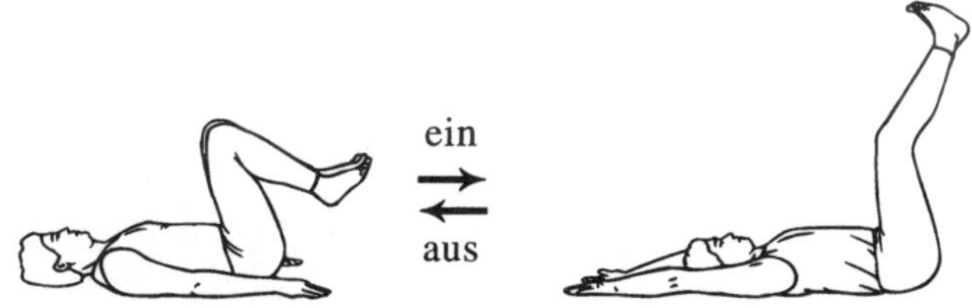

2. Heben Sie von apanasana aus die Arme und Beine mit der Einatmung. Die Beine sind dabei gebeugt.

Ausgleichshaltungen

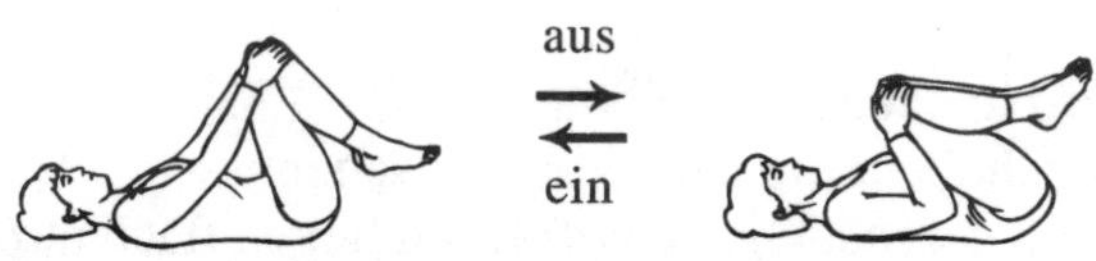

Apanasana

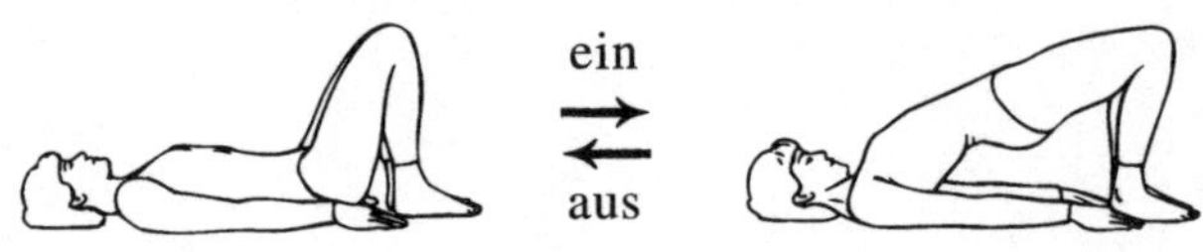

Dvipada pitham

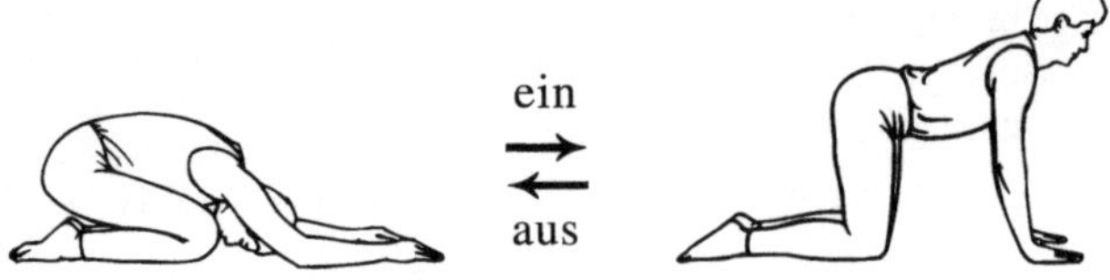

Chakravakasana

15. Chakravakasana (Sonnenvogel)

chakravaka – mythologischer Vogel

Klassische Haltung

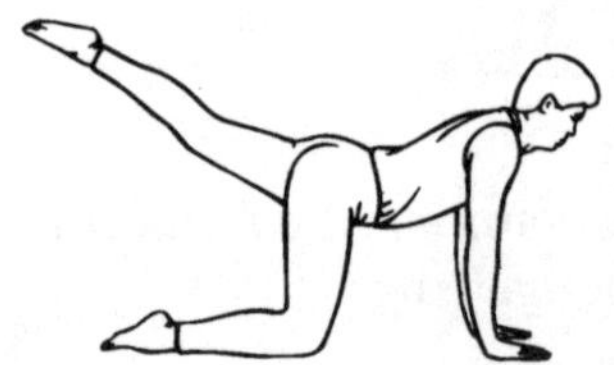

Knien Sie auf dem Boden, und heben Sie das eine Bein gestreckt höher als die Hüfte.
Der Rücken wird leicht zurückgebogen.
Der Kopf wird gehoben, um nach vorn zu sehen.
Die Ellbogen sind gerade. Die Handflächen liegen flach auf dem Boden und unterstützen den Oberkörper.
Die Hände sind in Schulterbreite parallel zueinander aufgestellt, und Finger und Daumen sind zusammen.

Gemäßigte Haltung

Das Bein wird nicht gehoben, und nur der Rücken biegt sich leicht zurück. Die Knie haben einen bequemen Abstand voneinander (ungefähr hüftbreit).
Der Kopf wird nur wenig gehoben.

Vinyasa Krama

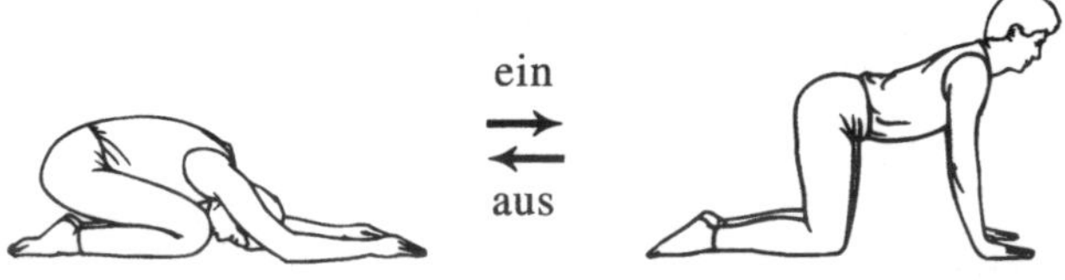

Mit der Einatmung biegen Sie sanft den Rücken zurück und schauen nach vorn. Mit der Ausatmung gehen Sie zurück auf die Fersen und legen den Kopf und die Unterarme auf dem Boden ab.

Änderungen

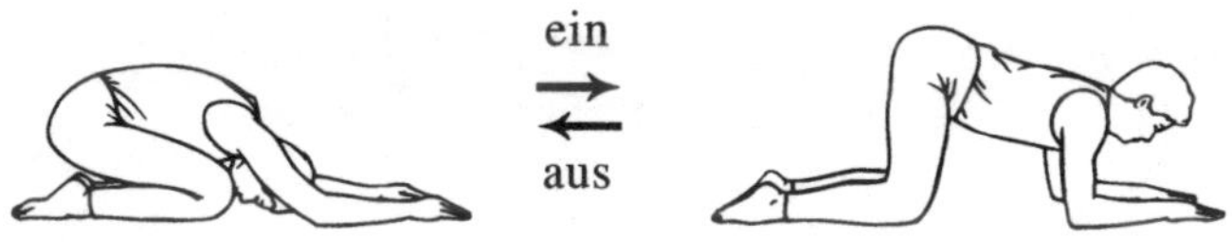

Bleiben Sie auf den Ellbogen, statt auf den Händen.

Ausgleichshaltung

Chakravakasana wird oft selbst als Ausgleichshaltung angesehen und braucht deshalb keine andere Ausgleichshaltung außer shavasana.

16. Bhujangasana (Kobra)

bhujangam – Schlange

Klassische Haltung

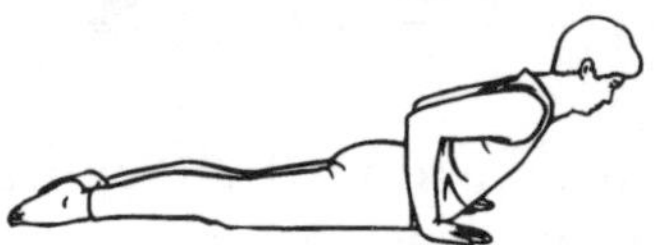

Aus der Bauchlage heraus werden Brust, Schultern und Kopf vom Nabel aus vom Boden hochgehoben.
Der Kopf bildet eine Linie mit der Wirbelsäule, und das Gesicht zeigt nach vorn.
Die Hände liegen in Höhe des Nabels flach auf dem Boden und sind nahe am Körper.
Die Ellbogen sind gebeugt und befinden sich ebenfalls nahe am Körper.
Die Hände sollten nicht fest gegen den Boden drücken, sondern den Oberkörper nur leicht abstützen.
Die Beine sind gerade und geschlossen.

Gemäßigte Haltung

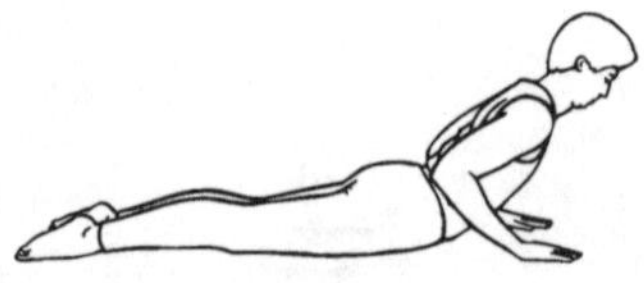

Die Beine sind geöffnet.

Um den Rücken zu unterstützen, liegen die Hände etwas mehr zu den Schultern hin auf und etwas weiter vom Körper weg. Das verlagert die Anstrengung vom Rücken weg und zu den Schultern hin. In einigen Fällen wird mehr Arbeit in dem einen als in dem anderen Bereich gebraucht. Die Armposition zu ändern, kann nicht nur den Zweck des asanas erleichtern, sondern auch eine Sicherheitsmaßnahme sein.

Vinyasa krama

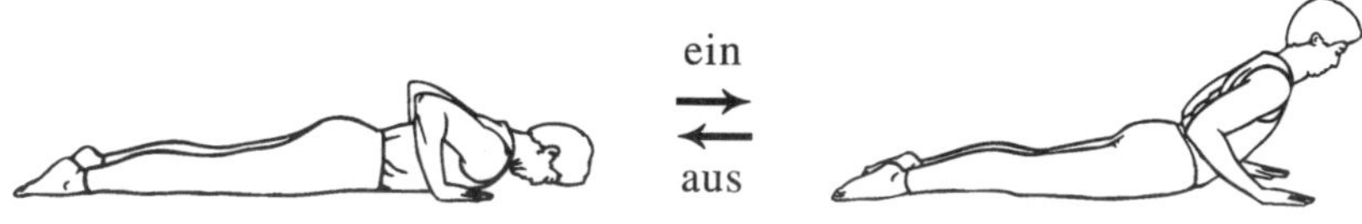

Der Oberkörper wird mit der Einatmung gehoben und mit der Ausatmung gesenkt.

Anmerkungen

Wenn Sie in der Kobra bleiben, hebt sich der Körper von selbst etwas mit der Einatmung und senkt sich wieder leicht mit der Ausatmung. Wenn man dieses Absinken auf ein Minimum reduziert, kräftigt das den Rücken sehr.

In der Kobra hebt man instinktiv den Kopf beim Hochgehen, weil es sich so anfühlt, als ob das die Wirbelsäule stärker durchbiegen würde. Tatsächlich drückt es aber nur die Halswirbel im Nacken zusammen. Lassen Sie den Kopf also lieber in der normalen Verbindung zur Wirbelsäule.

Änderungen

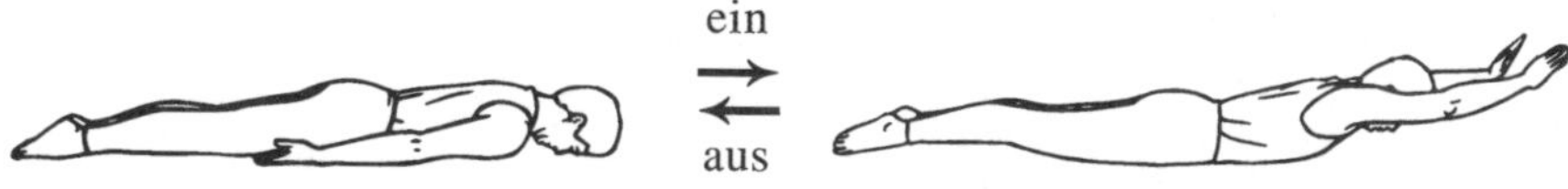

Legen Sie die Arme an die Seite, und schwingen Sie die Arme mit der Einatmung nach vorn, während Sie den Oberkörper heben.

Ausgleichshaltungen

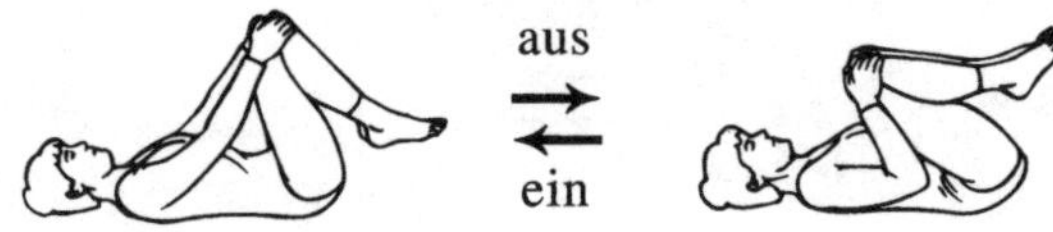

Apanasana

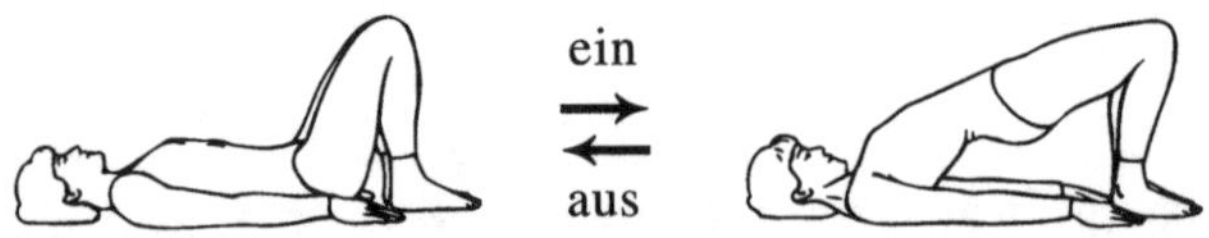

Dvipada pitham

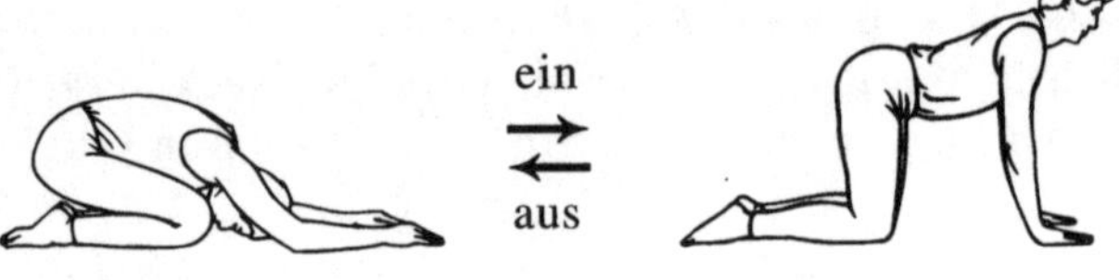

Chakravakasana

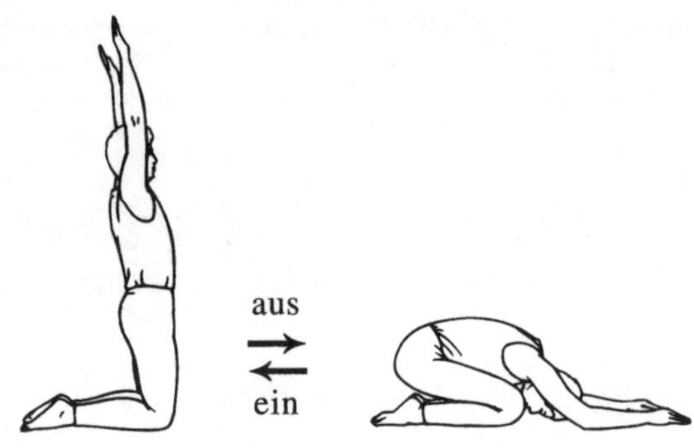

Vajrasana

17. Shalabhasana (Heuschrecke)

shalabha – Heuschrecke

Klassische Haltung

Legen Sie sich in die Bauchlage mit der Stirn auf den Boden.
Die Brust, die Schultern, die Arme, der Kopf und die Beine werden gehoben.
Die Arme sind über den Kopf ausgestreckt, nahe an den Ohren, und die Handflächen liegen aneinander.
Die Beine sind gestreckt und geschlossen.

Anmerkung: Es ist nicht empfehlenswert, die Beine nur allein zu heben, weil das den Druck in der Brust verstärkt und damit den Herzschlag beschleunigt und die Spannung in der Halswirbelsäule erhöht.

Gemäßigte Haltung

Die Beine sind geöffnet.
Die Knie können gebeugt werden.
Die Arme werden ausgestreckt, ohne die Handflächen zusammenzubringen.
Die Arme können gebeugt werden.

Vinyasa krama

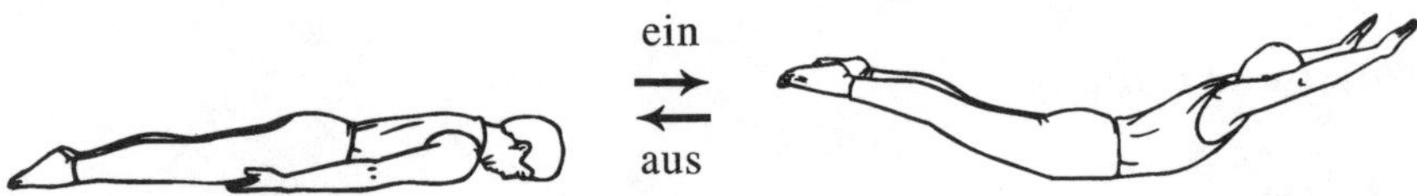

1. Legen Sie sich in die Bauchlage mit der Stirn auf den Boden. Die Arme liegen an der Seite, und die Beine sind gerade und geschlossen. Mit der Einatmung heben Sie zuerst die Beine, gefolgt von Armen, Brust und Kopf. Schwingen Sie die Arme nach vorn, und strecken Sie sie über den Kopf aus. Kehren Sie ausatmend in die Bauchlage zurück.

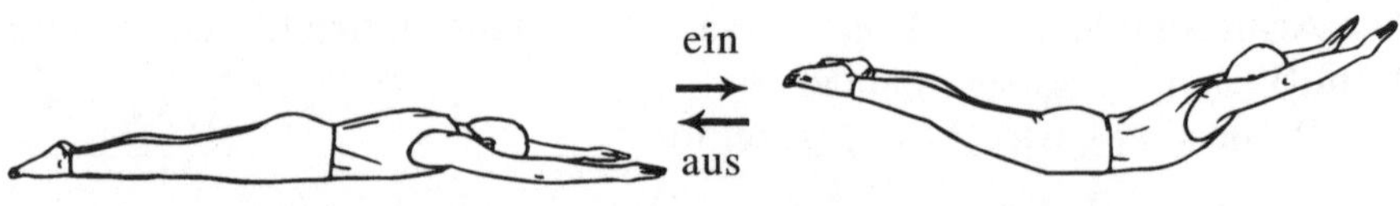

2. Wenn die Arme auf dem Boden über dem Kopf liegen, ist die Bewegung schwieriger als von der Seite aus.

Änderungen

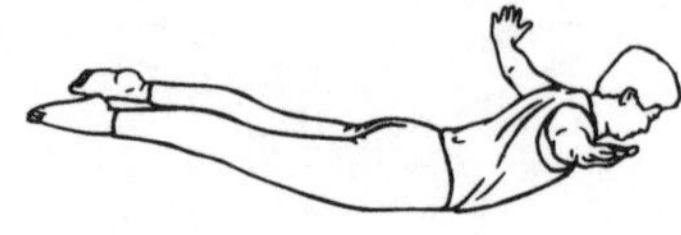

1. Breiten Sie die Arme zur Seite aus.

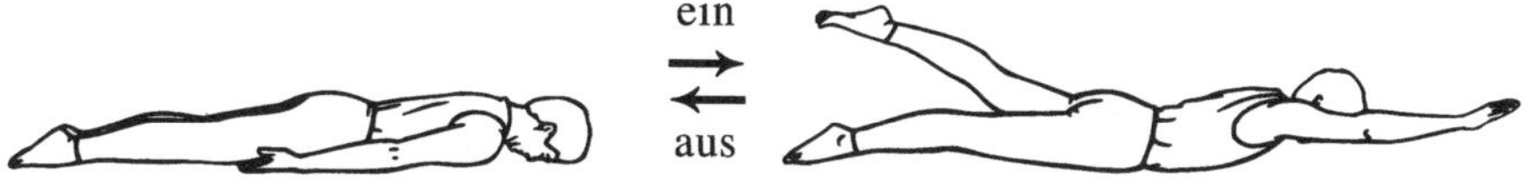

2. *Ardha shalabhasana* (asymmetrische Heuschrecke). Heben Sie ein Bein und einen Arm auf einmal. Sie können das auf einer Seite machen oder diagonal gegenüber. Beim Heben des Beines lassen Sie die Hüfte auf dieser Seite auf dem Boden, um nicht zur Seite zu rollen.

Ausgleichshaltungen

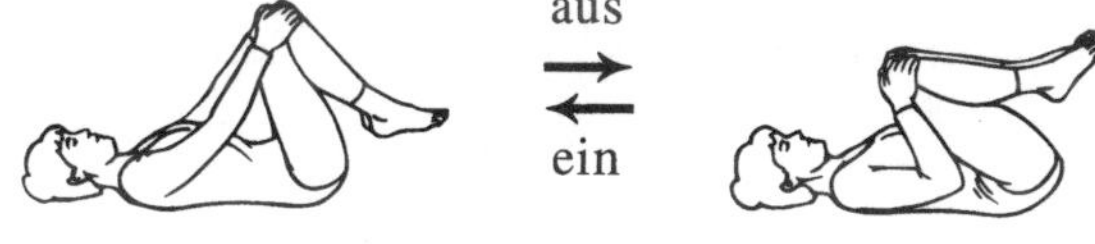

Apanasana

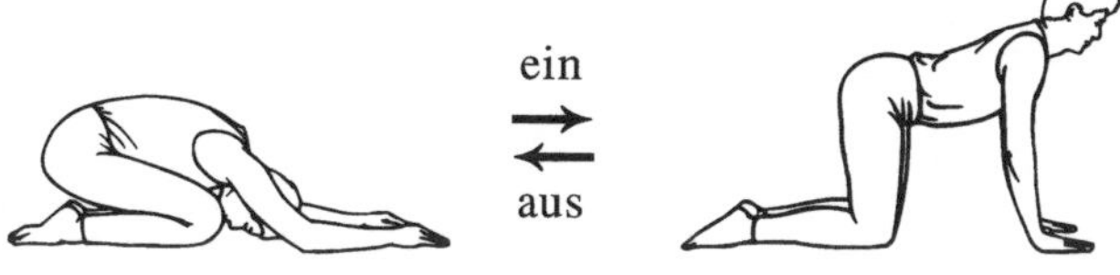

Chakravakasana

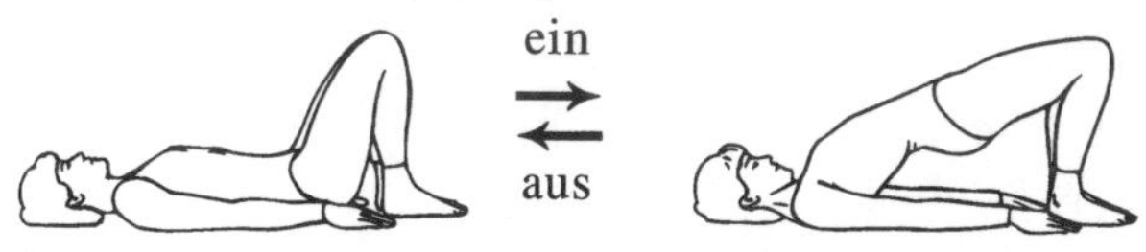

Dvipada pitham

18. Jathara parivritti (Drehlage)

jathara – abdominal *pari* – anders als *vritti* – Bewegung
(eine andere als die normale Bewegung des Unterleibs)

Klassische Haltung

In der Rückenlage bilden die Beine einen spitzen Winkel mit dem Körper und liegen dabei gestreckt und geschlossen auf dem Boden.
Die Arme sind im rechten Winkel zum Oberkörper auf dem Boden ausgestreckt.
Der obere Fuß wird von der ganzen Hand gehalten.
Der Kopf ist von der Seite, wo die Füße liegen, weggedreht.

Gemäßigte Haltung

Die Füße brauchen nicht gehalten zu werden.
Der Kopf kann in der Mitte bleiben.
Die Arme sind entspannt und liegen tiefer als die Schultern auf.
Die Beine sind gebeugt.

Anmerkung: Die Drehlage ist sehr anstrengend für den Nacken, und sollte von SchülerInnen mit Nackenproblemen nicht gemacht werden.

Vinyasa krama

Die Endhaltung wird erst in mehreren Schritten erreicht. Es ist sehr wichtig, den Atem dabei richtig einzusetzen.

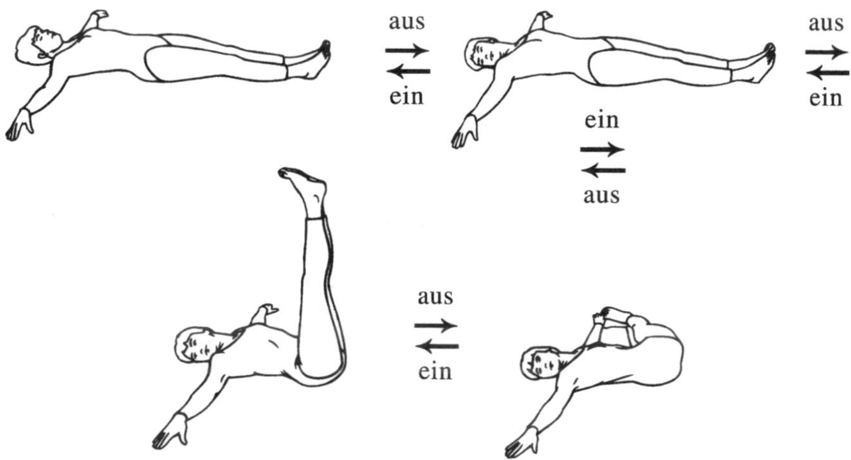

Mit der Einatmung legen Sie die Arme zur Seite ab, ohne daß diese während der Bewegung den Boden berühren.

Mit der Ausatmung heben Sie den Kopf, legen ihn auf die Seite und lassen ihn los, wobei das Ohr auf dem Boden aufliegt. Sie sollten den Kopf unbedingt heben und nicht rollen, weil das Rollen des Kopfes die Verbindung zur Wirbelsäule beeinträchtigt. Atmen Sie in dieser Haltung ein.

Mit einer Ausatmung heben Sie die Beine senkrecht nach oben und lassen sie seitlich zum Boden gehen. Fassen Sie die großen Zehen am Boden. Das Ausatmen hilft dabei, ein so großes Gewicht zu heben, weil der Widerstand im Bauch geringer wird.

Sie können 6–8 Atemzüge in der Haltung bleiben.

Um zurückzukommen, heben Sie mit einer Einatmung die Beine zur Mitte und lassen sie zurück zur Ausgangsposition am Boden gehen. Atmen Sie in dieser Haltung aus.

Bringen Sie den Kopf einatmend zur Mitte zurück.

Anmerkung: Wir haben hier das vinyasa krama für die klassische Haltung angegeben. Da es verschiedene Versionen für die gemäßigte Haltung gibt. Vor allem kann die Bewegung mit gebeugten Beinen ausgeführt werden.

Änderungen

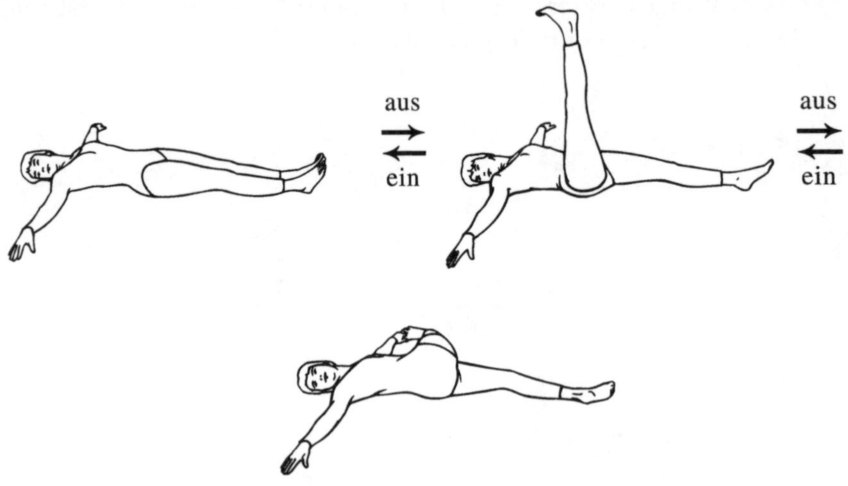

1. Heben Sie nur ein Bein, und senken Sie es über das liegende Bein hinweg zur gegenüberliegenden Seite.

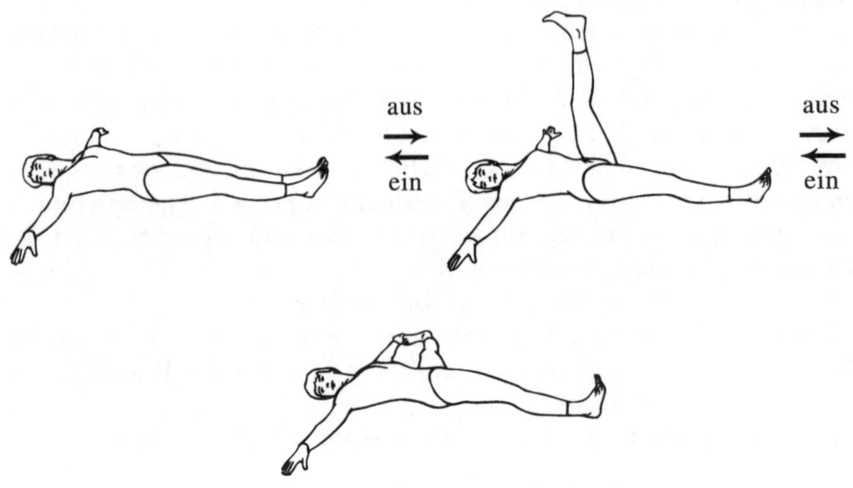

2. Heben Sie ein Bein, und senken Sie es zur selben Seite.

Ausgleichshaltungen

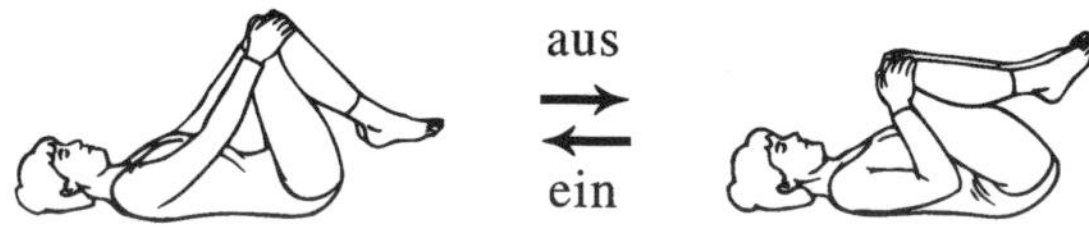

Apanasana

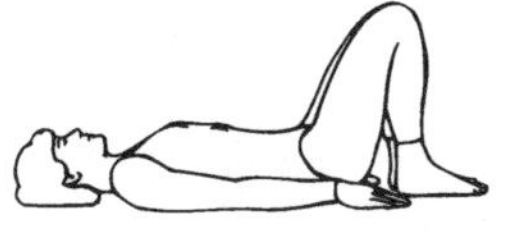

Ausruhen mit aufgestellten Füßen

19. Apanasana (Knie zur Brust)

apana – unterer Bauch

Klassische Haltung

Legen Sie sich auf den Rücken mit dem Kopf auf den Boden.
Die Beine sind geschlossen und die Knie zur Brust gezogen.
Die Hüften und das Gesäß liegen auf.
Die Ellbogen sind gebeugt, und die Hände umfassen die Knie.
Das Kinn ruht auf der Brust.

Gemäßigte Haltung

Die Beine haben einen bequemen Abstand voneinander.
Die Hände halten die Knie außen oder in der Mitte.
Die Arme sind entspannt und rufen keine Spannung in den Schultern hervor.
Die Beine werden nur so weit angezogen, wie es angenehm ist.
Der Kopf ruht in einer neutralen Lage auf dem Boden.

Vinyasa krama

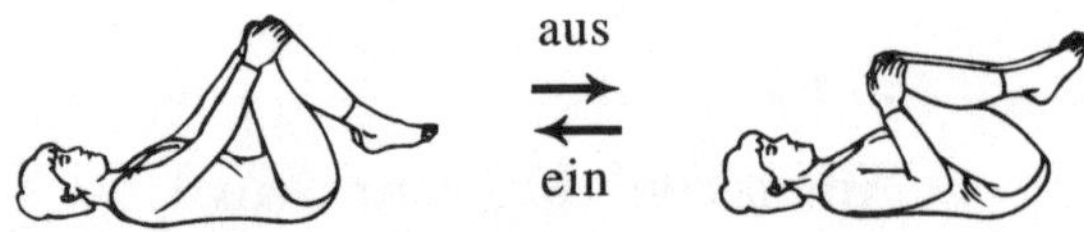

Während der Ausatmung ziehen Sie die Knie sanft zur Brust hin. Die Arme sollten die Bewegung nur mit leichtem Druck und ohne Anstrengung führen. Während der Einatmung lösen Sie den Zug der Arme und lassen die Beine sich leicht vom Oberkörper entfernen.

Anmerkungen

Nach Ayurveda enthält der untere Bauch Unreinheiten und wird als Sitz von Krankheit im Körper angesehen. Apanasana arbeitet mit diesem Bereich, entfernt Blockaden aufgrund von Unreinheiten und stellt so den gleichmäßigen Fluß der Ausatmung wieder her. Von der Ausatmung wird angenommen, daß sie für die Ausscheidung der Unreinheiten sorgt.

Ausgleichshaltung

Apanasana wird allgemein als Ausgleichshaltung verwendet und braucht keine andere Ausgleichshaltung außer shavasana.

20. Shavasana (Entspannungshaltung)

shava – Leichnam

Klassische Haltung

Der Körper ist in der Rückenlage, gerade, aber entspannt.
Die Füße sind etwas voneinander entfernt.
Die Arme liegen an der Seite, ein bißchen entfernt vom Körper, mit den Handflächen oben oder unten.
Die Stellung sollte ganz bequem sein.

Gemäßigte Haltung

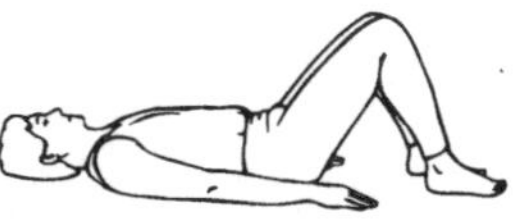

Die Füße sind aufgestellt.

Anmerkungen

Shavasana ist ein Verbindungsglied zur Entspannung, entweder am Ende einer Übungssequenz oder als Ruhe- oder Ausgleichshaltung zwischen den asanas. Es ist die Haltung zur mentalen Entspannung – eine mindestens ebenso schwierige Aktivität für viele wie die Körperhaltungen selbst. Die Atmung sollte entspannt und natürlich sein, wenn kein bestimmtes pranayama vorgesehen ist.

Das Ausruhen zwischen den Haltungen braucht nicht immer in shavasana zu sein. Man kann auch auf einem Stuhl sitzen oder sich in einer anderen bequemen Lage entspannen.

4. Viparita karani – Die Umkehrung

Die Philosophie der Umkehrung

Obwohl *viparita karani* vor allem als „Umkehrung“ verstanden wird, zeigt die wörtliche Übersetzung „Gegenprozeß“*, daß viparita karani weit mehr bedeutet, als nur, daß der Kopf unten ist. Im wahren Yoga geht es um eine dauernde integrative Veränderung, die alle Seiten unseres Wesens mit einbezieht. Das Konzept von viparita karani hilft uns dabei, „umzukehren“ und unsere körperlichen und mentalen Gewohnheiten zu ändern.

Als menschliche Wesen sind wir alle durch unsere Vergangenheit geprägt. Wir neigen dazu, uns nach Mustern und Reaktionsweisen zu verhalten, die wir aufgrund früherer Erfahrungen entwickelt haben. Bei den meisten von uns sitzen solche alten Verhaltensmuster sehr tief und laufen automatisch ab, obwohl das Leben um uns herum sich ständig verändert.

Nach den *Yogasutras* sind Gewohnheit und Veränderung, und auch ihre dynamische Wechselwirkung, im Leben immer gegenwärtig. Nur wir bleiben an der gleichen Stelle stecken, weil wir an alten Gewohnheiten festhalten oder uns gegen Veränderungen wehren. Ebensogut kann uns aber auch die Fähigkeit, uns an Veränderungen anzupassen, wachsen lassen und wirklich verändern. Das Ziel der Yogapraxis ist der positive Wandel, mit dem wir von der Abhängigkeit zur Freiheit gelangen. Die Fähigkeit, Veränderungen klar zu begegnen, ist Yoga.

Viparita karani ist eine Art, dies zu tun. Philosophisch bedeutet „Umkehrprozeß“, die Dinge aus einer anderen Perspektive zu sehen. Wenn wir den Kopf unten haben, sehen wir die Welt tatsächlich auf eine neue Weise. Da Körper und Geist eng miteinander verbunden sind, wirkt sich diese Umkehrung auf unser ganzes Wesen aus. Aus diesem Grund wurde der Kopfstand zum Symbol für Yoga.

---

* Um den Unterschied noch deutlicher zu machen, überträgt Mohan viparita karani mit „Gegenprozeß“ statt mit „Umkehrprozeß“. Da die assoziative Verwendung dieses Begriffs in den folgenden Absätzen sich jedoch im Deutschen besser als „Umkehrprozeß“ wiedergeben ließ, habe ich letzteren Ausdruck verwendet. (Anm. des Übers.)

Gewohnheit — Veränderung

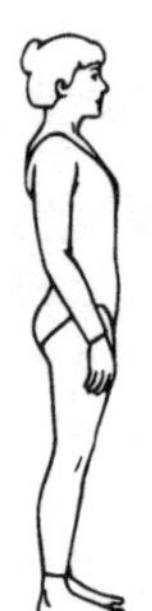

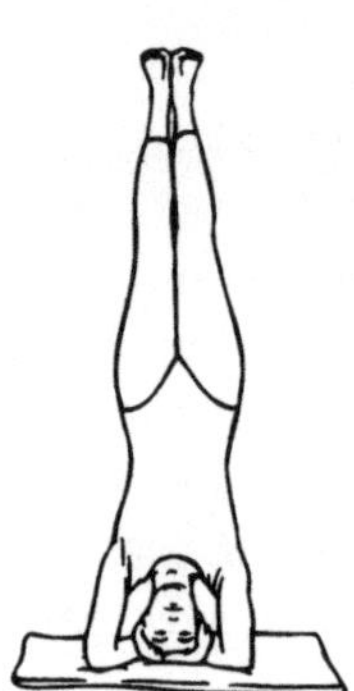

Doch viparita karani kann auch eine der folgenden Haltungen sein, da sie alle aus einer Form der Umkehrung bestehen:

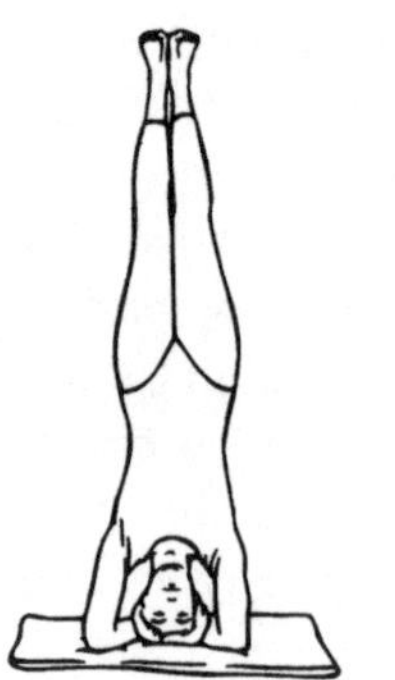

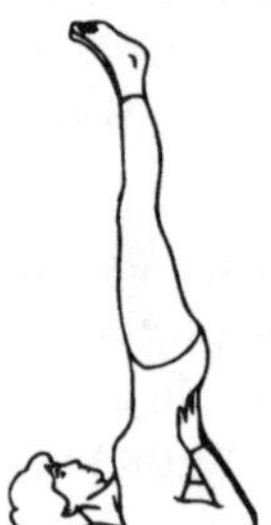

Die Psychologie der Umkehrung

Viparita karani wirkt sich auf die körperliche und psychische Verfassung aus. Die Umkehrung ist vor allem ein radikaler Wechsel des körperlichen Normalzustands. So ist ihre Basis ganz anders, sie verändert den Sehsinn, Bewegung oder Flucht ist nicht mehr so leicht möglich usw. Es kann sein, daß wir auf die Umkehrhaltung z. B. ängstlich, aufgeregt oder süchtig reagieren, und das kann uns helfen, emotionale Reaktionsmuster zu entdecken und zu bearbeiten.

Wie wir an die Umkehrhaltung denken, sie tatsächlich ausführen und sie beenden, zeigt auf eine typische Weise, wie wir zu Risiken bereit sind und mit Veränderungen im Leben umgehen. Wenn es YogaschülerInnen leichtfällt, Anweisungen in einer Umkehrstellung zu folgen, können sie sich in neuen Situationen vielleicht auch unbefangen verhalten. Wenn wir während oder nach einer Umkehrhaltung mit Verwirrung, Angst oder Ärger reagieren oder auch mit Entschlossenheit oder Selbstbeherrschung, zeigt das nicht nur, wie intensiv die Haltung auf uns wirkt, sondern auch, wie wir mit ihrer Wirkung auf uns innerlich umgehen.

Das Üben von viparita karani löst relativ häufig psychische Veränderungen aus – besonders wenn wir mit den Ängsten umgehen, die dabei auftreten können. Wenn wir die Angst auf der körperlichen Ebene besiegen, sind wir vielleicht auch in anderen Lebensbereichen besser dazu in der Lage. Wenn wir lernen, Veränderungen klar zu begegnen, ist das ein wichtiger Schritt auf dem Weg zurück zur Integration.

Gute YogalehrerInnen respektieren die Reaktionen der YogaschülerInnen – besonders wenn es sich um Angst handelt – und entwickeln eine passende Sequenz, um die Haltung schrittweise zu meistern. In manchen Fällen kann es besser sein, eine ganz andere Haltung zu üben. Genaugenommen heißt viparita karani nur, daß die Füße über den Kopf gehoben werden. Besonders bei Menschen, die ängstlich sind oder älter, verletzt oder erschöpft, wird dieser Zweck schon durch das Ablegen der Füße auf einem Stuhl sehr gut erfüllt.

Das Konzept der Umkehrung

Nach der *Hatha Yoga Pradipika*, einer alten Yogaschrift, ist viparita karani eines der zehn wichtigsten mudras. *Mudra* bedeutet auch „Siegel“ und ist ein Mittel, um gewisse Bereiche des Körpers zu versiegeln oder zu verschließen und so die Unreinheiten wirkungsvoller zu entfernen. Nach Yoga und Ayurveda, dem alten indischen Gesundheitssystem, lagern sich die Unreinheiten im unteren Bauch ab, der deshalb auch als Sitz von Krankheit angesehen wird. Über diesem Bereich befindet sich *agni*, das „Feuer“, das die Unreinheiten verbrennt, wenn sie in seine Nähe kommen.

In einer normalen aufrechten Haltung zieht die Schwerkraft die Unreinheiten und auch den Bauch selbst nach unten. Wenn die Füße über den Kopf gehoben sind, kehrt sich dieser Prozeß um, und die Schwerkraft zieht den Schmutz automatisch zum Feuer hin. Richtiges Atmen ist wesentlich in diesem Umkehrprozeß, weil es dafür sorgt, daß die Unreinheiten effektiver verbrannt und aus dem Körper entfernt werden. Deshalb ist die Fähigkeit einer korrekten tiefen Atmung entscheidend für die

Umkehrhaltungen. (Das wird im Kapitel über pranayama ausführlicher behandelt.)

Ein anderer Vorteil der Umkehrung besteht darin, daß das Heben der Füße über den Kopf der Tendenz des Blutes, sich in den Beinen zu sammeln, entgegenwirkt und dadurch die allgemeine Blutzirkulation verbessert. Man kann das schon dadurch erreichen, daß man die Beine in der Rückenlage in die Luft hält oder sie auf einen Stuhl legt.

Der Kopfstand hat den Ruf, ein Allheilmittel zu sein. Manche sehen ihn als Grundvoraussetzung für eine gute Gesundheit in jedem Alter und bei allen Beschwerden an. Realistisch gesehen variiert seine Wirkung jedoch außerordentlich, je nachdem welche individuellen Voraussetzungen da sind. SchülerInnen, die den Kopfstand mit einer langsamen und tiefen Atmung bequem halten können, erwerben dadurch eindeutig ein Gefühl von Wohlbefinden. Anderen könnten die strukturellen Wirkungen der Haltung aber auch schaden. Z. B. sollten Menschen mit hohem oder niedrigem Blutdruck, mit Nackenschmerzen oder Beschwerden der Halswirbelsäule und schwangere Frauen den Kopfstand vermeiden, da er Unbehagen auslösen oder sogar Beschwerden verursachen kann. Auf jeden Fall muß der Kopfstand immer mit der richtigen Vorbereitung und mit Ausgleichshaltungen geübt werden.

Praktische Aspekte der Umkehrung

Kopfstand *(shalamba shirshasana)* und Schulterstand *(shalamba sarvangasana)* oder halber Schulterstand (viparita karani) werden als Ausgleich oft zusammen geübt. Dieser Abschnitt beschäftigt sich mit diesen Haltungen und ihrem Zusammenhang. Wir wollen das Thema aus der Perspektive der LehrerIn-SchülerIn-Interaktion behandeln, da es nicht empfehlenswert ist, sich auf Umkehrhaltungen ohne Anleitung durch eine gute Yogalehrerin oder einen guten Yogalehrer einzulassen.

Die Übungspraxis von Umkehrhaltungen braucht folgende Grundlagen:

1. Wissen über die psychische und körperliche Verfassung der YogaschülerInnen
2. die richtige Vorbereitung und den passenden sequentiellen Aufbau
3. eine geeignete Anpassung an die individuellen Besonderheiten.

1. Wissen über die psychische und körperliche Verfassung der YogaschülerInnen. Bevor YogalehrerInnen ihren SchülerInnen Umkehrhaltungen empfehlen, müssen sie die deren körperliche Struktur kennen. Sie müssen wissen, welche Verletzungen und Beschwerden diese YogaschülerInnen haben und wo ihre Grenzen liegen. Aufgrund dieser Informationen können sie entscheiden, ob ihre SchülerInnen die Voraussetzungen für eine Umkehrhaltung erfüllen und wie ihnen die Haltung am besten beizubringen ist.

Gute YogalehrerInnen beobachten ihre SchülerInnen im Stehen und stellen die strukturellen Asymmetrien in der vertikalen und lateralen Achse fest. Diese Asymmetrien sind auch noch vorhanden, wenn eine Person in der Umkehrposition ist. Aber die andere Richtung, in der die Schwerkraft jetzt wirkt, verändert die Körperbereiche, die das Gewicht tragen, dem Druck widerstehen und mit dem Gleichgewicht arbeiten müssen. Die meisten Körperteile müssen unter diesen veränderten Bedingungen eine andere Funktion erfüllen.

2. Die richtige Vorbereitung und der passende sequentielle Aufbau. Wenn einE YogalehrerIn die strukturelle, funktionale und psychische Verfassung eines Schülers oder einer Schülerin kennt, muß er oder sie die passende Sequenz zur Vorbereitung und zum Ausgleich festlegen. Eine schwierige Haltung sollte nicht einfach so ohne Vorbereitung gemacht werden. Das gilt besonders für tiefe Rückwärtsbeugungen, Umkehrhaltungen und Haltungen, bei denen der Atem nach der Einatmung angehalten wird. Eine Umkehrhaltung sollte niemals die erste Haltung in einer Sequenz sein.

Bevor man Umkehrhaltungen versucht, braucht man folgende Voraussetzungen:
- einen starken und gesunden Nacken
- die Fähigkeit, in einer Umkehrposition gut zu atmen
- ein gesundes Muskelsystem, besonders im Rücken.

Gute YogalehrerInnen beobachten ihre SchülerInnen in einigen Vorbereitungshaltungen, um ihre Voraussetzungen zu überprüfen. In einer Vorwärtsbeugung im Stehen kann man schon ziemlich viel über die Stärke und Flexibilität einer Person, einschließlich ihres Rückens, beobachten. Eine solche Haltung bereitet die YogaschülerInnen auch darauf vor, mit dem Kopf nach unten zu atmen, und zeigt zugleich, wie gut sie das können. Eine Drehung im Stehen gibt Aufschluß über die Beschaffenheit des Nackens. (Weitere Einzelheiten und Beispiele für Sequenzen für Schulterstand, viparita karani und Kopfstand werden später in diesem Kapitel gegeben.)

Die Basis in den Umkehrhaltungen muß symmetrisch sein, genauso wie in den Standhaltungen. In den vinyasa krama für Kopfstand, Schulterstand und viparita karani wird als erster Schritt die richtige Ausrichtung des Körpers überprüft.

3. Die geeignete Anpassung an die individuellen Besonderheiten. Sobald LehrerInnen die strukturellen Einschränkungen eines Schülers oder einer Schülerin kennen, ändern sie die Haltung entsprechend ab. So zeigt sich ein verformter Rücken (eine Lordose) auch in der Umkehrhaltung. Eine Anpassung der Haltung daran ist notwendig. Auch die Kopfform ist äußerst wichtig, um zu bestimmen, wie der Kopf auf dem Boden plaziert werden soll, damit er eine stabile Grundlage abgibt. Ebenso wirkt sich die Muskelbildung am Schultergürtel auf die Stellung der Arme und Ellbogen aus.

Um das zu veranschaulichen, wollen wir drei Umkehrhaltungen besprechen, jede in der klassischen und der gemäßigten Form und mit einem vinyasa krama.

1. Viparita karani (halber Schulterstand)

viparita – umgekehrt, entgegengesetzt *karani* – Prozeß

Klassische Haltung

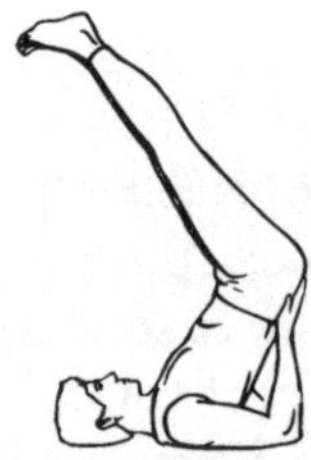

Der Kopf und die Schultern liegen auf dem Boden, und das Gesicht zeigt nach oben.
Der Rumpf ist gerade und wird ungefähr 70° vom Boden aus gehoben.
Oberarme und Ellbogen liegen parallel zueinander auf dem Boden auf.
Die Hände stützen den Körper von hinten ab.
Die Beine sind gestreckt. Die Füße sind zusammen und sind über dem Kopf.

Die Beine sollten so gehalten werden, daß keine Spannung im Bauch ist. Sie sollten eher zum Kopf hin geneigt werden als zum Rücken hin, weil letzteres Spannungen in Bauch und Nacken hervorruft.
Die Atmung sollte angenehm sein.

Gemäßigte Haltung

Die Beine werden beim Hereingehen in die Haltung gebeugt. Sie werden leicht geöffnet, um den Rücken zu entspannen.
Die Knie können leicht gebeugt werden.
Zehen und Füße sind entspannt, um die Atmung zu erleichtern.

Vinyasa krama

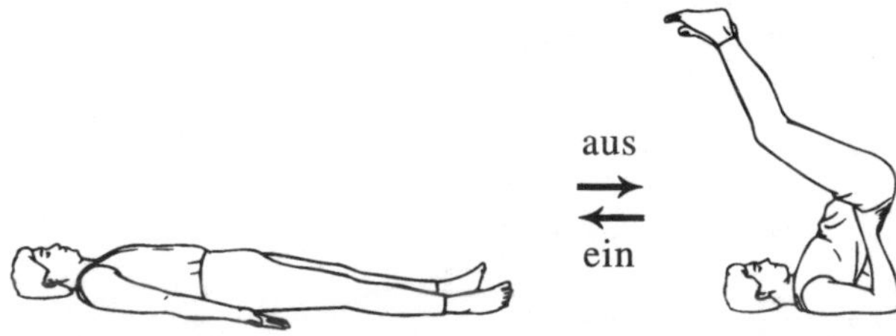

Fangen Sie in der Rückenlage an, mit den Armen an der Seite und mit geschlossenen Beinen. Heben Sie zuerst etwas den Kopf, um zu prüfen, ob der Körper gerade liegt. Dann legen Sie den Kopf wieder auf den Boden zurück.

Mit der Ausatmung heben Sie die Beine zum Kopf hin und lassen den Rumpf sich gleichzeitig vom Boden abheben. Kommen Sie so weit hoch, wie das mit den Beinen allein möglich ist, und legen Sie dann die Hände auf den unteren Rücken beim Gesäß, um den Körper abzustützen. Bleiben Sie einige Atemzüge in dieser Haltung.

Um die Haltung aufzulösen, beugen Sie die Knie etwas und lassen den Körper langsam mit der Einatmung zum Boden herunterkommen, ohne den Kopf vom Boden abzuheben.

Anmerkungen

In viparita karani ist es sehr wichtig, mühelos, langsam und tief zu atmen. Deshalb sollte das Kinn nicht angezogen werden und der Kopf sich frei bewegen können, um die Leichtigkeit der Atmung zuzulassen. Konzentrieren Sie sich auf die Ausatmung, und verlängern Sie sie so weit, wie es angenehm ist. Die natürliche Wirkung der Umkehrung besteht in einer Verkürzung der Atmung.

Die Handgelenke und Ellbogen tragen einen Teil des Körpergewichts, so daß der Nacken weniger belastet ist. Je mehr Druck ausgeübt wird, um den Körper in die Senkrechte zu bringen (wie im vollen Schulterstand), um so mehr Gewicht wird auf den Nacken verlagert.

Ausgleichshaltungen

Ausruhen mit aufgestellten Füßen

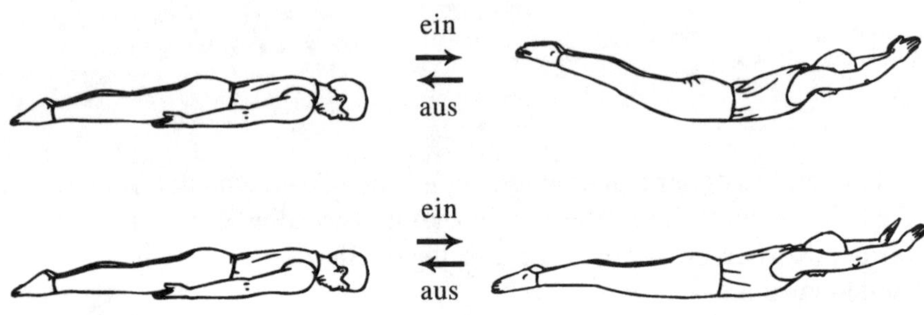

Shalabasana oder bhujangasana, beide mit Armbewegung

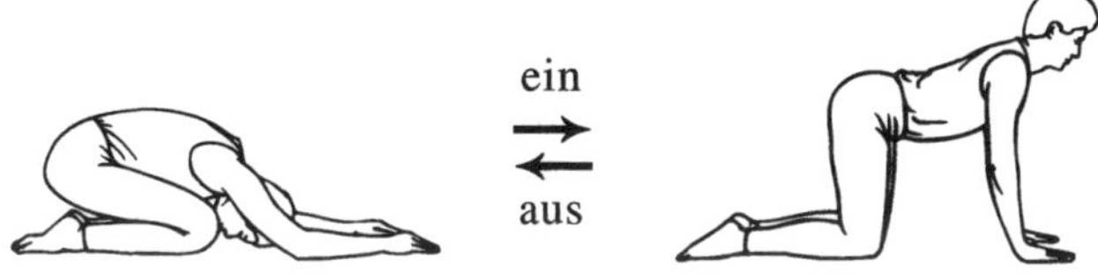

Chakravakasana

2. Shalamba sarvangasana (Schulterstand)

shalamba – unterstützt *sarvanga* – alle Teile

Klassische Haltung

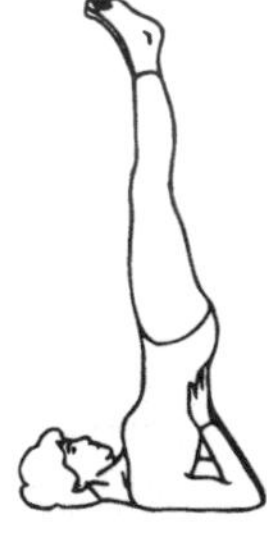

Der Kopf und die Schultern liegen auf dem Boden, und das Gesicht zeigt nach oben.
Der Rumpf und die Beine bilden eine senkrechte gerade Linie.
Die Beine sind geschlossen.
Die Oberarme und Ellbogen liegen parallel zueinander auf dem Boden auf. Die Hände stützen den Körper von hinten ab.

Gemäßigte Haltung

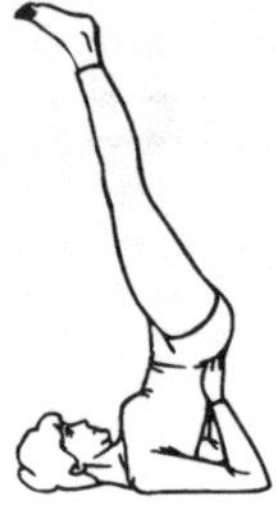

Die Arme müssen nicht parallel sein.
Die Beine sind leicht gebeugt. Sie können mit gebeugten Knien in die Haltung gehen.

Vinyasa krama

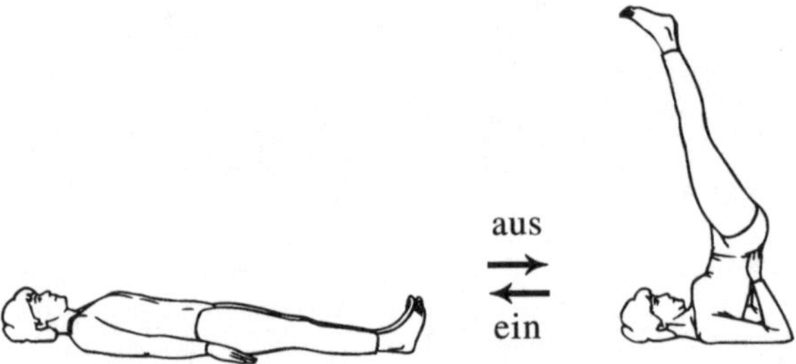

Fangen Sie in der Rückenlage an, mit den Armen an der Seite und mit geschlossenen Beinen. Heben Sie den Kopf etwas, um zu prüfen, ob der Körper gerade liegt. Dann legen Sie den Kopf wieder auf den Boden zurück.

Mit der Ausatmung heben Sie die Beine zum Kopf hin und lassen den Rumpf sich gleichzeitig vom Boden abheben. Legen Sie die Hände an den unteren Rücken beim Gesäß, um den Körper abzustützen.

Um die Haltung aufzulösen, beugen Sie die Knie etwas an und lassen den Körper langsam mit der Einatmung zum Boden herunterkommen, ohne den Kopf vom Boden abzuheben.

Anmerkungen

Bestehen Sie nicht darauf, die Ellbogen parallel zu halten, da das Spannung im Nacken erzeugen kann.

Ausgleichshaltungen

Die Ausgleichshaltungen sind dieselben wie bei viparita karani.

3. Shalamba shirshasana (Kopfstand)

shalamba – unterstützt *shirsha* – Kopf

Klassische Haltung

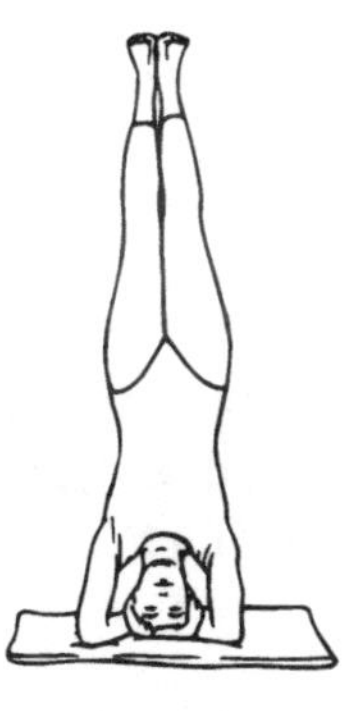

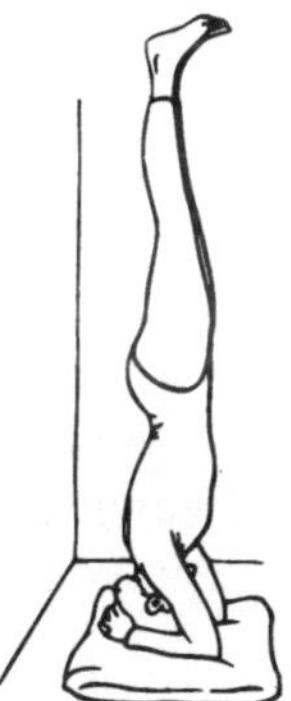

Der Körper wird gerade gehalten, und der Kopf ist in der normalen Stellung zur Wirbelsäule.
Die Ellbogen und Unterarme liegen auf dem Boden auf. Die Finger sind hinter dem Kopf verschränkt.
Die Oberarme sind parallel.
Die geschlossenen Beine sind gestreckt.

Gemäßigte Haltung

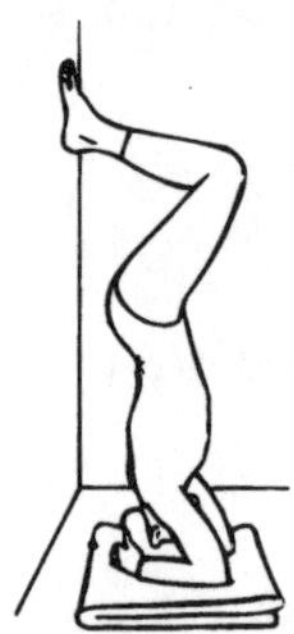

Die Knie sind gebeugt, um den Druck im Rücken sich lösen und den Bauch sich entspannen zu lassen.
Wenn die Beine leicht geöffnet werden, so wird die Stabilität unterstützt, die ein angenehmes und entspanntes Atmen zuläßt.
Wenn die Füße und Zehen entspannt sind, nimmt dadurch auch die Spannung ab, die sonst ein gleichmäßiges Atmen erschwert.
Wenn man in die Haltung hineingeht und aus ihr herauskommt, werden die Knie gebeugt, um Rücken und Nacken weniger zu belasten.

Falls es nötig ist, werden die Ellbogen etwas weiter voneinander aufgestützt, um das Gleichgewicht leichter zu halten. Der Abstand zwischen den Ellbogen ist von der Muskelbildung an den Schultern und am oberen Rücken abhängig.

Anmerkung: Denken Sie daran, Korrekturen niemals *im* Kopfstand vorzunehmen. Kommen Sie statt dessen heraus, und wiederholen Sie die Haltung, am besten unter Anleitung einer Lehrerin oder eines Lehrers.

Fangen Sie auf den Unterarmen und Knien an, verschränken Sie die Finger, und lassen Sie die Daumen zur Unterstützung des Kopfes aufgerichtet. Sehen Sie zwischen den Armen hindurch, um zu prüfen, ob die Füße im gleichen Abstand zu den Ellbogen stehen.

Mit der Einatmung heben Sie das Becken, strecken die Beine, aber lassen die Füße noch auf dem Boden. Mit der Ausatmung beugen Sie die Knie und bringen die Füße nahe zum Körper. Mit der Einatmung heben Sie die Beine in die Senkrechte.

Um die Haltung aufzulösen, beugen Sie ausatmend die Knie und lassen den Körper langsam zum Boden herunterkommen, bis Sie wieder in der Ausgangsposition sind.

Anmerkung: Es ist besonders wichtig, daß die Bewegungen, die zum Kopfstand hinführen und wieder herausführen, sorgfältig geplant und ausgeführt werden. Beispiele für den sequentiellen Aufbau beim Kopfstand finden sich auch noch im 5. Kapitel.

Machen Sie den Kopfstand anfangs an der Wand, so daß eine einzige Richtung unterstützt wird. (Eine Ecke unterstützt zwei Richtungen, was verwirrend ist.)

Fangen Sie auf den Unterarmen und Knien an, verschränken Sie die Finger, und lassen Sie die Daumen zur Unterstützung des Kopfes aufgerichtet. Legen Sie den Kopf in die Hände, ungefähr 15 cm von der Wand entfernt.

Wenn Sie direkt vor der Wand sind, lehnen Sie zu viel von Ihrem Gewicht dagegen. Wenn dann Ihre Ausrichtung nicht korrekt ist, wird die Belastung auf den Nacken übertragen und kann zu Taubheit in den Fingern führen.

Plazieren Sie Ellbogen und Füße so wie auf der Zeichnung oben. Mit der Einatmung strecken Sie die Beine, so daß das Becken sich hebt. Mit der Ausatmung beugen Sie die Beine und laufen in kleinen Schritten mit den Füßen zum Kopf hin.

Stoßen Sie sich ab, und ziehen Sie die Beine zur Wand hoch. Die Knie bleiben dabei gebeugt. Nehmen Sie den Kontakt zur Wand wahr, halten Sie einen normalen Atemzug lang inne, und kommen Sie ins Gleichgewicht. Dann gehen Sie mit den Füßen an der Wand hoch. Drücken Sie die Ellbogen gleichmäßig in den Boden. Lassen Sie die Füße leicht auseinandergehen.

Um die Haltung aufzulösen, beugen Sie ausatmend die Knie und lassen den Körper langsam zum Boden herunterkommen, bis Sie wieder in der Ausgangsposition sind.

Anmerkungen

Die Position des Kopfes hängt von der Kopfform ab. Wenn die Kopfposition nicht stimmt, ist das Gewicht wahrscheinlich ungleichmäßig verteilt, und man versucht das durch den Druck der Ellbogen auszugleichen. Man sollte den Kopf mit allen Fingern stützen: die kleinen Finger etwas unter dem Kopf und die Daumen seitlich am Kopf nach oben gerichtet.

Die Basis des Kopfstands besteht aus dem Kopf und den Ellbogen. Idealerweise sollte das Gewicht auf alle drei Punkte gleich verteilt sein, und sie sollten ein gleichseitiges Dreieck bilden. Wenn die Rückseite des Körpers mehr belastet wird, wird der Druck auf den Nacken verlagert. Halten Sie den Körper so, daß die Ellbogen mehr belastet werden als der viel empfindlichere Nacken, aber verlagern Sie nicht das ganze Gewicht auf die Ellbogen.

Es ist auch nicht zu empfehlen, den Kopfstand mit Hilfsmitteln zu machen, die den Kopf frei hängen lassen, weil das Gewicht des Kopfes und die psychische Hemmung eine Verspannung der Nackenmuskeln auslösen.

Idealerweise ist der Körper im Kopfstand vollkommen senkrecht und symmetrisch. Es ist deshalb wichtig, auf die vorhandenen Asymmetrien in der Umkehrung zu achten. Dazu braucht man die Hilfe einer anderen Person, da es, selbst mit einem Spiegel, nicht möglich ist, sich selbst aus allen notwendigen Blickwinkeln zu sehen. Denken Sie noch einmal daran, daß Sie den Kopfstand *niemals* korrigieren sollten, während Sie darin sind. Lösen Sie die Haltung erst auf, und richten Sie sie dann neu aus. Machen Sie die Korrekturen, während Sie wieder in die Haltung hineingehen.

Ausgleichshaltungen

Der Schulterstand wird oft als die traditionelle Ausgleichshaltung für den Kopfstand betrachtet, weil die Beugung des Rückens und Nackens sich dabei umkehren. Viparita karani ist jedoch sicherer und kann statt dessen gemacht werden.

Es ist empfehlenswert, zuerst den Nacken auszuruhen, nachdem Sie aus dem Kopfstand gekommen sind. Legen Sie sich auf den Rücken, und ruhen Sie sich aus, um den Nacken und unteren Rücken zu entspannnen, bevor Sie andere Ausgleichshaltungen machen.

Vinyasa krama des Ausgleichs

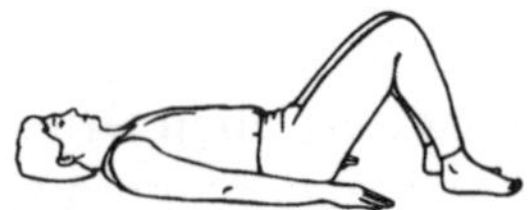

1. Ausruhen

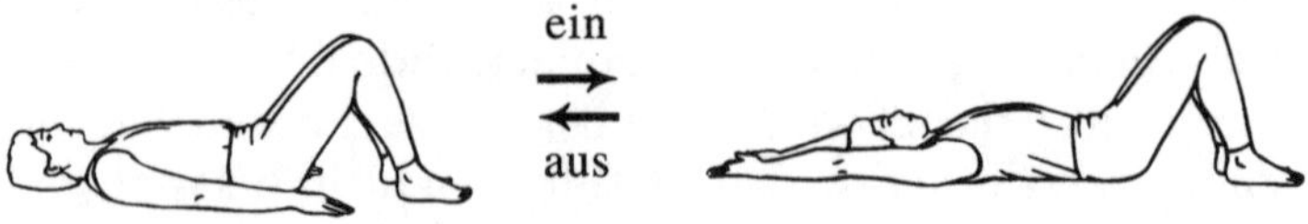

2. Armbewegung

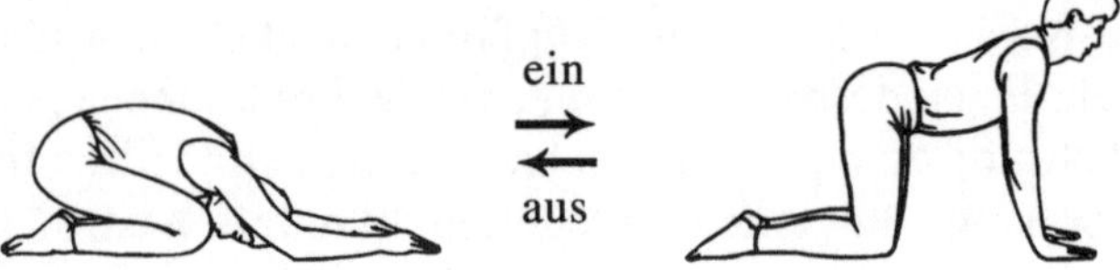

3. Chakravakasana

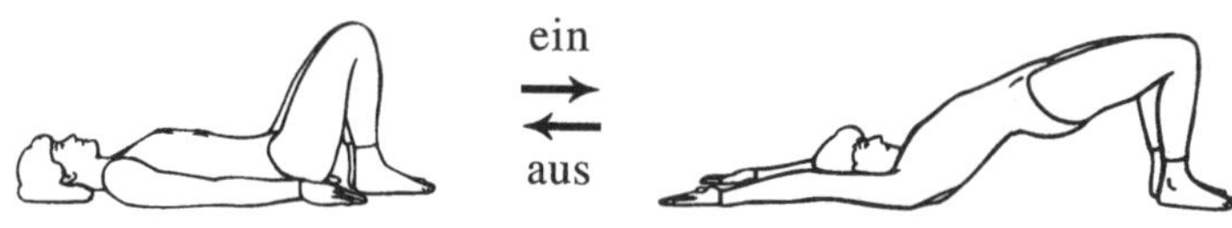

4. Dvipada pitham mit Armen

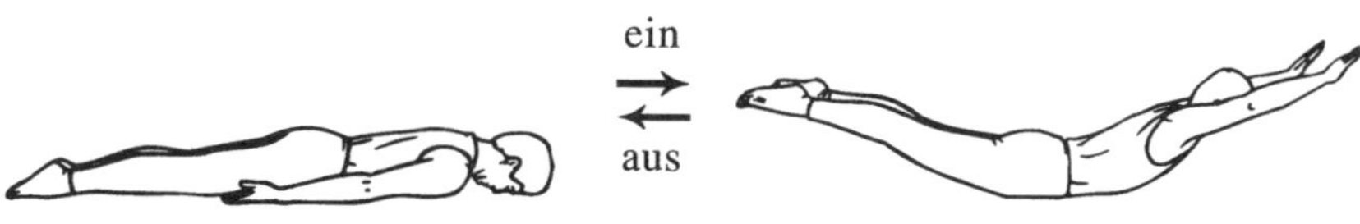

5. Shalabhasana

Der Kopfstand muß als Teil eines vinyasa kramas geplant werden, das Vorbereitung und Ausgleich enthält. Außerdem müssen Sie sehr auf Müdigkeit und auf emotionale oder körperlich-strukturelle Schwierigkeiten achten, die während des Übens auftreten.

In solchen Fällen kann es notwendig werden, passende Ruhe- oder Übergangshaltungen hinzuzufügen, einige Haltungen wegzulassen oder sogar das Ziel der Übungspraxis abzuändern. Auf diese Weise bleibt jede Haltung in der Übungspraxis sinnvoll, und so kann die Intention der ganzen Sequenz erfüllt werden.

5. Vinyasa krama – Sequentieller Aufbau und Anpassung

Die Bedeutung von Vinyasa krama

Die Reihenfolge, in der die asanas in einer Übungspraxis ausgeführt werden, ist keine willkürliche Angelegenheit. Wenn wir alle richtigen Bestandteile für eine wirkungsvolle Übungspraxis hätten, sie aber schlecht geordnet wären, würden wir nicht nur unser Ziel nicht erreichen, sondern uns vielleicht sogar verletzen.

Es ist fast so, als ob die asanas wie die Buchstaben des Alphabets wären. Ziellos aneinandergereiht, sind sie unsinnig, aber richtig geordnet, werden sie zu Wörtern, Sätzen und wunderbarer Literatur. Jedes asana kann verschiedene Wirkungen haben, je nach den Schritten, die zu ihm hinführen oder danach folgen. Davon ist mit abhängig, ob eine Haltung uns hilft oder uns schadet.

Wir haben vinyasa krama – die überlegte Abfolge von Haltungen auf ein Ziel hin – bereits vorher besprochen. Vinyasa krama ist auch als sequentieller Aufbau bekannt. Es ist das praktische Mittel, um Beständigkeit (sthira) und Wohlbefinden (sukha) zu erreichen. Um eine wirkungsvolle Sequenz zu entwickeln, ist folgendes nötig:

- mit einem klaren Ziel beginnen
- die Sequenz an das Ziel und die individuellen Fähigkeiten und Grenzen anpassen
- die Sequenz so einrichten, daß sie zeitlich gut zu realisieren ist
- den Atem und die Aufmerksamkeit als Feedback nutzen, um festzustellen, ob die Sequenz so jeweils am besten für das Ziel geeignet ist.

Außerdem muß noch folgendes berücksichtigt werden:

1. Charakteristische Merkmale des Ziels. Wenn das Ziel z. B. darin besteht, einen Kopfstand zu machen, müssen wir wissen, welche Körperteile beansprucht werden, damit wir sie gut vorbereiten können. Im Kopfstand werden Nacken und Rücken belastet, und die Atmung ist durch die Umkehrung erschwert. Wir müssen diese Bereiche also beobachten und sehen, ob sie angemessen an der Haltung mitwirken, und wir müssen sie auch behutsam darauf vorbereiten.

Vorbereitungshaltungen erfüllen oft beide Zwecke. Eine Vorwärtsbeugung im Stehen z. B. zeigt, wie stark und flexibel der Rücken ist, und wärmt ihn zugleich für den Kopfstand auf. Eine Drehung zeigt, ob der Nacken belastbar ist, und wärmt ihn zugleich durch die Bewegung auf.

2. Vorhergehende Aktivitäten. Es ist nicht, empfehlenswert, sich vor der asana-Praxis körperlich sehr anzustrengen. Wenn Sie vorher laufen oder Aerobic machen, kann es sein, daß eine starke Vorwärtsbeugung im Sitzen Krämpfe auslöst oder daß die Beine in den Stehhaltungen zittern. So werden Sie dem Übungsziel nicht wirklich gerecht.

3. Nachfolgende Aktivitäten. Wie Sie die Übungspraxis beenden wollen, hängt davon ab, was Sie danach vorhaben. Wenn Sie z. B. unmittelbar danach schlafen gehen wollen und viele aktive Haltungen machen, ist das ungeeignet. In diesem Fall sind entspannende Atemübungen wirksamer.

Es gibt vier Hauptelemente des sequentiellen Aufbaus: Vorbereitung, Ausgleich, Ausruhen und Beenden der Übungspraxis. Wir werden sie nacheinander behandeln.

1. Vorbereitung

Jede Haltung, die wir machen, muß ausreichend vorbereitet werden. Das heißt, daß wir eine Folge von Haltungen und Bewegungen brauchen, um die Muskeln aufzuwärmen und die Gelenke zu lockern. Im folgenden werden die allgemeinen Richtlinien für die Vorbereitung behandelt.

- Fangen Sie mit leichten Haltungen an, und gehen Sie dann zu schwierigeren über.

– Fangen Sie mit bekannten Haltungen an, und gehen Sie dann zu unbekannten über – d. h., beginnen Sie mit den Bewegungen, die Ihr Körper schon kennt, und machen Sie dann die ungewohnten und fremden Bewegungen.

– Fangen Sie mit dynamischen Bewegungen an, und gehen Sie dann zu statischen Haltungen über.

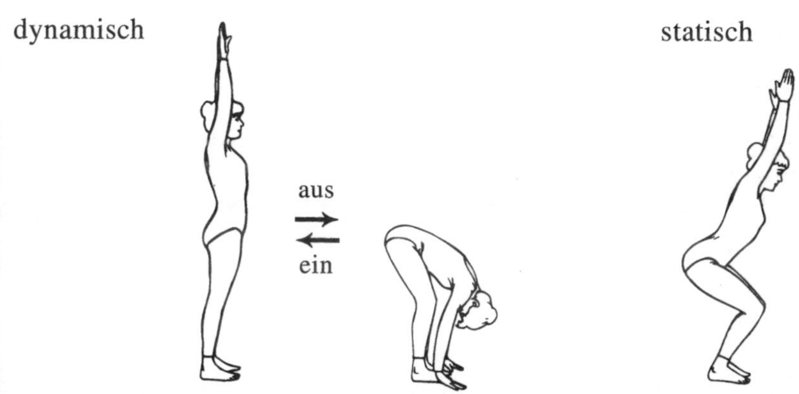

Diese Richtlinien gelten für alle Aspekte des Übens: von der Vorbereitung einer einzelnen Haltung bis zur Planung einer ganzen Sequenz.

Der Anfang der Übungspraxis

Wir wollen uns jetzt näher ansehen, wie der Anfang einzelner Sequenzen aussehen kann. Am besten fangen wir mit einer leichten und vertrauten Haltung an, die unserer augenblicklichen Situation körperlich und geistig entspricht.

- Die Standhaltung ist ein guter Anfang für das morgendliche Üben nach einem gesunden Schlaf.

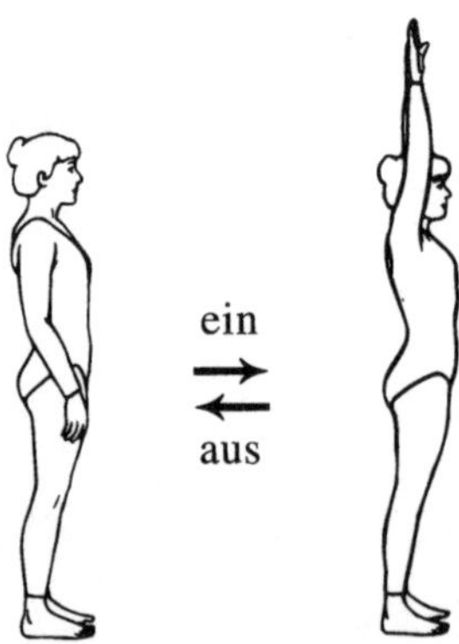

- Das abendliche Üben zur Entspannung kann in einer sitzenden oder liegenden Stellung beginnen.

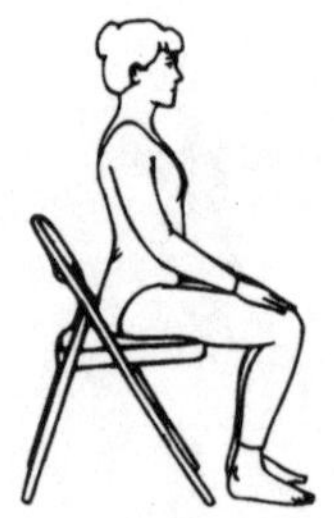
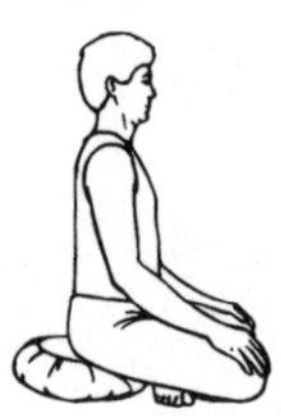

– Wenn unser Körper schon aufgewärmt ist, können wir mit einfachen Vorwärtsbeugungen anfangen.

– Einfache Armbewegungen sind am Übungsbeginn ideal. Sie wärmen den Rücken auf und zeigen uns, in welcher Verfassung Nacken und Schultern sind, denn in diesem Bereich treten häufig Spannungen und Schmerzen auf. Wenn diese Armbewegungen richtig gemacht werden, wird die Atmung angeregt und die ganze Wirbelsäule sanft mitbewegt. Mit einer tiefen und bewußten Atmung ausgeführt, geben sie uns Gelegenheit zur Selbstbeobachtung, die Teil jeder asana-Praxis werden muß. Um die nötigen Änderungen vornehmen zu können, müssen wir uns bewußt werden, wo der Körper steif oder angespannt ist und wie die Atmung während des ganzen Übens reagiert.

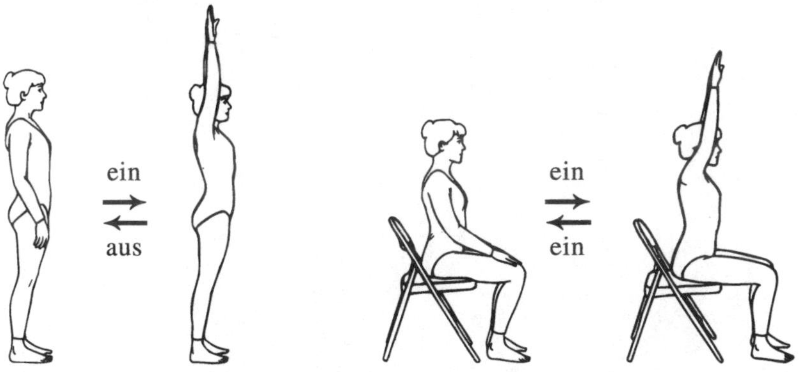

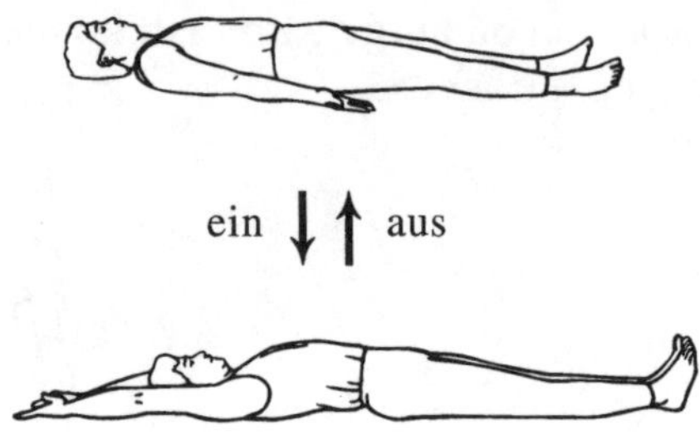

– Der erste Teil der Übungspraxis sollte aus Vorwärtsbeugungen bestehen, weil der Körper daran gewöhnt ist. Bei den meisten Aktivitäten im Alltag, wie Sitzen, Fahren, am Schreibtisch Arbeiten, etwas Hochheben usw., beugt man sich nach vorn. Von Vorwärtsbeugungen aus kann man gut zu anstrengenderen asanas übergehen, die schwerer zu lernen sind.

– Man kann auch mit einem einfachen vinyasa anfangen, das die Wirbelsäule in Bewegung bringt.

– Es ist nicht empfehlenswert asanas, wie die folgenden, am Anfang zu machen:

intensive Rückwärtsbeugungen

Drehungen

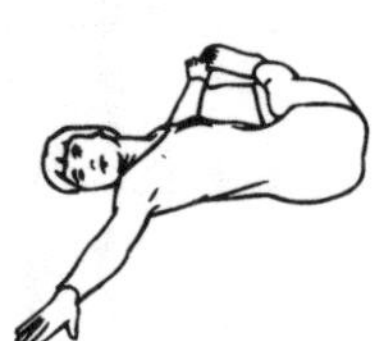

Kopfstand oder Schulterstand

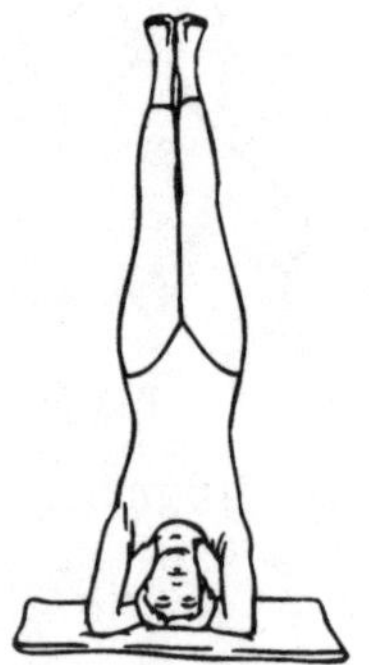

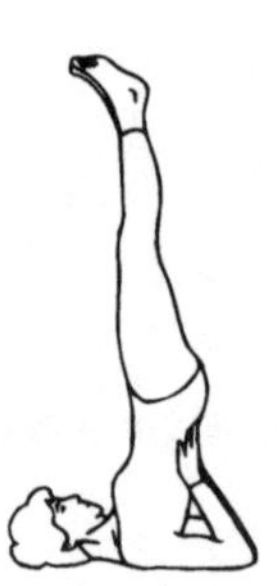

statische Haltungen

Seitwärtsbeugungen

schwierige Haltungen

Der Körper muß erst aufgewärmt werden und kann dann allmählich die schwierigeren Haltungen einnehmen.

Genauso wichtig ist es, zuerst die Vorbereitungshaltungen zu lernen, damit der Körper in guter Form für die Endhaltung ist. Bevor man z. B. eine schwere Haltung wie die Brücke versucht, sollte der Rücken vorbereitet und gestärkt werden.

Deshalb ist es notwendig, shalabhasana (die Heuschrecke) machen und mehrere Atemzüge darin bleiben zu können. Obgleich das eine leichtere Haltung als die Brücke ist, stärkt sie dieselben Körperteile.

Wenn Ihnen die Heuschrecke schwerfällt, versuchen Sie die Kobra, die eine Vorbereitungshaltung für die Heuschrecke ist. Beide Haltungen müssen sogar beherrscht werden, bevor die Brücke gemacht werden kann.

Kobra Heuschrecke

Brücke

Zusammenfassend können wir feststellen, daß man als Vorbereitung für ein schwieriges asana eine Sequenz ähnlicher, aber leichterer Haltungen üben sollte. Es gibt viele solche vorbereitende Stufen für jedes asana. Was einer Person schwerfällt, ist für eine andere leicht. Daher ist es wichtig, daß YogalehrerInnen die Fähigkeiten ihrer SchülerInnen erkennen und ihnen die Haltungen in der richtigen Reihenfolge und in einem angemessenen Zeitraum beibringen.

Den Atem vorbereiten

Um sich auf eine Haltung vorzubereiten, muß man sich auch auf die Atmung in dieser Haltung vorbereiten:

Uttanasana dehnt z. B. den Rücken und bereitet den Körper auf das Atmen in einer Umkehrhaltung vor. Um sich für statische Umkehrhaltungen wie Kopfstand oder viparita karani vorzubereiten, sollte man mehrere Atemzüge lang in uttanasana bleiben und dabei flüssig atmen können.

Dvipada pitham bereitet den Nacken und die Atmung für Umkehrhaltungen vor. Wenn Ihnen das Atmen in dieser Haltung schwerfällt, dann versuchen Sie keine Umkehrhaltungen.

Dynamische Vorbereitung für statische Haltungen

Im allgemeinen ist es schwerer, in einer Haltung zu bleiben als sie dynamisch zu wiederholen; obgleich es auch Ausnahmen wie den Kopfstand gibt. Der Unterschied zwischen dynamischer und statischer Ausführung einer Haltung sollte in die Vorbereitung eingehen.

Die statische Version von ardha utkatasana (Stuhl) vorbereiten: Wenn Sie sechs Atemzüge darin bleiben wollen, müssen Sie die folgenden Schritte vorher gelernt haben:

– Sie müssen die Haltung problemlos wiederholen können.

– Da starke Knie für diese Haltung wesentlich sind, müssen Sie die Hocke ausführen und dynamisch wiederholen können.

– Sie müssen in einer ähnlichen Haltung wie z. B. ardha uttanasana bleiben können.

Den Kopfstand vorbereiten: Um den Kopfstand zu machen, müssen Sie die folgenden Haltungen dynamisch wiederholen und dann darin bleiben können:

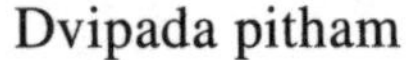

Dvipada pitham

Uttanasana

Gedrehtes Dreieck

Beinheben

Shalabhasana

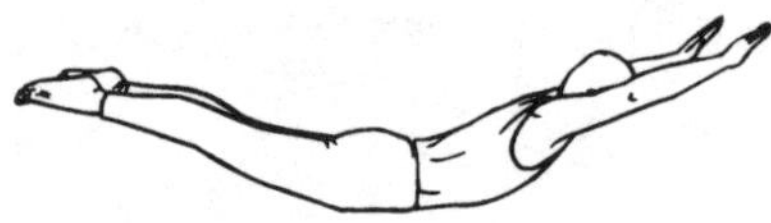

– Überprüfen Sie die Beschaffenheit von Nacken und Rücken, bevor Sie den Kopfstand oder Schulterstand versuchen.

– Machen Sie keinen Kopfstand nach Haltungen, wie dem Beinheben z. B., die den Bauch anstrengen.

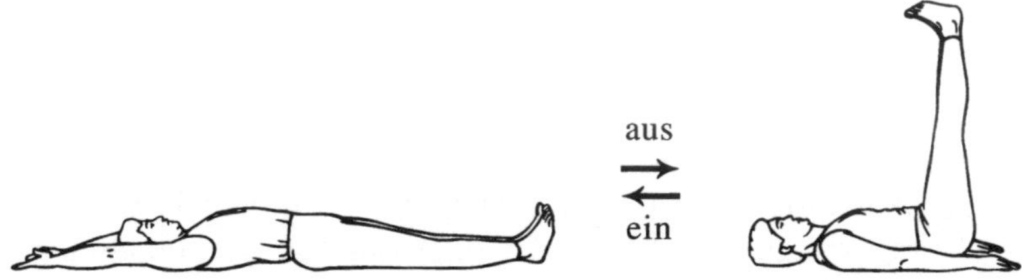

– Ruhen Sie sich aus und entspannen Sie die Beine vor dem Kopfstand.

2. Ausgleich

Nach einer schweren Haltung tendiert der Körper von sich aus dazu, sich in einer Art zu dehnen oder zu bewegen, die die Anstrengung wieder ausgleicht. Das ist ganz einfach die Art des Körpers, um wieder ins Gleichgewicht zu kommen. So werden z. B. die meisten nach shalabhasana gern die Knie an die Brust ziehen.

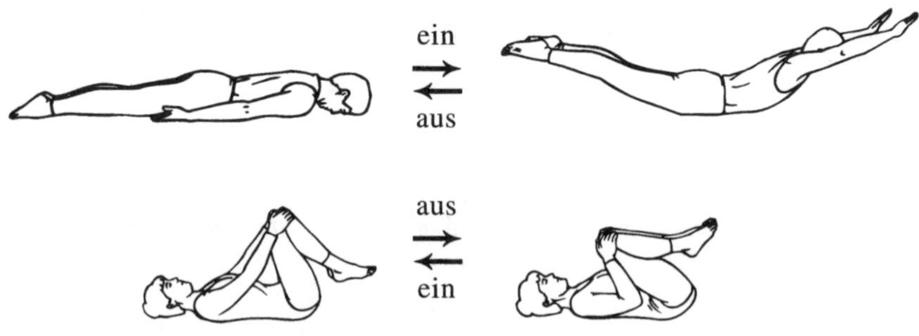

Diese Bewegung beseitigt den Widerstand (die Steifheit in Rücken, Nacken und Schultern), der durch die vorhergehende Haltung entstanden ist. Der Sanskritausdruck für solch eine Ausgleichshaltung ist *pratikriyasana*, was „entgegengesetzte Handlung oder Bewegung" bedeutet. Es bedeutet nicht notwendigerweise „entgegengesetzte Haltung".

Es kann schädlich sein, nach einem asana das direkte Gegenteil davon zu machen. Das ist nicht die richtige Art des Ausgleichs. Das Gegenteil des Kopfstands ist z. B. die Standhaltung, die nach der Umkehrung jedoch ganz ungeeignet ist. Die entgegengesetzte Haltung zur Brücke ist die Vorwärtsbeugung im Sitzen (paschimatanasana), die für viele selbst anstrengend ist und zudem die Spannungen aus der Brücke nicht abbaut. Der Fisch, der traditionellerweise als Ausgleich für den Schulterstand verwendet wird, kann schädlich sein, weil er den Nacken, gerade nachdem er extrem gedehnt wurde, erneut belastet.

Aktivität und Entspannung wirken zusammen, um uns insgesamt auszugleichen und zu integrieren. Die Entspannung gleicht die eine Aktivität aus und bereitet auf die nächste vor. Ähnlich sollte eine Ausgleichshaltung, während sie die Spannungen aus der einen Haltung löst und das Gleichgewicht wiederherstellt, schon sanft zur nächsten Haltung überleiten. In einem richtigen sequentiellen Aufbau dient jedes asana diesen beiden Zwecken. So entsteht ein flüssiges und ausgeglichenes Übungsprogramm, das zu einer integrativen Erfahrung werden kann.

Die folgenden Beispiele veranschaulichen Möglichkeiten, wie ein asana eine Haltung zugleich ausgleichen und auf die nächste vorbereiten kann.

Haltung	Vorbereitung	Ausgleich
1) Armheben 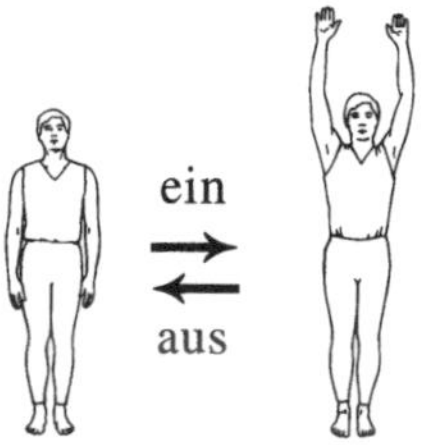 ein → ← aus	Vorbereitung für uttanasana (2)	Das Heben und Senken der Arme sind Ausgleichsbewegungen füreinander. Das Armheben ist mit einer leichten Rückwärtsbeugung verbunden, die durch das Armsenken wieder aufgelöst wird.
2) Uttanasana  aus → ← ein	Vorbereitung für viparita karani (4) durch Dehnung von Nacken und Rücken, Vorbereitung für die Atmung in Umkehrhaltungen	Dies ist eine Vorwärtsbewegung, die Rückwärtsbeugungen und Drehungen ausgleicht.
3) Dvipada pitham 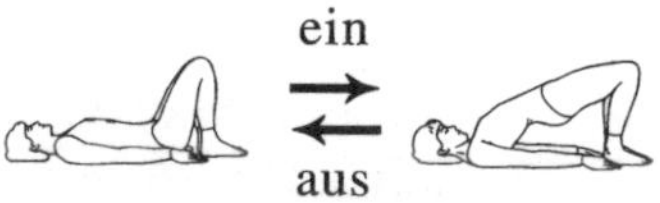 ein → ← aus	Vorbereitung für viparita karani (4) durch Umkehrung und Nackendehnung. Wenn man nicht darin bleiben und gut atmen kann, sollte man viparita karani nicht machen.	Ausgleich für uttanasana (2)
4) Viparita karani 	Vorbereitung für den Pflug (halasana) (hier nicht aufgeführt). In dieser Sequenz ist es die Haupthaltung.	Kann ein Ausgleich für den Kopfstand sein (hier nicht aufgeführt)

Haltung	Vorbereitung	Ausgleich
5) Bhujangasana ein ↓↑ aus	Vorbereitung für die Heuschrecke (shalabhasana) (hier nicht aufgeführt)	Ausgleich für viparita karani (4)
6) Vajrasana aus → ← ein	Vorbereitungshaltung für uttanasana (2)	Ausgleich für bhujangasana (5)
7) Shavasana	Shavasana kann eine vorbereitende oder eine prinzipielle Haltung bei hohem Blutdruck sein.	Ausgleich für vajrasana (6)

Allgemeine Prinzipien des Ausgleichs

- Eine Ausgleichshaltung sollte leichter als die vorhergehende Haltung sein, die sie ausgleicht.
- Eine Ausgleichshaltung sollte mit Bewegung verbunden sein. Meist heißt das, daß sie dynamisch wiederholt wird.
- Ausruhen ist eine Ausgleichshaltung. Wenn Sie sich über die korrekte Ausgleichshaltung nicht im klaren sind, ruhen Sie sich einfach aus. Es ist sogar empfehlenswert, sich als Ausgleich zwischen den anderen Haltungen auszuruhen. Das verlängert natürlich das Üben, und Sie müssen noch genug Zeit lassen, um die Sequenz richtig zu beenden. Das Ausruhen ist eine gute Zeit zur Selbstbeobachtung. Sie können dann die Wirkung der vorhergehenden Haltung beobachten und Ihr Programm, wenn nötig, modifizieren. Dieses Feedback ist für eine sinnvolle Übungspraxis wesentlich.
- Manchmal ist es notwendig, mehrere Ausgleichshaltungen hintereinander zu machen. Die erste davon kann eine Ruhehaltung sein.

So z. B. nach dem Kopfstand:

1.

Ausruhen

2.

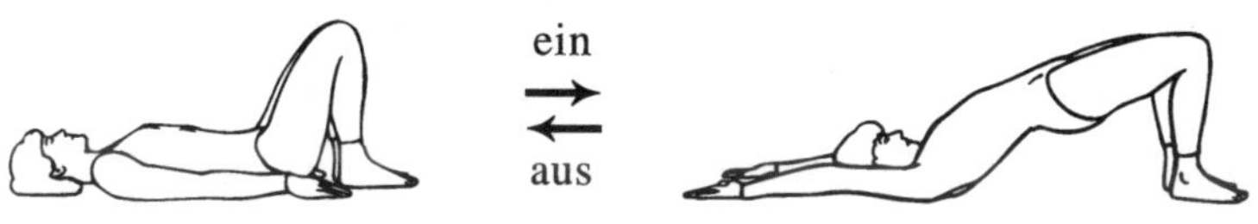

3.

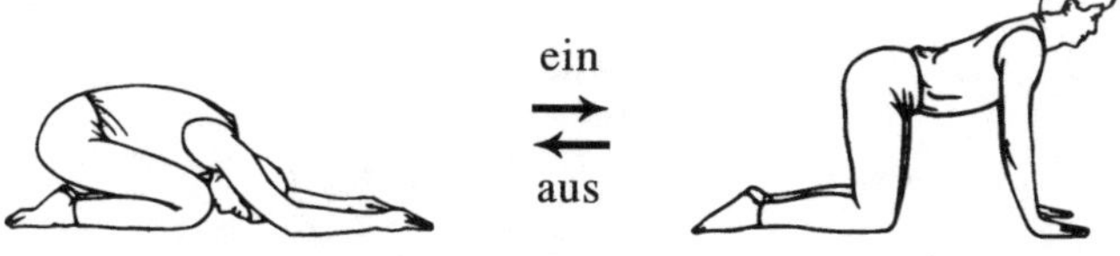

Oder nach shalabhasana:

1.

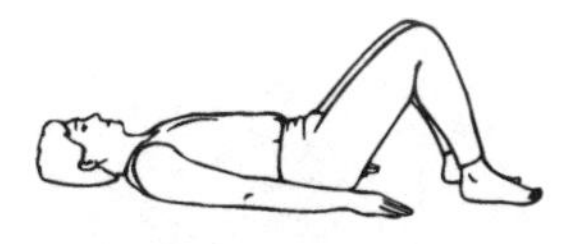

Ausruhen

2.

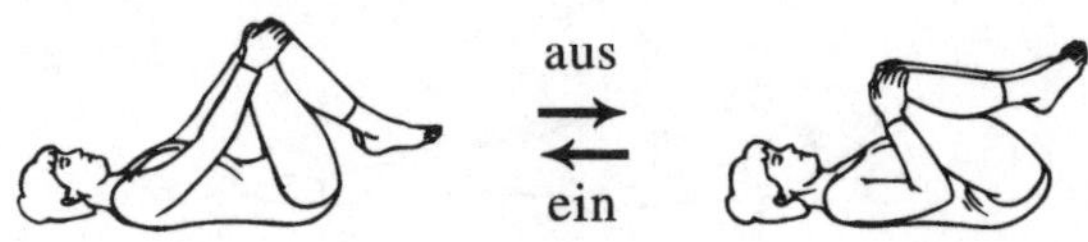

3.

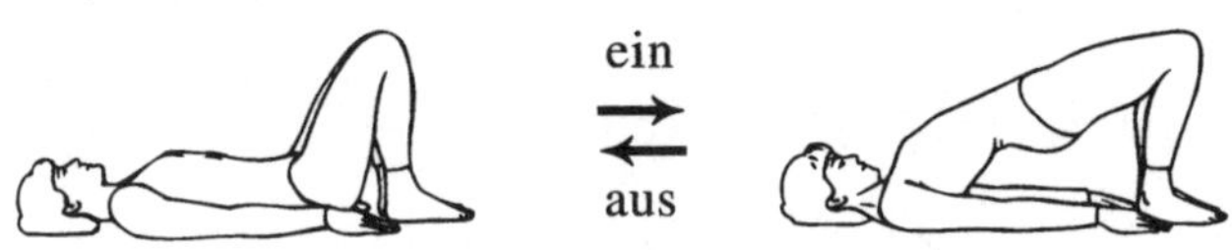

– Machen Sie eine symmetrische Vorwärtsbeugung, um eine Drehung vorzubereiten und auch auszugleichen.

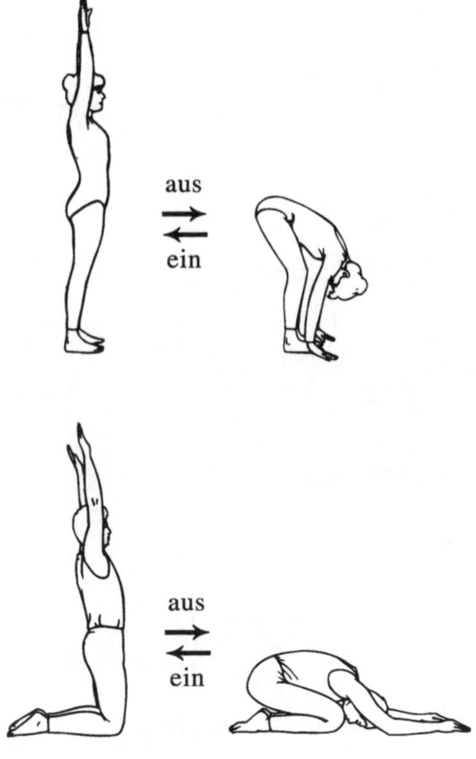

– Lernen Sie die Ausgleichshaltung vor der Haltung, die damit ausgeglichen werden soll.

Lernen Sie diese Haltung *vor dieser Haltung*

Anmerkung: Es gibt auch andere Ausgleichshaltungen in diesen Fällen.

– Machen Sie eine Ausgleichshaltung zwischen zwei schweren Haltungen. So können Sie die zweite Haltung mit neuer Kraft und Vitalität ausführen und verletzen sich nicht, weil Sie vielleicht zu erschöpft sind.

3. Ausruhen

Das Ausruhen ist äußerst wichtig in der asana-Praxis. Möglicherweise ist es der ausschlaggebende Aspekt des Übens in bezug auf die eigene Integration. Während des Ausruhens kann man sich selbst beobachten und sich der Verbindung zwischen Körper, Atem und Geist direkt bewußt werden. Wenn der Körper, der Atem oder die Aufmerksamkeit ermüdet, verändert sich die Verbindung zwischen ihnen. Während des Ausruhens zentrieren und vereinigen sich diese Bereiche neu. Die Disharmonie wird beseitigt und Körper, Atem und Geist können sich auf eine integrative Weise entspannen. Daher ist das Ausruhen keine passive Pause beim Üben, sondern ein aktiver und wichtiger Bestandteil des Integrationsprozesses.

Es gibt noch mehrere andere Funktionen des Ausruhens beim Üben. Am offensichtlichsten ist vielleicht, daß wir durch das Ausruhen unsere Energie zurückbekommen und so das nächste asana frisch und aufmerksam ausführen können. Das Ausruhen kann auch als Ausgleichshaltung in einer Sequenz dienen, in der die Haltungen zunehmend schwerer werden. Dann sorgt es dafür, daß wir in der letzten Haltung genauso fit und ausgeglichen sind wie in der ersten.

In einer erfolgreichen asana-Praxis sollten wir mühelos atmen können. Das Ausruhen spielt dabei eine wichtige Rolle. Wenn Geist oder Körper müde werden, zeigt sich das an der Atmung. Durch Ausruhen wird die normale Atmung wiederhergestellt. Wir können dann so weiterüben, daß Körper, Atem und Geist zusammengehen.

Es gibt keine Standardwerte, wann oder wie lange man sich ausruhen sollte. Das hängt vom einzelnen Menschen ab. Viele glauben, daß man sich ausruhen sollte, wenn die Muskeln ermüden oder weh tun und der Körper nicht mehr so mitmacht wie zu Beginn des Übens. Dann ist es aber schon zu spät, denn das bedeutet, daß die Arbeit des Körpers nicht durch eine gute Atmung und einen aufmerksamen Geist unterstützt worden ist.

Die Atmung zeigt am besten, wann man sich ausruhen muß. Wenn sie ungleichmäßiger und kürzer wird, ist es Zeit dafür. Das ist besonders leicht wahrzunehmen, wenn wir in den asanas ujjayi- oder Kehlatmung machen (siehe 2. Kap.). Bei dieser Atemmethode wird die Kehle so verengt, daß ein Atemgeräusch entsteht. Wenn wir aufmerksam sind, fällt uns dann eine Veränderung oder ein Bruch in dem gleichmäßigen, kontrollierten Atemgeräusch sofort auf. Das ist ein Zeichen dafür, daß wir uns ausruhen müssen, damit Körper, Atem und Geist sich wieder integrieren können.

Die Ruhezeit, die notwendig ist, verändert sich also entsprechend der Person, der Aktivität und der Situation. Richten Sie sich vor allem nach der Atmung und der Energie. Ruhen Sie sich aus, bis die Atmung wieder normal wird und die Energie wieder aufgefüllt ist.

Im folgenden sind einige der Ruhehaltungen für Ihre Übungspraxis aufgeführt:

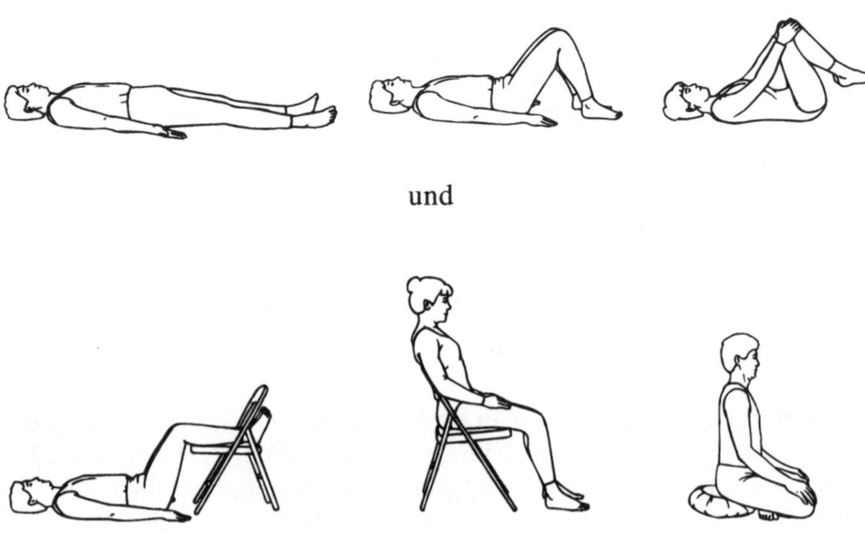

4. Beenden der Übungspraxis

Die Gesamtwirkung des Übens wird von der ganzen Sequenz mitbestimmt. Wir müssen sorgfältig darauf achten, wie wir das Üben beenden, weil sich das wesentlich auf unsere nächste Aktivität auswirkt. Der Abschluß des Übens kann die beabsichtigte Wirkung der Übungspraxis als ganzer verstärken oder abschwächen. Das Ziel besteht darin, das Üben so zu beenden, daß die Integration von Körper, Geist und Atem während der folgenden Aktivitäten und im täglichen Leben überhaupt bestehen bleibt.

Das Ende der asana-Praxis hat Ähnlichkeit mit dem Anfang. So sollte die letzte Haltung sanft und einfach sein.

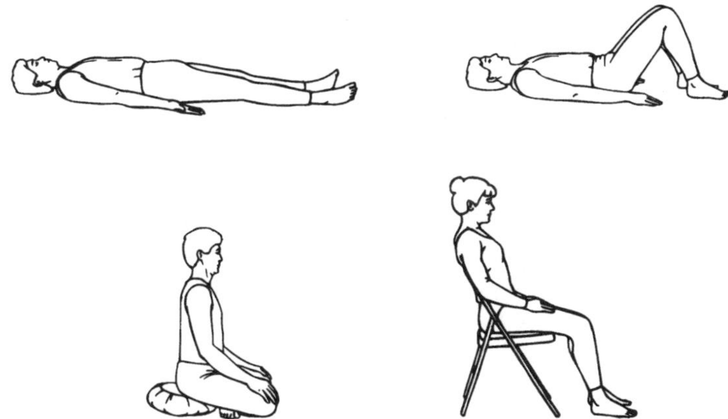

Deshalb ist es nicht gut, das Üben mit einem Kopfstand, einer Rückwärtsbeugung, intensiven Vorwärtsbeugung, Drehung oder Seitwärtsbeugung abzuschließen, wie z. B.:

Individuelle Übungsprogramme

Der korrekte sequentielle Aufbau eines Übungsprogramms ist gleichzeitig eine Kunst und eine Wissenschaft. Es ist eine komplexe Angelegenheit, zu der die Kenntnis der Prinzipien, eine kontinuierliche, klare Selbsteinschätzung, vorausgehende Planung und beträchtliche Kreativität gehören. Zu jedem Ziel führen viele Wege. Für jeden Menschen gibt es viele mögliche Übungsprogramme. Für jedes Übungsprogramm gibt es eine enorme Anzahl von Variablen, die die Wirkung des Übens beeinflussen. Wenn wir alle diese Faktoren berücksichtigen, führt das jedoch zu einem wahrhaft integrativen Üben.

Es folgen Beispiele für drei Übungsprogramme mit dem Ziel, sich in den Beinen leichter zu fühlen. Diese Übungsprogramme unterscheiden sich in vielen Faktoren. Wir verwenden diese Beispiele, um auf zwei Punkte hinzuweisen:

1. Wie unterschiedlich ein Programm für verschiedene Personen sein muß – selbst wenn sie alle dasselbe Ziel haben.
2. Wie unterschiedlich ein Programm für dieselbe Person zu verschiedenen Tageszeiten sein muß.

1. Fallbeispiel

Person: jung (30 Jahre alt), sportlich und aktiv,
übt regelmäßig Yoga
Ziel: Leichtigkeit in den Beinen
Tageszeit: morgens
Verfassung: frisch
Aktivität davor: Schlaf
Dauer: 40 Minuten
Aktivität danach: Arbeit

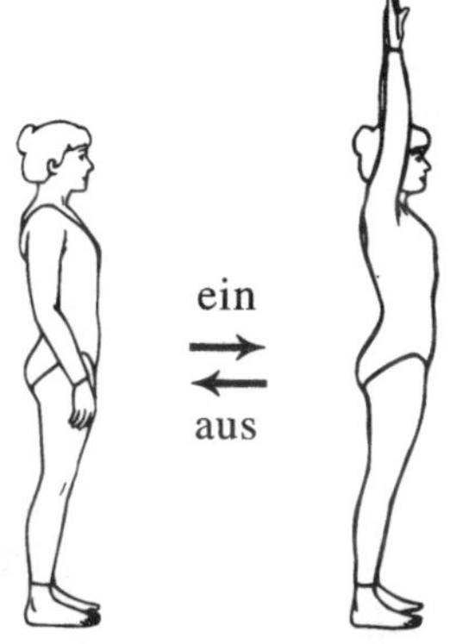

1. 6 x

aus
ein

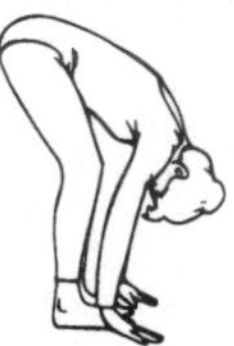

2. 6 x

3. 

6 x pro Seite

4. 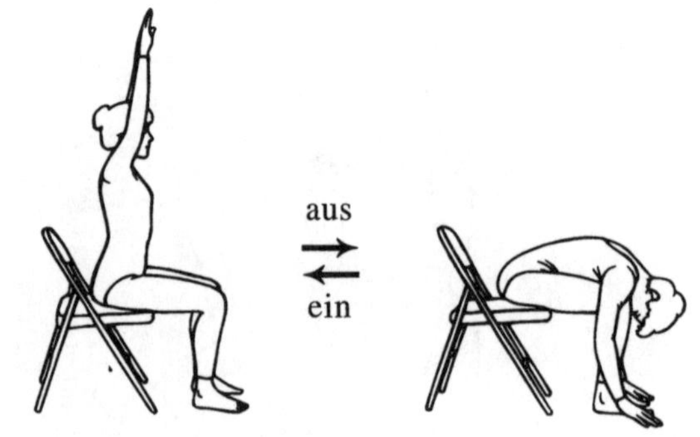

6 x

5. 
Ausruhen

6.  12 Atemzüge

7.  Ausruhen

8. 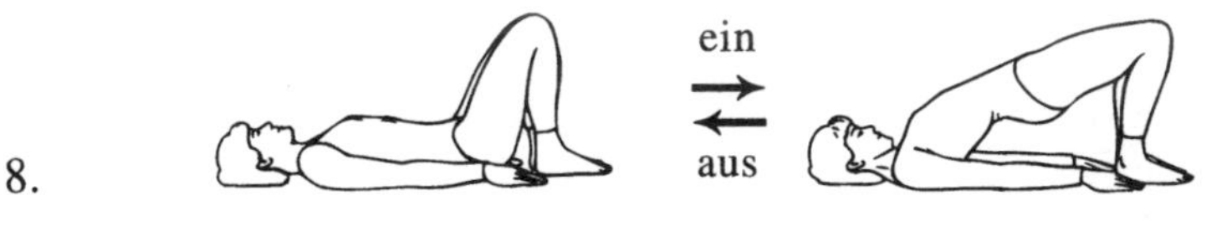 6 x

9. 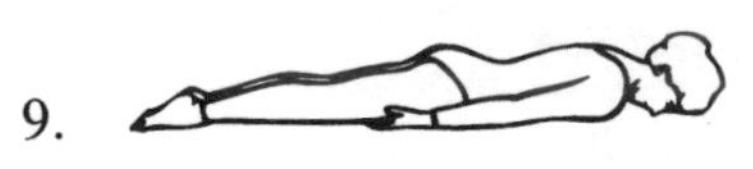 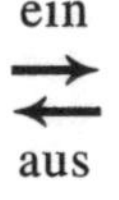  6 x

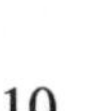

10.  aus / ein 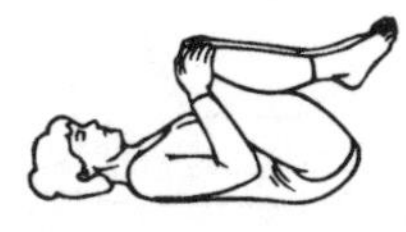 6 x

11.  Ausruhen und Atmen

2. Fallbeispiel

Person: wie vorher
Ziel: wie vorher
Tageszeit: abends
Verfassung: müde
Dauer: 15 Minuten
Aktivitäten danach: Essen und Schlafen

1.  12 Atemzüge

2. 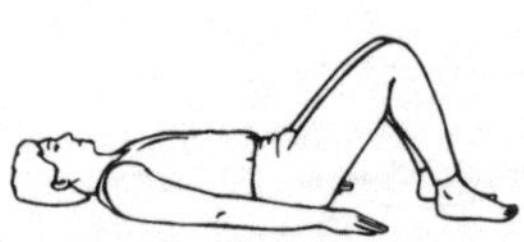 ein → ← aus 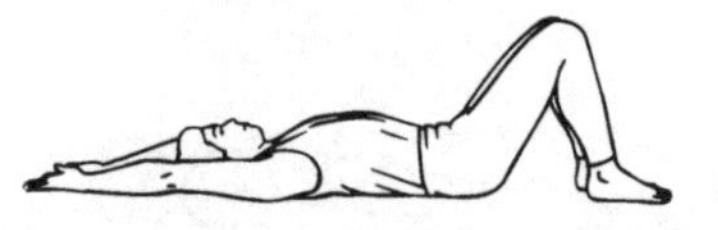 6 x

3.  ein → ← aus 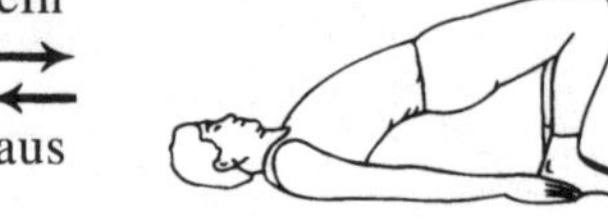 6 x

4.

12 Atemzüge mit
langer Ausatmung

5.

2 Minuten
ausruhen

3. Fallbeispiel

Person: älter (65 Jahre alt), Rücken und Beine steif,
kann keinen Kopfstand oder Schulterstand machen
Ziel: Leichtigkeit in den Beinen
Tageszeit: abends
Verfassung: müde
Dauer: 20 Minuten
Aktivitäten danach: Essen und Schlafen

1.

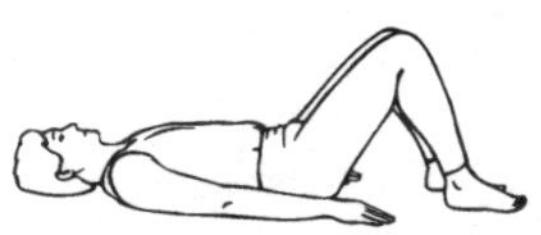

12 Atemzüge

2.

6 x pro Seite

3. 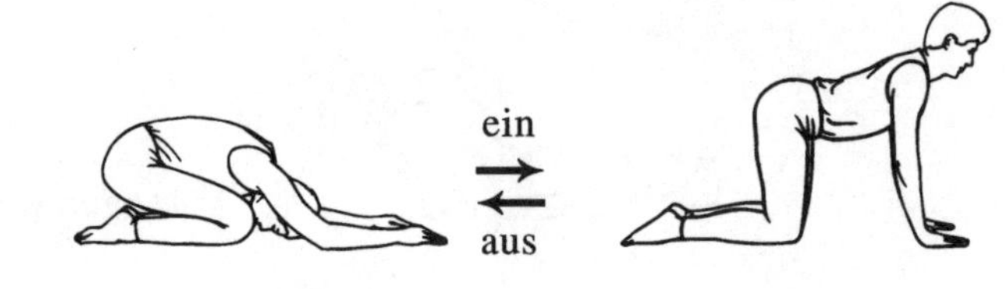

6 x

4. 2 Minuten ausruhen

5. 12 Atemzüge

6. 2 Minuten ausruhen

7. 
12 Atemzüge

Das Übungsziel kann darin bestehen, ein neues asana zu lernen. Die folgenden vier Sequenzen sind Beispiele für Übungsprogramme, mit denen wir uns über einen gewissen Zeitraum hinweg gründlich auf die Heuschrecke (shalabhasana) vorbereiten können.

1. Sequenz

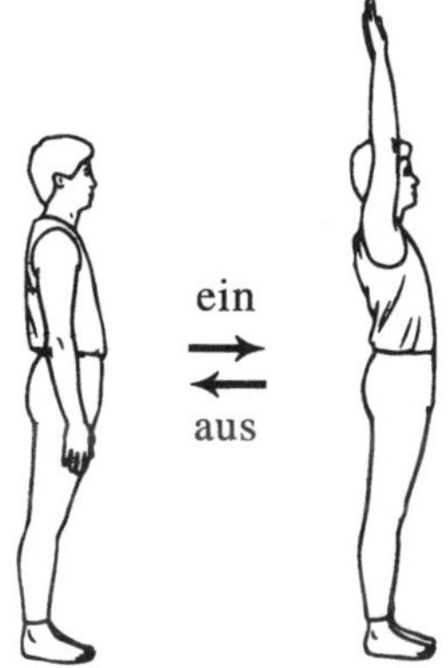

1.  6 x

2. 6 x pro Seite

3.

6 x

4.

Ausruhen

5.

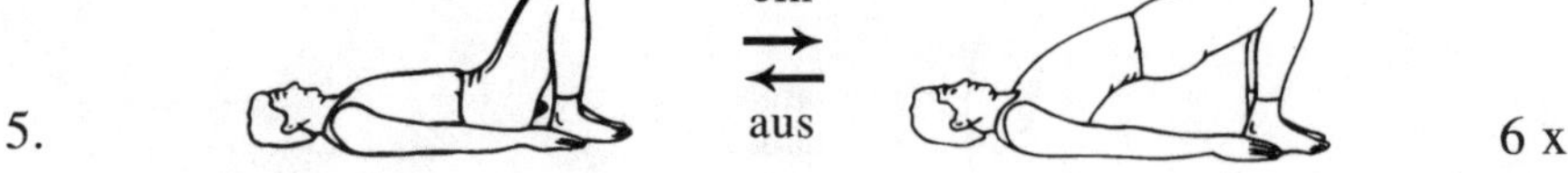

6 x

6.

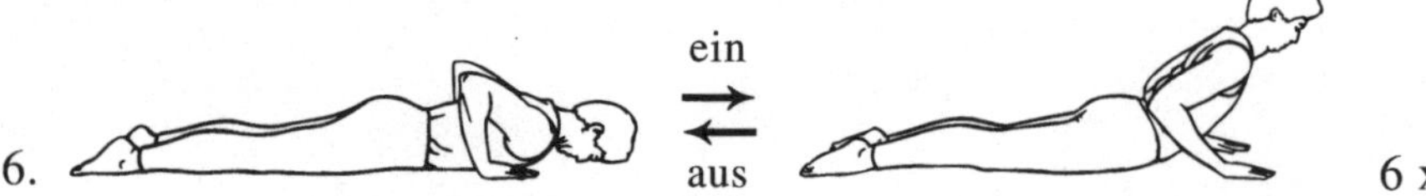

6 x

7.  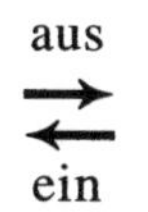

 6 x

8.  Ausruhen

9.  12 Atemzüge

2. Sequenz

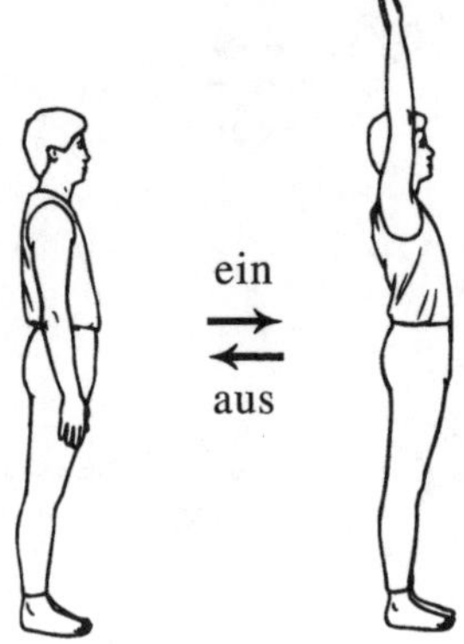

1. 6 x

2. 6 x pro Seite

aus ⇄ ein

ein ⇄ aus

3. 6 x

4.  Ausruhen

5.  ein ⇄ aus 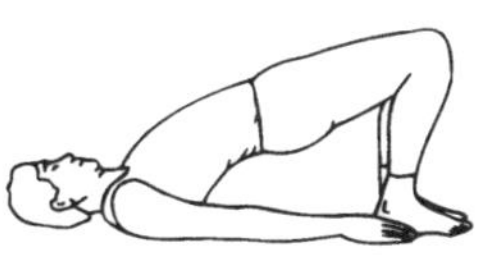 6 x

6. 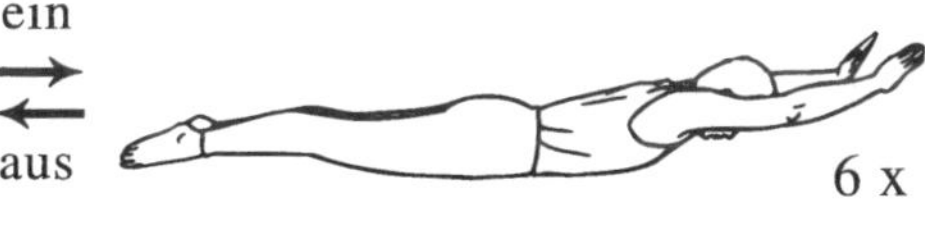 ein ⇄ aus 6 x

7.  aus ⇄ ein  6 x

8. 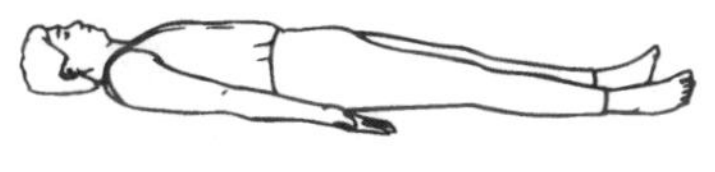 Ausruhen

9.  12 Atemzüge

3. Sequenz

1.

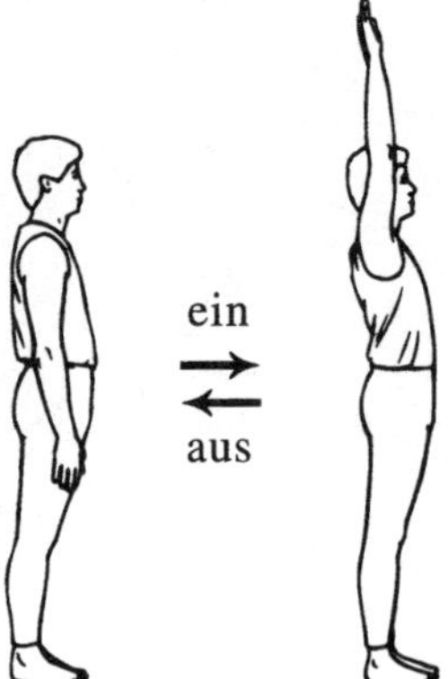

6 x

2.

6 x pro Seite

3.

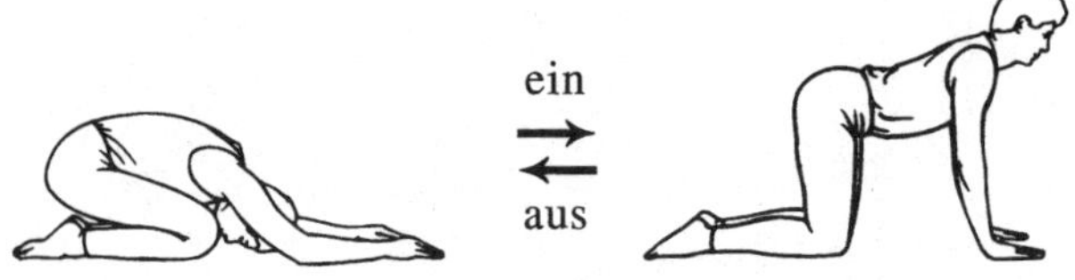

6 x

4.  Ausruhen

5.  ein → ← aus  6 x

6.  ein → ← aus 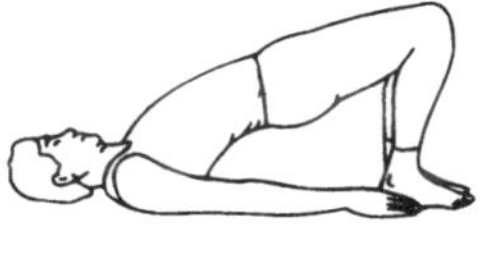 6 x

7.  aus → ← ein  6 x

8.  Ausruhen

9.  12 Atemzüge

4. Sequenz

1.

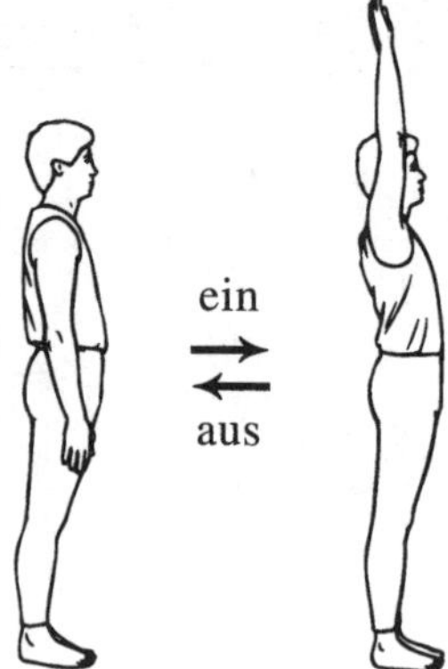

6 x

2.

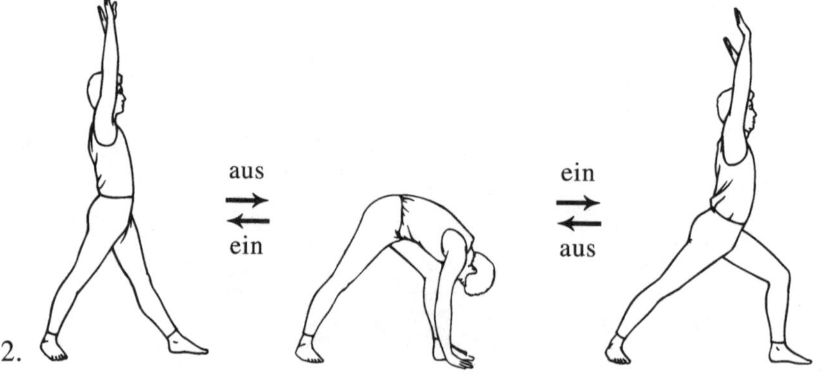

6 x pro Seite, 1 Atemzug bleiben

3.

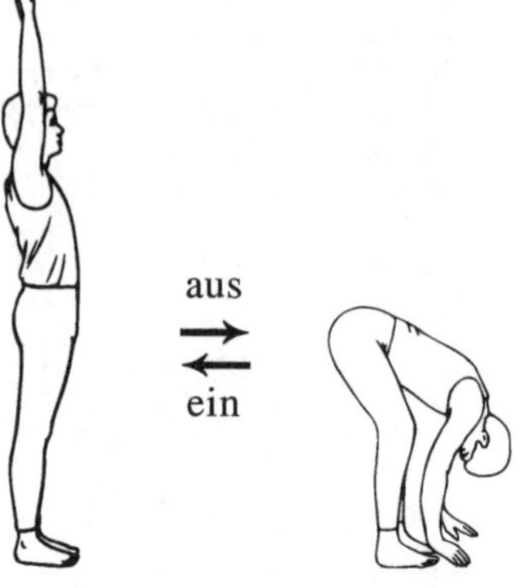

6 x

4.  Ausruhen

5. 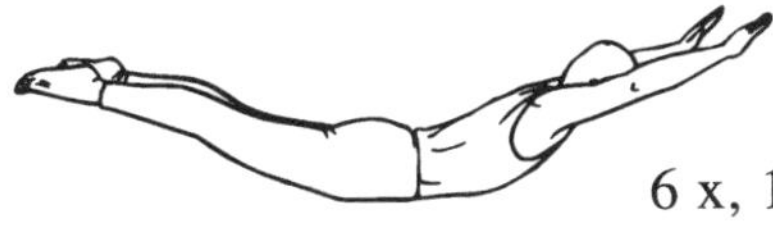 6 x, 1 Atemzug bleiben

6.  Ausruhen

7.  ein → ← aus 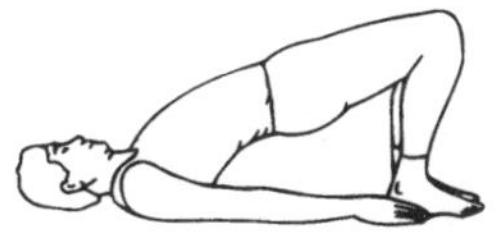 6 x

8.  aus → ← ein 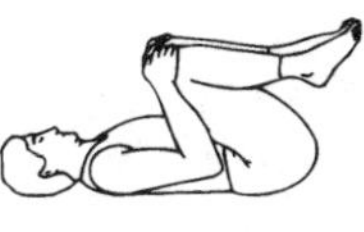 6 x

9. 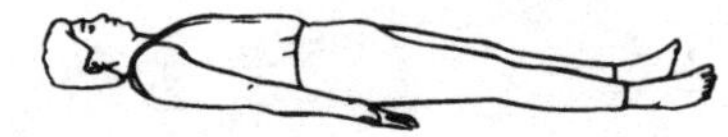 Ausruhen

10.  12 Atemzüge

Gesichtspunkte der Programmplanung

Alter

Solange wir auf die richtige Weise üben, können wir in jedem Alter Yoga machen. Wir müssen nur richtig einschätzen, ob unsere Übungsziele in unserem Alter noch durchführbar sind. Unsere körperlichen und geistigen Fähigkeiten und Einschränkungen müssen in die Übungspraxis eingehen.

Obwohl ältere und jüngere Menschen nicht das Gleiche üben sollten, gibt es keinen Grund anzunehmen, daß ihr eigenes Üben nicht jeweils gleich fruchtbar und lohnend für sie sein könnte. Im allgemeinen wird der Anteil des Nachdenkens beim Üben mit dem Alter zunehmen. Kindern verbringen wenig oder gar keine Zeit in stiller Meditation oder mit Atemtechniken, während ältere Menschen sich vielleicht hauptsächlich diesen Aspekten widmen. Für ihre Zwecke können einfache Armbewegungen und sanftes Atmen im Stehen, Sitzen oder Liegen sehr wirkungsvoll sein.

Für Kinder sollten die asanas auf das Wachstum bezogen sein. Eine Übungspraxis für sie sollte dynamisch sein und ihre Geschicklichkeit ein bißchen herausfordern. Kinder üben gern in Gruppen, wo sie miteinander wetteifern können und wo sich eine Begeisterung und ein Interesse für das gemeinsame Lernen entwickelt. Oft werden die Haltungen in einer Sequenz aneinandergereiht, um die kindliche Aufmerksamkeit aufrechtzuerhalten. In diesem Alter ist die Aufmerksamkeitsspanne relativ kurz, und lange Erklärungen sind nur langweilig. Dann ist die Konzentration weg. Deshalb ist es am besten, die Kinder körperlich aktiv zu halten und ihre anscheinend unbegrenzte Energie in Bereiche zu lenken, die ihnen Spaß machen und sie beim Wachstum unterstützen.

Tönen oder Chanting kann auch helfen, Atem und Bewegung in den asanas zu koordinieren. Ein mit Bewegung koordiniertes Tönen erleichtert eine Verbindung zwischen Körper, Atem und Geist, wie sie für die Integration notwendig ist, ohne die Kinder damit zu überfordern oder zu frustrieren.

Im folgenden sind zwei Beispiele geeigneter Sequenzen für Kinder aufgeführt.

Vinyasa für navasana für Kinder

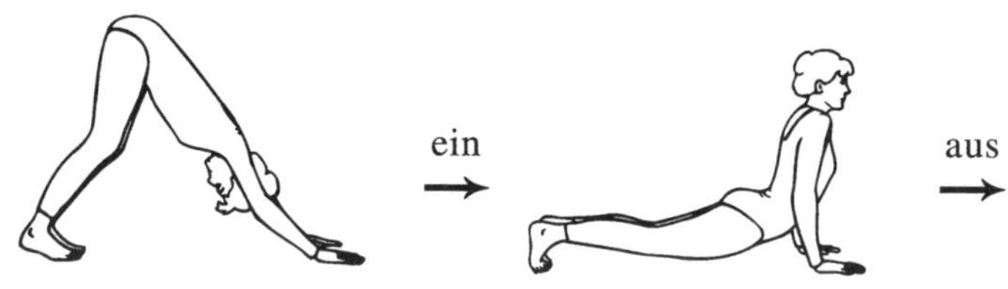

Sprung nach
Ausatmung

ein

aus

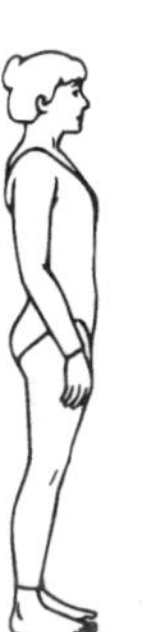

Vinyasa für paschimatanasana für Kinder

aus
Sprung nach Ausatmung
ein
aus
Sprung nach Ausatmung
ein
aus

Gesichtspunkte für Frauen

Eine geeignete Übungspraxis während Schwangerschaft, Menstruation und Wechseljahren muß individuell festgelegt werden. Eine schwangere Frau sollte sich ärztlich beraten lassen und ihre Übungspraxis mit einer Yogalehrerin oder einem Yogalehrer abstimmen. Zu den Faktoren, die zu berücksichtigen sind, gehört, ob sie Fehlgeburten hatte oder nicht und ob sie spezielle Leiden oder strukturelle Einschränkungen wie Asthma, Rückenprobleme o. a. hat.

Im allgemeinen gilt, daß Druck auf den Bauch vermieden werden sollte, wenn eine Frau während der Schwangerschaft Yoga übt. Einfache Haltungen mit einer ruhigen Atmung sind meist sehr gut für sie. Normalerweise kann sie im vierten Schwangerschaftsmonat mit dem Üben beginnen und bis zur Entbindung weiterüben, wenn sie ihre Übungspraxis im Laufe der Zeit nur entsprechend abändert.

Während der Menstruation und den Wechseljahren kann eine asana-Praxis sehr viel nützen, wenn die eigenen Vorlieben und Grenzen sowie das Feedback aus einer ständigen Selbstbeobachtung sorgfältig berücksichtigt werden. Im allgemeinen sind leichte Übungen und eine sanfte Atmung viel nützlicher, als schwierige und komplexe Haltungen.

Erfahrungen im Yoga

Wir können mit Yoga ohne weitere Erfahrungen oder Kenntnisse beginnen. Es ist nicht nötig, auf dem Kopf zu stehen, im Lotussitz zu sitzen oder die Atmung für längere Zeit anzuhalten.

Ungeachtet des Alters, der Fähigkeiten und des Erfahrungshintergrunds kann für jedeN eine geeignete Übungspraxis entworfen werden, wenn sie nur geschickt angeleitet wird, auf guter Beobachtung fußt und man sich des Ziels bewußt ist.

Gewicht

Wohlstand und ein sitzender Lebensstil bringen viele Nebenwirkungen wie z. B. das weit verbreitete Übergewicht mit sich. Yoga kann für Menschen mit Übergewicht von großem Nutzen sein. Da ist die Übung selbst und die Geistesverfassung, die sich daraus ergibt – beide helfen dabei abzunehmen.

Die Haltungen müssen allerdings an übergewichtige YogaschülerInnen angepaßt werden. Ein dicker Bauch ist z. B. in tiefen Vorwärtsbeugungen hinderlich. Es ist wichtig, daß YogalehrerInnen entsprechende Anpassungen vornehmen und die schwierigeren Haltungen weglassen, damit ihre SchülerInnen positive Erfahrungen machen können. Falls das Üben zu schwer für sie ist oder sie sich dabei zu unbeholfen fühlen, leidet darunter nur ihr ohnehin schlechtes Selbstwertgefühl.

Fitneß

Yoga ist ein ausgezeichnetes Mittel, um körperlich in Form zu bleiben, denn je nach der Art der Übungspraxis hilft er dabei, Muskelkraft und Ausdauer, Flexibilität und eine gute Durchblutung zu entwickeln. Wie intensiv wir dann üben, hängt jeweils von der Kondition und den eigenen Zielvorstellungen ab.

Yoga für SportlerInnen

Yoga kann SportlerInnen auf mehrfache Weise nützen. Vor einem sportlichen Wettkampf hilft er, die mentale Anspannung zu reduzieren, die sich nachteilig auswirken könnte, und nach dem Ereignis unterstützt er die Entspannung.

Außerdem können mit einem korrektiven asana-Programm Verletzungen und Abnutzungserscheinungen therapeutisch behandelt werden, die bei bestimmten sportlichen Aktivitäten auftreten. Yoga ist natürlich auch sehr nützlich, um das Muskelsystem auszugleichen und Körper, Geist und Atem in eine gute Kondition zu bringen, damit sie in sportlichen oder auch in anderen Situationen das Optimale leisten können. Wenn asana mit anderen Übungsformen kombiniert wird, ist darauf zu achten, daß eine ausreichende Zeitspanne dazwischen liegt, damit beide Gebiete mit voller Aufmerksamkeit, Energie und Muskelkraft geübt werden können.

Vegetarische Ernährung und Fasten

Was wir essen, wirkt sich eindeutig auf unsere Gesundheit und Funktionsfähigkeit aus. Trotzdem ist vegetarische Ernährung keine Voraussetzung für Yoga. Vegetarisches Essen mit vielen fritierten Gerichten (wie in Indien üblich, d. Übers.) kann sogar ungesunder als eine nichtvegetarische Ernährung sein. Eine normale gesunde Kost ist für Yoga empfehlenswert.

Die *Yogasutras* raten zu Mäßigung in allen Dingen. Das Sanskritwort für Fasten ist *upa vasa. Upa* bedeutet „nahe“ und *vas* „wohnen, verweilen“. Für den Geist besteht der Zweck des Fastens darin, nahe bei Gott zu sein. Das Fasten sollte unsere Wachsamkeit steigern und uns zu innerer Sammlung verhelfen. Die asana-Praxis sollte berücksichtigen, daß Energie und Körperkraft während des Fastens abnehmen. Bei einem eintägigen Fasten kann normal weitergeübt werden, aber wir sollten sorgfältig bedenken, ob die Fortsetzung des Übens über mehrere Fastentage hinweg wirklich angebracht ist.

Bei einigen kann das Fasten in bestimmten Situationen zu einer geistigen Unruhe führen. Dann ist davon abzuraten. Wenn der Geist eher beim Essen als bei Gott verweilt, wird man nicht so viel Positives erreichen.

Gesundheit und Lebensweise

Es ist nicht nötig, das Rauchen und Trinken aufzugeben, nur um Yoga zu üben. Der Versuch, wegen Yoga eine schlechte Angewohnheit zu unterdrücken, verstärkt wahrscheinlich nur die Anspannung. Doch eine korrekte Übungspraxis verändert uns auf vielen Ebenen. Das Üben schwächt die ungesunden Gewohnheiten oft ab und verstärkt die gesunden. Häufig ebnet das den Weg, um Rauchen, Trinken oder Tablettenkonsum später aufzugeben.

Alle diese Faktoren sollten bei der Planung der eigenen Übungspraxis beachtet werden. Diese Planung mag jetzt ziemlich kompliziert erscheinen, aber in Wirklichkeit ist sie das nicht. Wir müssen lediglich lernen, eine Übungspraxis zusammenzustellen, die sowohl unsere augenblickliche Situation als auch die von uns bestimmten Ziele direkt berücksichtigt. Dann sind wir auf dem richtigen Weg zu einer Übungspraxis, die uns schließlich wirklich zugutekommt.

6. Pranayama – Die integrative Funktion des Atems

In diesem Kapitel werden ausschließlich Atem und pranayama behandelt. Pranayama ist ein zentraler Bereich von Theorie und Praxis des Yoga. Von den acht Gliedern des Yoga, die Patanjali in den *Yogasutras* aufführt, ist pranayama eines der drei Glieder mit konkreten Übungstechniken. Aus diesem Grund ist mit pranayama, ebenso wie mit asana, ein guter Zugang zum Yoga möglich. Damit können wir eine Yogapraxis gut beginnen und uns so auf den Weg zurück zur eigenen Integration begeben. Deshalb ist pranayama in der alten wie in der modernen Yogaliteratur so ausführlich besprochen worden.

Die Bedeutung des Wortes pranayama kann verwirrend sein. Häufig wird es fälschlicherweise als aus *prana* und *yama*, „Kontrolle", zusammengesetzt gedacht und so als „Kontrolle des Atems" verstanden. Pranayama ist jedoch als aus *prana* und *ayama*, „verlängern, ausdehnen", zusammengesetzt zu verstehen. Prana ist ein Begriff, der „Lebenskraft" bedeutet. Der Präfix *pra* bedeutet „sehr gut" und *na* „gehen" oder „sich fortbewegen". Prana ist dann das, was durch alle Teile unseres Körpers fließt. Es ist die Gesamtenergie, die in einem menschlichen Wesen vorhanden ist, die am Beginn des Lebens in den Körper eintritt und ihn beim Tod wieder verläßt. Prana ist für die Lebensfunktion verantwortlich: der unzureichende Fluß von prana führt zu Krankheit, und das Fehlen von prana bedeutet den Tod.

Prana existiert in allen Lebewesen. Es ist bereits in uns, und von außen können wir uns nicht mehr prana aneignen, indem wir es z. B. einatmen. Wenn prana richtig durch den Körper fließt, funktioniert dieser auf eine vollkommene Weise. Im Ayurveda, dem alten Gesundheitssystem, wird der Begriff prana ebenfalls verwendet.

Prana ist für alle Lebensfunktionen verantwortlich: für die physiologischen Systeme, wie Herz und Kreislauf, Verdauung, Drüsen usw., ebenso wie für das Gehirn und die Sinne. Es ist auch mit dem Bewußtsein verbunden. Wenn unser Geist sich auf etwas konzentriert, auf unsere Hand z. B., dann ist prana die Kraft dahinter. Idealerweise sollte prana gesammelt sein und in eine Richtung fließen. Wenn unsere Lebenskraft durch Essen, Gedanken, Aktivitäten usw. zerstreut wird, werden Körper und Geist negativ beeinflußt. Weder der Atem ist prana, obwohl beide häufig für gleich gehalten werden, noch die Luft. Wenn sie es wäre, würde ein toter Körper wiederbelebt werden können, indem Luft in ihn gepumpt wird. Vielmehr ist der Atem der *Ausdruck* des prana, der Ausdruck des Lebens und der Kraft dahinter. Während prana unsichtbar ist und nicht berührt oder direkt gesteuert werden kann, ist die Atmung eine Art Hebel oder ein Mittel, um indirekt mit prana zu arbeiten. Wenn die Atmung beeinflußt wird, wird prana auch beeinflußt, weil beide direkt miteinander verbunden sind.

Wie wir in früheren Kapiteln gesehen haben, ist das Ziel des Yoga, die Aktivitäten des Geistes zu lenken, so daß er klarer sehen kann. Dazu muß man zuerst die Unreinheiten entfernen. Diese Reinigung geschieht durch pranayama. Wenn Yoga ein Weg der Reflexion ist, kann pranayama diesen Weg ebnen. Tatsächlich wird pranayama als die größte aller Reinigungsmethoden angesehen und gehört deshalb auch zu allen Ritualen der Hindus. Wenn es richtig praktiziert wird, können seine positiven Ergebnisse sehr bedeutungsvoll sein und den Menschen auf vielen Ebenen berühren. Angesichts der engen Verbindung von Körper, Atem und Geist kann und sollte die Atmung auch als ein wirkungsvolles Mittel eingesetzt werden, um mit dem Körper zu arbeiten.

Es gibt viele irrige Annahmen zur Theorie von pranayama. In pranayama geht es weder um das Erwachen der zusammengerollten Schlange noch um die Levitation noch darum, es zu überstehen, tagelang lebendig begraben zu sein, oder den Atem so lange wie möglich anzuhalten oder schwierige und undurchsichtige Atemverhältnisse zu praktizieren. Vielmehr geht es in pranayama darum, den Atem bewußt zu regulieren. Wenn wir das üben, verändern wir absichtlich unsere normalen Atemmuster, und das verändert dann unseren Geisteszustand. Die mentale Unruhe wird eingeschränkt, und die Unreinheiten im körperlich-geistigen System werden vermindert. Daraus ergibt sich, daß wir die Dinge klarer sehen und besser verstehen. Die Sammlung des Geistes ist also das eigentliche Ziel von pranayama.

Die Beseitigung der Unreinheiten

Die Unreinheiten, die in unserem System vorkommen, sind subtil. Sie sind bei allen vorhanden, aber unsichtbar für die, die sie besitzen. Obwohl sie vor allem als mental anzusehen sind, unterscheiden die *Yogasutras* nicht zwischen körperlichen und geistigen Unreinheiten. Das einzige

Wort, das dort zu ihrer Beschreibung verwendet wird, ist *asuddhi.* Es bedeutet „das, was nicht rein ist, was nicht im System sein sollte oder an einem Platz ist, wohin es nicht gehört".

Pranayama wird als das höchste der *tapas,* was wörtlich „Kochen" bedeutet, angesehen. Genauso wie das richtige Kochen des Essens den Körper dazu befähigt, die Nahrung aufzunehmen – zu assimilieren, was er braucht und auszuscheiden, was er nicht braucht –, befähigt pranayama den Geist, sich auf ein gewähltes Objekt zu konzentrieren (*Yogasutras* II:53) und die Unreinheiten zu entfernen, die eine klare Wahrnehmung trüben (*Yogasutras* II:52). Es reinigt also den Geist, um ihn auf die Sammlung vorzubereiten.

Nach den Yogaschriften befindet sich *agni,* „Feuer", innen im Körper in der Nähe des Nabels. Die Unreinheiten setzen sich darunter ab, in dem Bauchbereich, der *apana* heißt. Das innere Feuer verbrennt die Unreinheiten, während die Atmung sich auf die Qualität der Flamme auswirkt. Außerdem reguliert die Atmung den Fluß der Unreinheiten zum Feuer hin, um sie zu verbrennen, und vom Feuer weg, damit sie den Körper verlassen können. Verschiedene Atemmuster, die später in diesem Kapitel behandelt werden, können bei diesem Prozeß eingesetzt werden.

Pranayama läßt eine Geistesverfassung entstehen, in der Meditation oder Versenkung möglich ist. Mit einem klaren Geist können wir unsere Aufmerksamkeit stetig auf einen Gegenstand unserer Wahl richten. Ohne die richtige Vorbereitung durch pranayama geschieht die Meditation vielleicht nur in der Vorstellung. Das kann erfreulich sein, entspricht aber nicht dem beabsichtigten Ziel. Das endgültige Ziel des Übens von pranayama besteht darin, den Zustand des Geistes so zu verändern, daß der Geist sich auf einen Gegenstand konzentrieren kann und uns so der Integration näherbringt.

Das richtige Üben von pranayama hat aber noch eine andere wesentliche Wirkung. Früher haben wir festgestellt, daß alle Dinge die drei gunas enthalten: die Eigenschaften von Leichtigkeit und Klarheit (sattva), Trägheit oder Schwerfälligkeit (tamas) und Aufregung oder Aktivität (rajas). Alle drei sind notwendig, aber man braucht jeweils einen geeigneten Ausgleich zwischen ihnen, um sich das, was man gerade tut, zu erleichtern.

So ist es z.B. nicht ideal, zur Schlafenszeit überwiegend von rajas bestimmt zu sein oder, wenn es Zeit zum Arbeiten ist, von tamas. Wenn ein guna zunimmt, nehmen die anderen ab. In welchem Verhältnis sie vorhanden sind, hängt mit von unserer Ernährung und unseren Gedanken und Aktivitäten ab. Durch unterschiedliche Übungstypen können wir nun ein vorherrschendes guna durch ein anderes ersetzen, so daß wir jeweils angemessen reagieren lernen. Außerdem verstärkt pranayama satva, so daß der Geist klar und gesammelt wird.

Bewußtes Atmen

Die *Yogasutras* (II:49) definieren pranayama als die bewußte Veränderung unserer gewohnten Atemmuster. Wir müssen pranayama in einer bequemen Haltung durchführen, damit die ganze Aufmerksamkeit ohne Ablenkung auf die Atmung gerichtet ist.

Veränderungen in der Atmung, die z. B. während des Laufens oder Singens auftreten, sind kein pranayama, weil sie sich einfach nur aus diesen Aktivitäten ergeben.

Im bewußten Atmen nehmen wir den Atemprozeß bewußt wahr und können ihn deshalb gezielt beeinflussen. Im Schlaf ist uns das alles nicht bewußt. Selbst wenn wir tagsüber wach oder bewußt sind, nehmen wir den Atemprozeß im allgemeinen nicht wahr. Wenn wir uns der Art unserer Atmung bewußt werden, sind wir in der Lage, sie eine Zeitlang zu regulieren oder zu verändern, gewöhnlich während mehrerer Atemzyklen.

Warum diese Betonung des bewußten oder absichtlichen Atmens? Obwohl wir unser ganzes Leben atmend verbringen, nehmen wir das im allgemeinen nicht bewußt wahr. Wenn wir unsere Atmung bewußt regulieren, verbinden wir auch Geist und Atem bewußt. Damit führen wir eine Veränderung in unserem Geist herbei. Diese Veränderung verringert die Unruhe des Geistes, so daß er sich leichter sammeln kann. Wenn wir die Unruhe des Geistes reduzieren, reduzieren wir auch unsere falsche Wahrnehmung, und unser Verständnis nimmt zu. So kommen wir dem endgültigen Ziel des Yoga näher.

Wenn wir uns der Atmung bewußt sind, können wir sie entweder passiv beobachten oder aktiv verändern. In der passiven Beobachtung verbinden wir den Geist mit der Atmung, aber wir regulieren sie nicht. Wir bleiben uns einfach der Qualität der Atmung bewußt – der Einatmung, Ausatmung und der Pausen dazwischen. Wir versuchen nicht, einen dieser Anteile des Atemprozesses zu ändern, sondern konzentrieren uns darauf, wie wir gerade atmen.

Sie können das selbst ausprobieren. Bleiben Sie sich einfach der Atmung bewußt, ohne sie zu verändern. Das nennt man passives, bewußtes Atmen. Konzentrieren Sie Ihre Aufmerksamkeit auf die Atmung, und nehmen Sie die Ein- und Ausatmung wahr. Wenn Sie die Beobachtung über eine Anzahl von Atemzügen hinweg fortsetzen, bemerken Sie vielleicht ein momentanes Anhalten der Atmung nach dem Einatmen und vielleicht auch eine kleine Atempause nach dem Ausatmen. Wenn Ihr Geist nun stärker von dieser Beobachtung des Atemprozesses absorbiert wird, tendiert die Atmung dazu, sich unwillkürlich zu ändern. Mit anderen Worten: unsere Atmung verändert sich, wenn wir uns ihrer nur bewußt sind.

Bei dieser Art der passiven Beobachtung, versuchen wir nicht, irgendeinen Teil des Atemzyklus zu regulieren. Wir bemerken die Atmung nur und lassen mögliche Auswirkungen dieser Wahrnehmung geschehen. Den Atem zu beobachten, ohne einzugreifen, ist eine aufschlußreiche, aber schwierige Aufgabe, die einen hohen Grad an Konzentration erfordert. Diese Erfahrung ist eigentlich fast schon ein meditativer Zustand. Oft läßt er viele Beobachtungen und Emotionen an die Oberfläche kommen, was sehr nützlich für uns sein kann.

Der letzte Teil dieses Kapitels beschäftigt sich mit aktivem, bewußtem Atmen, mit der absichtlichen Veränderung der Atmung über mehrere Atemzüge hinweg.

Die Natur des Atems

Die Komponenten des Atemzyklus

Atmen ist eine kontinuierliche, rhythmische Bewegung, die vom Augenblick der Geburt an bis zum Tod dauert. Sein Rhythmus entsteht aus einem Zyklus von zusammenhängenden Bewegungen, der sich während der ganzen Dauer des Lebens ständig wiederholt und erneuert. Wenn wir die Komponenten des Atemzyklus verstehen, beleuchtet das die Macht seiner Bewegung und auch seine Wirkung auf die Integration von Körper, Atem und Geist.

Der Atemzyklus besteht aus vier Atemkomponenten:

- Ausatmung – die nach außen gehende Bewegung des Atems *(bahya)*
- Einatmung – die nach innen gehende Bewegung des Atems (*abhyantara*)

- Atemanhalten nach der Ausatmung oder Atemleere (*bahya kumbhakam*)
- Atemanhalten nach der Einatmung oder Atemfülle (*antar kumbhakam*)

Um der Klarheit willen ist der Atemprozeß in diese Kategorien aufgeteilt worden. In Wirklichkeit sind sie jedoch funktional eng miteinander verbunden, wobei sich jede Atemkomponente auf die anderen auswirkt. Die Ausatmung löst die Einatmung aus. Das Anhalten des Atems in Atemleere und Atemfülle ist in Wirklichkeit der jeweilige Endpunkt von Aus- und Einatmung. Eine der Atemkomponenten zu verändern, heißt – wie in allen Aspekten des Yoga –, automatisch die anderen zu beeinflussen. Atmen ist also sowohl ein integriertes als auch ein integratives Phänomen.

Beim Erlernen der Atemkomponenten ist es – ebenso wie beim Üben der asanas – notwendig, die idealen Beschreibungen an das Individuum anzupassen. Die pranayama-Praxis sollte auch die Konzepte des überlegten Vorgehens und des Erkennens von Widerständen enthalten (siehe 2. Kap.). Wenn uns diese Prinzipien nicht präsent sind, können Atemtechniken ineffektiv und sogar schädlich sein.

Die Atemkomponenten unterscheiden sich auf mehrfache Weise. Zu jeder gehört eine spezifische Reihe von Körperbewegungen und physiologischen Merkmalen, und jede ruft eine bestimmte psychische Reaktion hervor. Und was noch wichtiger ist: jede Atemkomponente hat eine unterschiedliche Funktion bei der Beseitigung der Unreinheiten, dem Hauptziel von pranayama.

Bevor wir uns die Atemkomponenten näher ansehen, noch eine wichtige Anmerkung: Anpassung ist die Regel. Gute YogalehrerInnen lernen die Vorgeschichte ihrer SchülerInnen kennen, bevor sie sich entscheiden, welches das beste pranayama für diese ist. Es ist z. B. wichtig für sie zu wissen, ob einE YogaschülerIn eine Vorgeschichte von Brustschmerzen, Bronchitis oder chronischen Kopfschmerzen hat, bevor sie ihm oder ihr eine Atemtechnik beibringen. Weiterhin müssen YogalehrerInnen beobachten, ob ihre SchülerInnen die nötigen Voraussetzungen für eine pranayama-Praxis erfüllen: eine gute Haltung, eine gerade Wirbelsäule und einen festen Bauch. Sobald YogalehrerInnen die Vorgeschichte und die augenblickliche Verfassung ihrer SchülerInnen kennen, können sie die richtige Sequenz von geordneten Schritten (vinyasa krama) zum Erlernen einer guten Ein- oder Ausatmung entwerfen. Es kann sein, daß YogaschülerInnen zuerst an ihrer Haltung und ihrem Bauch arbeiten müssen, bevor sie sich direkt der Atmung zuwenden können. Welche Umstände auch immer da sind, eine geeignete Anpassung ist entscheidend.

Ausatmung

In der pranayama-Praxis wird vor allem die Ausatmung mit Hilfe des unteren Bauches betont. In der idealen Ausatmung wird zuerst mit dem Bauch und dann erst mit der Brust ausgeatmet. Man muß die Ausatmung beenden, bevor die Einatmung beginnt, d. h. alle Luft, die gut ausgeatmet werden kann, sollte draußen sein. Der untere Bauch leitet die Ausatmung ein und bewegt sich dabei ziemlich viel. In der idealen Einatmung, die im nächsten Abschnitt beschrieben wird, ist der untere Bauch gar nicht beteiligt. Doch in Wirklichkeit wird dieser Bereich auch bei der Einatmung meist mitbenutzt.

Wie oben erwähnt, ist der untere Bauch, apana, der Hauptbereich, wo sich Unreinheiten im Körper ansammeln. Als solcher wird er auch als Sitz von Krankheit angesehen. Man kann nun die Unreinheiten mit Hilfe der Ausatmung eliminieren. Bereits vor dem Beginn des Übens haben sich sehr viele Unreinheiten angesammelt. Also ist es gerade zu Beginn besonders wichtig, die Ausatmung gut zu nutzen, um die Unreinheiten auszuscheiden. Nur so kann sich ein wirklicher Fortschritt hin zur eigenen Integration einstellen.

Die Ausatmung hat eine beruhigende und entspannende Wirkung. Im normalen, unbewußten Atmen ist die Ausatmung eine passive Reaktion des Brustkorbs, um den Luftdruck der letzten Einatmung zu verringern. Diese unwillkürliche Reaktion geschieht ohne Muskelkontraktion einfach durch Entspannung des gedehnten Brustkorbs. Wenn der Brustkorb sich löst und einsinkt, wird die Luft aus den Lungen herausgedrückt.

In der bewußt angewandten Technik von pranayama wird diese Bewegung jedoch durch den willkürlichen Gebrauch der Bauchmuskeln und der Atemhilfsmuskeln im Oberkörper aktiv eingeleitet und unterstützt. Und doch bleibt dabei der beruhigende, entspannende Charakter der Ausatmung bestehen. Genau wie ein Seufzer auf die Lösung einer Anspannung hindeutet, hat die absichtliche Betonung der Ausatmung eine spannungslösende Wirkung.

Einatmung

Das Einziehen der Luft in die Lungen ist ein aktiver Prozeß, in dem man aktiv den Brustkorb ausdehnt und die Wirbelsäule aufrichtet. Idealerweise beginnt die Einatmung im Brustkorb und setzt sich in den oberen Bauchbereich fort. In der idealsten Form bleibt der untere Bauch unterhalb des Nabels kontrahiert und bewegt sich nicht nach unten oder außen. Außer für die erfahrensten YogaschülerInnen führt diese Form der Einatmung jedoch zu Spannung im Nacken- und Bauchbereich und verursacht eventuell Probleme im Bereich der Wirbelsäule. In der Form, die alle YogaschülerInnen leichter ausführen können, wird der untere Bauch gegen Ende der Einatmung in die Atembewegung mit einbezogen und bewegt sich leicht nach außen.

Die Einatmung ist der aktive und belebende Anteil des Atemzyklus. Selbst in der unbewußten Atmung kommt die Einatmung durch aktiven Muskeleinsatz zustande. Demgegenüber ist die normale ungesteuerte Ausatmung nur eine passive Reaktion. Die psychische und physiologische Wirkung einer Übungspraxis, die die Einatmung betont, ist aktivierend und belebend. Unsere Energie erhöht sich, und unsere Stimmung hebt sich. Eine solche Wirkung ist vor der Arbeit oder vor Aktivitäten nützlich, die körperliche oder geistige Energie verlangen. Sie kann uns psychisch eine Hilfe sein, wenn wir depressiv sind oder mit einem niedrigen Selbstwertgefühl zu tun haben.

Atemanhalten nach Ein- und Ausatmung

Beim normalen Atmen sind wir uns der Endpunkte der Einatmung (Atemfülle) und Ausatmung (Atemleere) nicht bewußt. Gelegentlich halten wir unwillkürlich den Atem an, wenn wir einen schweren Gegenstand heben oder wenn es uns vor Schreck den Atem verschlägt, aber im allgemeinen bemerken wir die Punkte nicht, an denen der Atem die Richtung wechselt. In pranayama werden diese Abschnitte des Atemzyklus jedoch mit Absicht verlängert, um verschiedene wohltuende Wirkungen zu erzielen.

Obgleich sowohl bei der Atemfülle als auch bei der Atemleere der Atem angehalten wird, unterscheiden sie sich doch beträchtlich, und zwar nicht nur in der Art, wie sie ausgeführt werden, sondern auch in ihrem Schwierigkeitsgrad und ihrer Funktion. Die Atemfülle ist ein Mittel, um die Einatmung zu verlängern. Da während der Einatmung der Brustkorb gedehnt und die Wirbelsäule aufgerichtet ist, hält das Anhalten des Atems die Muskeln in dieser Position fest. Dadurch nimmt der Bewegungsradius der Muskeln und die allgemeine Flexibilität des Oberkörpers zu. Die Atemkapazität wird natürlich viel größer, wenn die Atemmuskeln stärker und flexibler werden. Außerdem kann die Haltung mit der gehobenen Brust, die schon lange mit Selbstbewußtsein und Offenheit assoziiert wird, unser Selbstvertrauen stärken helfen.

Das Anhalten des Atems nach der Ausatmung ist eine Technik, um die Ausatmung zu verlängern. Die Bauchmuskeln arbeiten in diesem Prozeß mit und können sichtlich stärker dabei werden. Diese Entwicklung verbessert die Fähigkeit, ein effektives pranayama auszuführen, und trägt auch zu unserem allgemeinen Gesundheitszustand bei.

Um das Atemanhalten nach der Ein- und Ausatmung zu lernen, ist es am besten, mit der Atemleere zu beginnen. Nachdem wir ausgeatmet haben, ist es unmöglich, den Atem länger willentlich anzuhalten. Nach einer gewissen Zeit schnappen wir automatisch nach Luft – eine Warnung, daß die physiologische Grenze erreicht ist.

Auf der anderen Seite ist es durch bloße Willenskraft möglich, den Atem nach dem Einatmen jenseits der Grenzen von Sicherheit und Effektivität anzuhalten. Es gibt kein physiologisches Warnsignal, und so können wir uns ungewollt viele Probleme schaffen, wenn wir unsere Grenzen überschreiten. Die Atemfülle ist gut für uns, wenn sie richtig ausgeführt wird. Am besten ist es aber, zuerst mit der Atemleere zu beginnen und erst nach einiger Erfahrung und dem notwendigen Aufbau der körperlichen Kondition zur Atemfülle überzugehen.

Die Verbindung zwischen den Atemkomponenten

Die Verbindung zwischen den vier Atemkomponenten ist komplex. Allgemein nimmt sie die folgende Form an:

1. Eine Atemkomponente beeinflußt die andere. Eine sehr lange Einatmung z. B. läßt die Ausatmung schnell und kurz werden.

2. Eine Atemkomponente hilft, die andere zu entwickeln. Die Atemfülle z. B. hilft, die Einatmung zu entwickeln.

3. Eine Atemkomponente wirkt sich störend auf die andere aus. Ein allzu langes Halten der Atemfülle z. B. wirkt sich störend auf die Ausatmung aus, verkürzt sie und unterbricht ihre Gleichmäßigkeit. Ebenso wirkt sich eine allzu lange Atemleere störend auf die Einatmung aus.

Aus diesem ständigen Zyklus, in dem jeder Atemabschnitt die anderen beeinflußt, ergibt sich ein ausgeglichener und integrativer Prozeß. Ein- und Ausatmung rufen sich gegenseitig hervor, gleichen sich aus und unterstützen einander. Es ist beachtenswert, daß das Atemanhalten nach der Einatmung willentlich verlängert werden kann, während die Einatmung selbst eine klare Grenze hat. Dagegen kann das Atemanhalten nach der Ausatmung nur kurz sein, obgleich die Ausatmung im allgemeinen länger als die Einatmung ist.

Die Atmung unterstützt die innere Flamme bei der Verbrennung der Unreinheiten. In diesem Prozeß hat jede Atemkomponente eine unterschiedliche Funktion. Die Ausatmung hilft, die Unreinheiten zur Flamme hin zu bewegen, und befördert sie nach der Verbrennung aus dem Körper. Die Einatmung richtet die Flamme nach unten zu den Unreinheiten im unteren Bauch, apana, so daß die Flamme sie besser verbrennen kann (siehe Abb.).

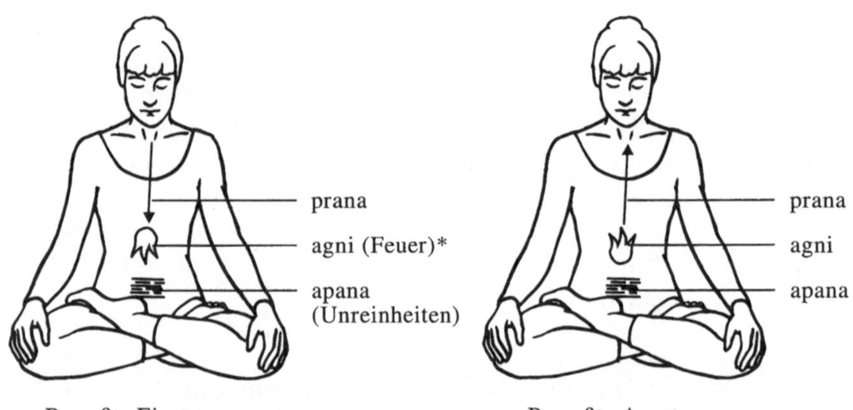

Bewußte Einatmung

Bewußte Ausatmung

* Das Konzept von agni gehört zu den Grundlagen von Ayurveda. Mit agni ist das biologische Feuer gemeint, vor allem das Verdauungsfeuer, aber auch die Energie, die die Stoffwechselprozesse in den Gewebezellen im ganzen Körper in Gang hält. Die Funktionen der Atemkomponenten bei der Beseitigung der Unreinheiten, hier vor allem der unverdauten Stoffe in der Verdauung, werden hier in Bildern beschrieben, die aus dem überlieferten indischen Denken stammen. Bei dem Versuch, diese Bilder auf die physiologischen Vorgänge zu beziehen, bin ich in Verständnisschwierigkeiten geraten. Die Bilder entsprechen nicht unserem rationalen Wissen von Atmung und Verdauung. Es bietet sich jedoch an, die Bilder durch die eigene Erfahrung zu überprüfen und durch genaue Beobachtung die Wirkungen der einzelnen Atemkomponenten auf unseren Körper und Geist besser kennenzulernen. (Anm. des Übers.)

Während der Atemfülle geht die Verbrennung weiter. Mit der Ausatmung werden die verbrannten Überreste der Unreinheiten aus dem Körper entfernt. Während der Atemleere wird der verbleibende Schmutz für eine effektivere Verbrennung näher nach oben an die Flamme gebracht. (Mit den Umkehrhaltungen kann das Gleiche erreicht werden, weil der Schmutz in dieser Position durch die Schwerkraft nach unten zur Flamme hingezogen wird.)

Wenn man einmal die Eigenschaften der Atemkomponenten, ihre Wirkung und die Technik, wie sie ausgeführt werden, kennt, hat man ein weites Spektrum von Mitteln, um eine individuell passende pranayama-Praxis zu planen. Gleichzeitig ist die Anleitung durch einen erfahrenen Lehrer oder eine erfahrene Lehrerin *wesentlich,* um pranayama zu lernen und zu üben. Abhängig von der körperlichen Verfassung der YogaschülerInnen und den intendierten Zielen kann er oder sie den jeweils geeigneten Weg wählen, einige Merkmale und Techniken betonen und andere aufschieben. Er oder sie kann die Übungspraxis so einrichten, daß eine spezifische psychische Wirkung hervorgebracht oder ein bestimmter Teil der Atmung entwickelt wird.

Typen von pranayama

Wir regulieren unsere Atmung bewußt, indem wir die Dauer einer der vier Komponenten des Atemzyklus verändern. Weil Geist und Körper miteinander verbunden sind, verwandelt das unseren Geisteszustand. Wir können auch die Dauer von einer oder zwei Atemkomponenten oder von allen auf einmal regulieren. Die alten Schriften heben drei Typen von Atemtechniken hervor:

- die Ausatmung verlängern (*rechaka* pranayama)
- die Einatmung verlängern (*puraka* pranayama)
- die Atemleere oder die Atemfülle verlängern (*kumbhaka* pranayama).

Wenn Ein- und Ausatmung gleich lang sind, wird die Technik *samavritti* pranayama genannt. *Sama* bedeutet „gleich“ und vritti „Bewegung“. Wenn Ein- und Ausatmung nicht gleich lang sind, wird sie *vishamavritti* pranayama genannt, „ungleiche Bewegung“. Ein Beispiel:

- 8 Sekunden einatmen und 8 Sekunden ausatmen ist eine „gleiche Bewegung“ (samavritti pranayama)
- 8 Sekunden einatmen und 16 Sekunden ausatmen ist eine „ungleiche Bewegung“ (vishamavritti pranayama).

Die Zeitdauer der verschiedenen Atemkomponenten wird als Verhältnis oder Proportion ausgedrückt und zwar in der Reihenfolge: Einatmung : Atemfülle : Ausatmung : Atemleere. Falls das Atemanhalten nach der Ein- und Ausatmung nicht festgesetzt wird, kann man auch einfach nur Einatmung : Ausatmung schreiben.

Die Zahlenangaben geben die wirkliche Zeit in Sekunden bzw. das Verhältnis der Atemkomponenten zueinander an. Falls wir also 8 Sekunden ein- und 16 Sekunden ausatmen, ohne den Atem anzuhalten, ist das Verhältnis 8:0:16:0 (Sekunden) bzw. 1:0:2:0.

8 Sekunden Einatmung
kein Atemanhalten nach der Einatmung
16 Sekunden Ausatmung
kein Atemanhalten nach der Ausatmung

Falls wir dann 8 Sekunden Atemfülle und 8 Sekunden Atemleere hinzufügen, ist das Verhältnis 8:8:16:8 bzw. 1:1:2:1.

Die Variationen des Atemverhältnisses sind endlos. Um ein passendes Verhältnis festzulegen, muß man sowohl gründliche Kenntnisse von den Eigenschaften der Atemkomponenten und ihrem komplexen Zusammenspiel haben als auch ein klares Verständnis davon, was zu einer erfolgreichen pranayama-Praxis gehört. Wir können nicht genug betonen, daß die Rolle einer erfahrenen Lehrerin oder eines erfahrenen Lehrers dabei entscheidend ist.

Atemmethoden

Im allgemeinen atmet man durch die Nase, obgleich es auch mehrere andere Methoden gibt. Die offensichtlichste von ihnen besteht darin, durch den Mund zu atmen. Es gibt auch weniger bekannte Techniken, die aus spezifischen Gründen in bezug auf die Yogapraxis gut für uns sein können. Wenn wir die Finger benutzen, um den Luftstrom zu regulieren, können wir durch ein halbgeschlossenes Nasenloch atmen und das andere ganz schließen, oder wir können durch unterschiedliche Nasenlöcher ein- und ausatmen. Wir können mit zusamengerollter oder –gefalteter Zunge atmen, so daß die Luft durch sie hindurchgesaugt wird, was eine kühlende Wirkung hat. Wir können auch den ujjayi-Laut in der Kehle erzeugen. Außerdem können wir bestimmte Wörter verwenden, um die Ausatmung zu verlängern.

	Name	Einatmung	Ausatmung	Bemerkungen
1	**Anuloma ujjayi**	Kehle	Nasenlöcher abwechselnd	
2	**Viloma ujjayi**	l. Nasenloch r. Nasenloch (abwechselnd)	Kehle	
3	**Pratiloma ujjayi**	Kehle l. Nasenloch Kehle r. Nasenloch	l.Nasenloch Kehle r. Nasenloch Kehle	1 Runde besteht aus 4 Atemzügen
4	**Sitali**	Mund mit gefalteter Zunge	Kehle oder Nasenlöcher abwechselnd	
5	**Sitkari**	Mund mit der Zunge flach zwischen leicht geöffneten Zähnen	Kehle oder Nasenlöcher abwechselnd	
6	**Nadi shodana**	l. Nasenloch r. Nasenloch	r. Nasenloch l. Nasenloch	1 Runde besteht aus 2 Atemzügen
7	**Surya bhedana**	r. Nasenloch	l. Nasenloch	
8	**Chandra bhedana**	l. Nasenloch	r.Nasenloch	
9	**Kapala bhati***	beide Nasenlöcher Bauch vor	beide Nasenlöcher Bauch zurück	schnelle Bauchatmung
10	**Bhastrika***	l. Nasenloch r. Nasenloch	r. Nasenloch l. Nasenloch	schnelle Bauchatmung
11	**Murcha**	tief	lang	Verlängerung und Betonung der Ausatmung
12	**Plavini**	schnelle Einatmung und langes Anhalten danach	frei	Betonung der Atemfülle

* Diese Techniken werden unter den *kriyas* eingeordnet.

Die alten Yogis schenkten den verschiedenen Aspekten der Atmung und den Wirkungen der Atemtechniken viel Aufmerksamkeit. Sie fanden heraus, daß die richtige Anwendung bestimmter Atemmuster hilfreich war, um körperliche Unausgeglichenheiten zu korrigieren, bestehende Stärken zu verbessern und die Gesundheit wiederherzustellen. Mehrere dieser Atemmuster sind in die pranayama-Praxis aufgenommen worden. Die vorhergehende Tabelle zeigt eine Anzahl dieser Möglichkeiten. Eine detailliertere Darstellung geht über den Rahmen dieses Buches hinaus. Das Ziel ist hier, eher das Wesentliche von pranayama zu beschreiben als seine weniger zentralen Aspekte.

Die Qualitäten von Pranayama

Pranayama und asana sind beides Methoden, prana zu zentrieren und zu lenken. Asana spielt eine Schlüsselrolle bei der Vorbereitung von pranayama. Erstens bereitet es den Geist durch das Üben der Konzentration vor. Wenn man sich nur schwer auf eine relativ äußere Aktivität wie das Heben und Senken der Arme konzentrieren kann, wird man es noch schwerer haben, auf etwas weniger Offensichtliches wie den Atem zu achten. Zweitens bereitet asana den Körper auf ein effektives Üben von pranayama vor. Man muß bequem in einer Haltung sein können, damit der Körper den Geist nicht stört, wenn der Geist sich mit dem Atem verbindet.

Der Atem kann Körper und Geist beeinflussen. Doch das sollte in einem allmählichen und subtilen Prozeß vor sich gehen, damit der Körper nicht erschüttert und der Geist nicht durcheinandergebracht und so Widerstand hervorgerufen wird. Wir sollten eine Veränderung noch nicht einmal bemerken können, während sie passiert, sondern die Wirkung des Übens erst danach wahrnehmen können. Mit dem Üben werden wir auch Veränderungen in unserem Alltag und in unserem Bewußtsein feststellen.

Nach den *Yogasutras* führt eine korrekte asana-Praxis YogaschülerInnen letztlich dahin, im Alltag weniger durch paarweise Gegensätze oder Extreme durcheinandergebracht zu werden. Diese Wirkung kommt in asana zustande, wenn die Qualitäten von sthira und sukha, die sich auf Stärke und Beweglichkeit beziehen, erreicht sind. In pranayama besteht das Ziel in der Beseitigung der Unreinheiten. Der Zustand des Geistes soll sich ändern und gesammelt und klar werden. Die Qualitäten, die dazu notwendig sind, werden *dirga* und *sukshma* genannt.

Dirga kann als „lang und beständig" übersetzt werden. Es ist eine Definition mit verschiedenen Bedeutungsebenen. Auf einer Ebene bezieht sich dirga auf die Länge und Beständigkeit der Übungspraxis in bezug auf ihre Dauer und Regelmäßigkeit über Tage, Wochen, Monate und Jahre hinweg. Dirga bezieht sich aber auch auf die Art, wie der Geist während des Übens gesammelt ist – wie lang und wie beständig wir eine introspektive Einstellung beibehalten können. Wenn wir als Teil des Übens ein mantra verwenden, bezieht sich dirga darauf, wie lange wir unsere Aufmerksamkeit auf das Göttliche in diesem mantra gerichtet halten können.

Sukshma wird als „weich und fein" definiert und ist auch auf unterschiedliche Weise zu verstehen. Neben seiner gewöhnlichen Bedeutung, bedeutet es auch „innen oder innerlich". Je feiner der Atem wird, um so leichter können wir nach innen gehen und um so höher ist die Qualität unserer Reflexion. Die Weichheit und Gleichmäßigkeit des Atems zeigt eine anhaltende Konzentration an. Wenn wir ein mantra beim pranayama verwenden, bedeutet sukshma, wie gleichmäßig wir das Göttliche des mantras in uns aufnehmen.

Dirga und sukshma haben eine dynamische Verbindung und beeinflussen sich gegenseitig. Wenn wir länger üben, kann der Atem weicher und gleichmäßiger werden. Wenn wir sukshma eine Zeitlang beibehalten können, entsteht dirga. Beide sind untrennbar und sind für die pranayama-Praxis zentral. Ganz gleich welches Atemverhältnis oder welche Technik wir wählen, unser Atem sollte lang und beständig (dirga) und weich und fein (sukshma) sein.

Die Qualitäten von pranayama erreichen

Die *Yogasutras* beschreiben, wie Stärke und Flexibilität in asana zu erreichen sind, nämlich durch überlegtes Vorgehen (prayatna), durch Erkennen und Verringern von Widerständen (shaitilya), durch den Atem (ananta) und durch das Ziel (samapatti) (siehe 2. Kap.). Genauso geben sie auch drei wesentliche Faktoren an, die notwendig sind, um dirga und sukshma zu erreichen, nämlich *desha, kala* und *samkhya.* Diese Elemente bilden zusammen mit den Atemkomponenten und ihrem Zusammenhang die Grundlage für eine solide pranayama-Praxis.

Desha – wo der Geist „plaziert" ist

Desha, „Ort", bezieht sich auf die Rolle des Geistes in pranayama. Das sutra nennt desha an erster Stelle in der Aufzählung der wesentlichen

Punkte für das Üben, d. h., es ist der wichtigste von ihnen. So wie „Ort" hier gebraucht wird, bezieht sich das nicht auf einen Körperbereich, sondern auf den mentalen Ort, wo der Geist gesammelt ist.

In pranayama ist es unbedingt notwendig, daß die Harmonie zwischen Geist und Atem durch die Konzentration auf ein Objekt gesichert wird. Wenn Geist und Atem aneinander vorbeigehen, wie wenn die Aufmerksamkeit zu antizipierten, aufregenden Aktivitäten oder zu vergangenen, emotionalen Erlebnissen wandert, kann man seinen Geist nicht konzentrieren und verfehlt das Hauptziel des Übens. Das Objekt der Konzentration kann äußerlich oder innerlich, grob oder fein sein, es kann z. B. das Atemgeräusch in der Kehle oder in der Nase sein, ein chakra oder ein mantra, das Gott symbolisiert. Da mantras ein wichtiger Aspekt von pranayama sind, werden wir uns ihre Rolle etwas näher ansehen, bevor wir weiter über kala und samkhya sprechen.

Die Rolle von mantras: In den alten Schriften wird pranayama so definiert, daß Atem und Geist mit Hilfe eines mantras mit Gott verbunden werden. In der Tradition wird pranayama mit mantras für den bedeutendsten Aspekt jeder yogischen Praxis gehalten. Atemtechniken ohne mantras werden strenggenommen nicht als pranayama angesehen. Ein mantra ist ein Laut, Wort oder mehrere Wörter, die für einen bestimmten Aspekt oder einen Namen Gottes stehen. Während sich der Geist auf Gott ausrichtet, kann es laut, mit Lippenbewegungen oder mental rezitiert werden. Weil die tatsächliche Rezitation des mantras eine ganz bestimmte Zeit in Anspruch nimmt, regelt seine Struktur automatisch die Länge von Einatmung, Atemfülle, Ausatmung und Atemleere. Die Zeit, während der der Geist bei Gott verweilt, wird verlängert, indem die Anzahl der Atemzyklen oder der vollen Atemzüge erhöht wird.

Angesichts der extrem wirkungsvollen Natur der mantras ist es wichtig, nur mit einem passenden mantra zu üben, das von einem Lehrer oder einer Lehrerin eingeführt wird, die sowohl das mantra kennen und Erfahrungen damit gemacht haben als sich auch über die Bedürfnisse und charakteristischen Merkmale der einzelnen YogaschülerInnen voll im klaren sind. Ein ungeeignetes mantra kann Probleme verursachen, die die gesamte Yogapraxis und das allgemeine Wohlbefinden der YogaschülerInnen beeinträchtigen. Der Zugang zu solchen YogalehrerInnen ist nicht immer möglich. Glücklicherweise ist pranayama auch ohne mantras sehr gut für uns.

Wenn die Aufmerksamkeit während pranayama auf Gott gerichtet ist, kann sich das positiv auswirken. Die genaue, aber mechanische Wiederholung eines Atemverhältnisses kann dagegen steril, langweilig und unproduktiv sein. Unsere Intention und Konzentration sind die Schlüssel zur Weiterentwicklung. Die traditionelle Beschreibung der Atmung ist wie folgt: während der Einatmung laden wir Gott nach innen ein; während der Atemfülle beten wir zu Gott und rufen ihn an, bei uns zu bleiben; während der Ausatmung bitten wir Gott, die Unreinheiten zu entfernen; während der Atemleere geben wir uns zu Füßen Gottes hin. Diesen Zyklus wiederholen wir lang genug, um in der Verbindung zu Gott aufzugehen. Mit einer solchen, nicht nachlassenden Sammlung wird pranayama lebendig, aktiv und bedeutungsvoll – es ist Meditation.

Kala – Zeit und Atemverhältnis

Kala, „Zeit", wird in den *Yogasutras* als nächstes notwendiges Element von pranayama genannt. Es bezieht sich auf die Dauer von Einatmung, Ausatmung, Atemfülle und Atemleere. Aufgrund von kala wird bestimmt, ob eine Atemübung ein gleiches (samavritti) oder ein ungleiches (vishamavritti) Atemverhältnis hat. Die unterschiedliche Dauer der vier Atemkomponenten hat unterschiedliche Auswirkungen. Es hängt vom Übungsziel ab wie kala anzuwenden ist.

Samkhya – die Anzahl der Atemzüge

Der dritte wichtige Punkt in der pranayama-Praxis ist *samkhya,* „Anzahl". Samkhya bezieht sich auf die Anzahl der Atemzüge, die in eine gegebene Atemsequenz aufgenommen werden, und folglich auf die Gesamtzeit, die man für sie braucht. Dieser Zeitraum ist wichtig, weil es in pranayama um die Veränderung unserer gewohnten Atemmuster geht. Er muß lang genug sein, damit eine Veränderung geschehen kann, aber auch kurz genug, damit das Üben angenehm bleibt.

Desha, kala und samkhya sind untereinander und auch mit den Komponenten des Atemzyklus verbunden. Alle müssen berücksichtigt werden, um eine sichere und produktive pranayama-Praxis zu erhalten.

Körperliche Voraussetzungen für das Üben

Wir haben schon gesagt, daß – wenn der Geist sich ausschließlich auf sein Konzentrationsobjekt sammeln soll – die Körperhaltung bequem und fest sein muß, damit keine Ablenkung durch den Körper entsteht. Die Haltung, in der wir fest und bequem sein können, wird sich je nach Übungsziel unterscheiden. Das Übungsziel kann alles sein, von einem therapeutischen, wie der Schlaflosigkeit abzuhelfen, bis hin zur Meditation mit mantras.

Wenn das Ziel therapeutisch ist, gibt es nicht so viele körperliche Voraussetzungen. In diesem Fall ist das Üben auf die Atmung und nicht auf die Haltung ausgerichtet, die einfach so bequem wie möglich sein sollte. Die YogalehrerInnen müssen entscheiden, welche Haltung in der speziellen Situation und bei den individuellen Einschränkungen am geeignetsten und bequemsten für ihre SchülerInnen ist. Bei der Behandlung von Schlaflosigkeit könnte die richtige Haltung darin bestehen, im Bett zu liegen, und die richtige Zeit könnte kurz vor dem Schlafen sein.

Wenn das Ziel sich auf Meditation bezieht, führen die alten Yogaschriften mehrere Voraussetzungen für eine korrekte pranayama-Praxis an:

- die körperliche Fähigkeit, für längere Zeit fest und bequem in einer geeigneten Haltung zu sitzen
- die richtige Vorbereitung auf das Atmen
- die Kontrolle der Sinne, um den Geist zu sammeln und in einer Sitzhaltung eine Zeitlang ruhig zu bleiben
- die richtige Art der Ernährung, d. h. leichtes Essen in mäßiger Menge
- und am wichtigsten: die Anleitung durch eine gute Lehrerin oder einen guten Lehrer, d. h. eineN, die oder der in der Praxis von pranayama und von mantras Wissen und Erfahrung hat und auch mit den Bedürfnissen und Fähigkeiten der YogaschülerInnen vertraut ist. Das Wort *guru* ist abgeleitet von den Wurzeln *gu,* „Dunkelheit", und *ru,* „Beseitigung". Es kann auch bedeuten: „das, was sehr schwer ist". YogalehrerInnen haben die gewichtige Position, die Dunkelheit zu vertreiben.

Die ersten beiden Voraussetzungen erfüllen wir durch eine gut geplante asana-Praxis. Das Hauptkriterium für die richtige Haltung besteht darin, daß der Körper stabil und bequem in der Haltung ist, damit die Qualität der Atmung nicht gestört wird. Die *Yogasutras* schreiben keine bestimmte Haltung vor, sondern stellen nur fest, daß YogaschülerInnen mit pranayama arbeiten sollten, *nachdem* sie eine der Haltungen gemeistert haben. Pranayama kann stehend, liegend oder auf dem Boden oder auf einem Stuhl sitzend durchgeführt werden. Der gemeinsame Faktor in all diesen Haltungen ist eine ausreichende Aufrichtung der Wirbelsäule, die Brustkorb und Bauch frei und entspannt für das Atmen sein läßt.

Die Standhaltung bietet zu wenig Stabilität und Bequemlichkeit und wird im allgemeinen nicht für eine regelmäßige pranayama-Praxis benutzt – außer im täglichen Ritual des Sonnengebets am Morgen. Das Liegen sorgt für ein Maximum an Stabilität, aber auch für zu viel Bequemlichkeit, die der Sammlung des Geistes nicht förderlich ist. Im Liegen kann die Aufmerksamkeit der YogaschülerInnen zu leicht wandern, oder sie schlafen sogar ein. Folglich wird diese Haltung hauptsächlich für therapeutische Zwecke verwendet.

Die Sitzhaltung sorgt am besten für Stabilität und für Bequemlichkeit. Es ist allgemein möglich, längere Zeit in einer Sitzhaltung zu bleiben.

Deshalb ist es auch die Haltung, die in den alten Schriften für die pranayama-Praxis empfohlen wird. Obwohl die Sitzhaltung mit überkreuzten Beinen am häufigsten mit pranayama in Verbindung gebracht wird, ist sie doch nicht wirklich brauchbar, wenn man darin nicht bequem sitzen kann. Bei der Wahl der Haltung ist von größter Wichtigkeit, daß diese keine Anspannung hervorruft. In einem solchen Fall ist es wesentlich besser, auf einem Stuhl oder Hocker zu sitzen.

Richtlinien für das Üben

1. Beim Üben von pranayama ist die vordringlichste Aufgabe, ein langes und weiches Atemmuster herauszubilden. Ein kurzes, unregelmäßiges und abgehacktes Atemmuster deutet auf einen unausgeglichenen Körper und Geist hin. Wenn diese Unausgeglichenheit bei Ihnen vorhanden ist, müssen Sie die Übungspraxis auswerten und einige oder alle der körperlich und mental sich auswirkenden Merkmale abändern.

2. Die Ergebnisse der Übungspraxis sollten positiv sein. Pranayama wird als das höchste aller tapas (Methoden des „Kochens" oder der Beseitigung der Unreinheiten) angesehen. Deshalb sind die Voraussetzungen und die Vorbereitung für das Üben verwandt mit der Vorbereitung von Feuer und Kessel beim Kochen. Die verschiedenen Atemkomponenten und die Faktoren Ort, Zeit und Anzahl sind wie die Zutaten und müssen sorgfältig ausgesucht werden.

Von dirga und sukshma kann gesagt werden, daß sie der Qualität der Nahrungsmittel entsprechen, während pranayama der eigentliche Prozeß des Kochens ist. Genauso wie der Beweis für gutes Kochen ein Essen ist, das uns Energie gibt und die Abfallprodukte aus dem Körper entfernt, ist der Beweis für ein erfolgreiches pranayama, daß es die mentalen Unreinheiten beseitigt und den Geist sammelt. Deshalb ist es ratsam, einige Zeit damit zu verbringen, über die Qualität des eigenen Übens nachzudenken, um die notwendigen Anpassungen zu machen und die Ergebnisse zu verbessern.

3. Das Atemverhältnis muß so sein, daß es Ihnen ein intensives Üben über die ganze Dauer, die Sie geplant haben, erlaubt. Mit anderen Worten: Ihre Ausatmung sollte nicht so lang sein, daß Sie beim Einatmen nach Luft schnappen müssen. Ein Atemzyklus mit einem höheren Atemverhältnis oder einer längeren Dauer entspricht keineswegs einer besseren Übungspraxis. Die Weiterentwicklung wird nicht durch die Länge der

Atemkomponenten oder durch die Zunahme des Atemvolumens oder der Atemkapazität bestimmt – obgleich diese sich auch verbessern –, sondern durch die sich entwickelnde Klarheit des Geistes. Genauso wie Stärke und Flexibilität in der asana-Praxis miteinander verbunden sind und sich gegenseitig beeinflussen, so auch Dauer und Weichheit des Atems in pranayama. Deshalb muß das Gleichgewicht zwischen beiden Ihr Ziel sein.

4. Erforschen Sie Körper, Atem und Geist jedesmal vor dem Üben. Verschiedene Faktoren wirken sich auf Ihre Atemfähigkeit aus, und diese Begrenzungen verändern sich laufend. Das Üben muß am nächsten Tag vielleicht ganz anders als am vorhergehenden sein. So kann sich z. B. aus einem schweren Essen spät am Abend ein kürzerer Atem am nächsten Morgen ergeben. Ihre Übungspraxis muß diesem Wechsel angepaßt werden, damit das Üben effektiv ist.

Oft ist es Teil der menschlichen Natur, uns zu zwingen, Rekorde zu brechen, oder etwas genauso gut wie vorher machen zu wollen oder weiterzumachen, wenn es im Moment nicht angebracht ist. Wir können den Körper allein durch Willenskraft über seine Grenzen hinaus zu etwas zwingen, aber mit dem Atem geht das nicht. Der Versuch, das zu tun, wird nur unangenehme und negative Folgen haben.

5. Manchmal kommen während des Übens von pranayama Assoziationen, Emotionen oder Gedanken hoch. Wenn das passiert, gehen Sie mit der Aufmerksamkeit wieder weg von der Ablenkung und zurück zur Dauer der Atemzüge, zum Atemgeräusch, zu einem mantra oder zu einem anderen Aspekt, auf den Sie die Aufmerksamkeit gerichtet halten können. Wenn es nötig oder hilfreich ist, können Sie sich zuerst auf einen bestimmten Körperteil konzentrieren und danach die Aufmerksamkeit wieder auf die Qualität Ihres Atems lenken. Es ist immer besser, mit etwas relativ Grobem zu beginnen und dann zum Feineren überzugehen. In unserem Fall ist es wichtig, daß Sie mit der Aufmerksamkeit von der Ablenkung weg- und zum Atem zurückgehen.

6. Am Anfang des Übens ist es wichtig, den richtigen Schritten (vinyasa krama) zu folgen und das Atemverhältnis erst allmählich zu erhöhen. Für das Beenden des Übens gilt entsprechend, daß Sie die Dauer des Atemzyklus allmählich wieder auf das normale Maß reduzieren. Wenn Sie z. B. pranayama mit bandhas geübt haben, folgen Sie einem einfachen Atemmuster mit einem Verhältnis von 1:0:2:0 mit 6:0:12:0 Sekunden während mehrerer Atemzüge, bevor Sie das Üben beenden. Es ist auch empfehlenswert, sich nach dem Üben auszuruhen und nachzu-

denken, um sich über die Veränderungen klarzuwerden, die das nächste Üben effektiver machen könnten.

Um es kurz zusammenzufassen:
- Beobachten Sie Körper, Atem und Geist vor dem Üben.
- Bestimmen Sie das Übungsziel.
- Wählen Sie die richtige Art von pranayama und Haltung dafür aus.
- Wählen Sie das geeignete Atemverhältnis für Ihre Übungspraxis aus.
- Fangen Sie mit kürzeren Atemzyklen an, und verlängern Sie diese allmählich. Fangen Sie mit einfacheren Atemverhältnissen an, und gehen Sie nach einiger Zeit zu schwierigeren über.
- Beenden Sie die Übungspraxis allmählich.
- Ruhen Sie sich aus, und denken Sie über die Übungspraxis nach.

Die Risiken von Pranayama

Das richtige Üben von pranayama wird sicher ein zunehmendes Gefühl von Wohlbefinden und Gesundheit mit sich bringen. Die inkorrekte Anwendung von Atemtechniken schafft jedoch Probleme. Die Anleitung durch gute YogalehrerInnen ist der beste Schutz gegen diese Risiken, doch die Beobachtung und das Bewußtsein Ihrer eigenen Reaktionen und Gefühle muß ebenfalls ein ständiger Teil des Übens sein.

Die Wirkung von pranayama kann körperlich und auch psychisch sein. Während des Übens können sowohl unterdrückte Emotionen oder Erinnerungen als auch unangenehme Assoziationen und Ängste hochkommen. Das kann zu Reaktionen wie Weinen oder Niedergeschlagenheit führen. Gute YogalehrerInnen werden etwas über die psychische Verfassung ihrer SchülerInnen wissen, bevor sie ihnen pranayama nahebringen. Das gehört ja zu den Gründen, warum man eine Yogapraxis eher mit asana als mit pranayama beginnen soll. Asana ruft nicht nur weniger leicht solche Wirkungen hervor, sondern erlaubt den YogalehrerInnen auch, ihre SchülerInnen eine Zeitlang zu beobachten und mehr über ihre körperlichen und mentalen charakteristischen Merkmale zu lernen, bevor sie ein pranayama-Training mit ihnen beginnen.

Ayurvedische Texte zählen den Atem zu den körperlichen Trieben (*vegas*). Dazu gehören auch Niesen, Husten, Urinieren usw. Unterdrückung dieser natürlichen Triebe ruft negative Reaktionen im Körper hervor. Das Üben von pranayama nach dem Laufen oder einer anderen

Anstrengung, die unsere Atmung stark verändert, kann zu Brustschmerzen führen und ist deshalb nicht empfehlenswert. Unsere Atmung muß immer erst einige Zeit wieder normal geworden sein, bevor wir allmählich mit dem Üben von pranayama anfangen. Einige der Probleme, die durch inkorrektes Üben von pranayama verursacht werden können, sind Anspannung, Schluckauf, Brochialbeschwerden und Augenschmerzen.

Das größte Risiko ist, daß wir über unsere Grenzen gehen. Das nimmt im allgemeinen die Form an, daß eine der Atemkomponenten zu sehr verlängert wird. Am gefährlichsten ist ein allzu langes Atemanhalten nach der Einatmung. Das Anhalten des Atems über die eigenen Grenzen hinaus kann schon latent vorhandene Beschwerden verschlimmern und zu Zittern, Schmerzen und sogar Leistenbruch führen. Obwohl die Atemfülle für eine starke, gesunde Person mit geringem Selbstwertgefühl nützlich sein kann, kann sie schädlich sein bei Menschen, die unter einer Herzerkrankung, Nackenbeschwerden oder Schlaflosigkeit leiden. Weitere Reaktionen auf diese und andere inkorrekte Übungsweisen können eine Versteifung des Körpers, Atemschwierigkeiten oder Herzklopfen sein.

Natürlich sollten solche Probleme niemals das Ergebnis einer pranayama-Praxis sein. Es liegt in der Verantwortung der YogalehrerInnen, Haltung, Atemtechnik und Atemverhältnis so an die Möglichkeiten ihrer SchülerInnen anzupassen, daß Risiken vermieden werden und eine produktive und erfreuliche Übungspraxis zur Verfügung steht.

Bandhas

Die Rolle von bandhas in pranayama ist es, den Verbrennungs- oder Reinigungsprozeß zu erleichtern, bei dem die Unreinheiten verbrannt und aus dem körperlich-geistigen System entfernt werden. Der Zweck der bandhas besteht darin, den Ort der Unreinheiten zu kontrollieren, die Flamme mit Hilfe der Einatmung zu lenken und die Luft, die die Flamme anfacht und den Schmutz aus dem Körper entfernt, effektiv zu kanalisieren. Bandhas sind Muskelkontraktionen, mit denen ganz bestimmte Teile des Rumpfes angespannt werden, um prana gezielt zur inneren Flamme zu lenken, um den Schmutz in apana näher ans Feuer zu bringen und um die Überreste der verbrannten Unreinheiten reibungslos mit der Ausatmung zu entfernen. *Bandha* bedeutet „binden, versiegeln“ oder „verschließen“. Die bandhas riegeln bestimmte Körperbereiche ab und lenken den Fluß von Unreinheiten und von prana so, wie es am zweckmäßigsten ist.

Beachten Sie in der Zeichnung unten, wo prana lokalisiert ist. Es ist im Brustkorb zentriert, also im oberen Teil des Rumpfes. Apana, das als der Ort betrachtet wird, wo sich der Schmutz ablagert und wo daher der Sitz von Krankheit ist, liegt am untersten Ende des Rumpfes.

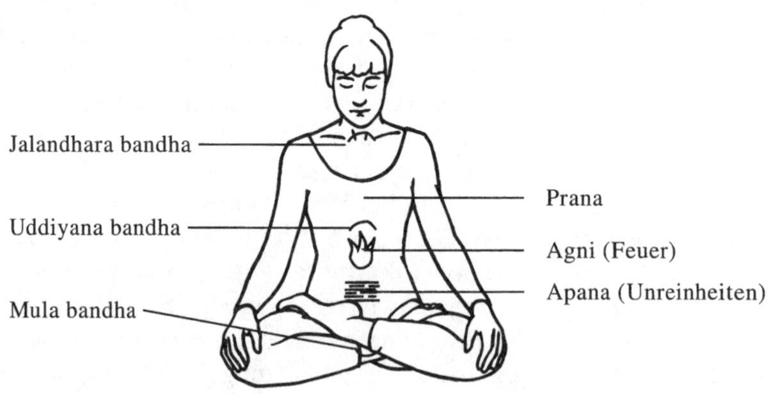

Wenn der Rumpf an beiden Enden verschlossen wird, können prana und apana miteinander verbunden werden, so daß die Verbrennung der Unreinheiten sich verbessert. Man kann ein anderes bandha anwenden, um apana tatsächlich aufwärts zur Flamme hin zu bewegen. Man kann auch die Flamme, agni, durch eine genau geführte Einatmung zu apana hinlenken. Während die bandhas gehalten werden, ist der Rumpf im wesentlichen versiegelt, so daß der Verbrennungsprozeß effizienter vor sich gehen kann.

YogaschülerInnen müssen beim Üben der bandhas durch kenntnisreiche und erfahrene YogalehrerInnen unterrichtet werden, denn das Erlernen der bandhas ist anspruchsvoll und die Gefahr ihres Mißbrauchs groß. Wenn Sie eine große Sehnsucht haben, die bandhas zu lernen, sollten Sie einen Lehrer oder eine Lehrerin mit wirklicher Kompetenz ausfindig machen.

Obwohl die Unreinheiten mit den bandhas besser beseitigt werden können als mit pranayama allein, kann man die gleiche Intensität der Reinigung auch mit anderen Mitteln und ohne die Probleme erreichen, die sich aus einer inkorrekten Ausführung der bandhas ergeben.

Pranayama mit Tönen

Bei Lauten und Tönen ist die Atmung beteiligt. Deshalb sind sie eine natürliche Beigabe zum Reinigungsprozeß in pranayama. Chanting oder Kirtan-Singen ist höchst wirkungsvoll, um uns Veränderung und Gesundheit zu bringen. Es sammelt den Geist, ruft innere Bewußtheit hervor und reguliert den Atem.

Mit dem Ausstoßen der Luft können wir einen Ton erzeugen. Wir können eine lange Ausatmung durch einen Ton ersetzen. Die Qualität, Weichheit und Gleichmäßigkeit, die Lautstärke und Länge des Tons sind Indikatoren für die Qualität unserer Ausatmung. Einen langen, weichen Ton können wir nur machen, wenn wir auf richtige Weise ausatmen. Es ist auch möglich, Laute zur Regulierung des Atemzyklus einzusetzen, denn die Anzahl der Wörter oder Silben bestimmt zusammen mit der Lautstärke, wie lang die Ausatmung dauert.

Töne rufen eine andere Schwingung als die normale Atmung hervor. Verschiedene Töne erzeugen ihre ureigenen Schwingungen, je nachdem welche Körperteile mitschwingen. Aus diesem Grund sind Töne so wirksam bei der Sammlung des Geistes. Wenn wir uns auf die Empfindungen, die sie auslösen, konzentrieren, können wir den Zwerchfell- und Bauchbereich ganz bewußt erfahren.

In asana kann es Anspannung im körperlich-geistigen System geben, besonders wenn wir schwierige Haltungen einnehmen, wo die Aufmerksamkeit auf die Form gerichtet ist. Beim Chanting und in pranayama ist die Aufmerksamkeit jedoch feiner und mehr nach innen gerichtet.

Laute und Töne haben verschiedene körperliche Auswirkungen. Chanting ist eine gute Übung für Körper und Atmung und hilft uns, eine optimale Gesundheit zu bewahren. Es kann als eine gute Vorbereitung auf die bandhas dienen oder sie ersetzen, weil es eine Kontraktion des unteren Bauches mit sich bringt und als Zugang sicherer ist.

Zusammenfassend läßt sich sagen, daß pranayama dazu dient, Körper, Atem und Geist von den Unreinheiten zu reinigen, die das klare Sehvermögen trüben. Es ist ein wirkungsvolles und leicht zugängliches Mittel, das uns bei korrektem und regelmäßigem Üben auf dem Weg zur eigenen Integration weit voranbringen wird.

7. Meditation

Der Meditationsprozeß

Das endgültige Ziel der Integration besteht darin, klar zu sehen und integriert zu sein. Es ist ein einfaches Konzept und betrifft nur eines: das Instrument unserer Wahrnehmung, den Geist. Doch um dieses anscheinend einfache, aber außerordentlich wichtige Ziel zu erreichen, müssen wir Einstellungen, Sinne, Körper und Atem auf eine integrative Weise vorbereiten. Wenn diese Aspekte einmal ausgeglichen sind und optimal zusammenwirken, können wir uns mit dem Sehen selbst beschäftigen und unsere Wahrnehmung und Reflexion weiterentwickeln. Um diesen Prozeß der Weiterentwicklung geht es in der Meditation.

Gewöhnlich wird das Sanskritwort *dhyana* als „Meditation" übersetzt. Dhyana ist von der Wurzel *dhyai chintayam* abgeleitet und bedeutet „denken" oder „nachdenken" (reflektieren). Es wird auch als der Zustand von samadhi, dem Höhepunkt dieses Reflexionsprozesses, verstanden. Deshalb kann Meditation ebenso als Weg wie als Ende des Weges gesehen werden.

Ziel der Meditation ist es, zu verstehen, was wir früher nicht verstanden haben, zu sehen, was wir vorher nicht gesehen haben, und auf ein Objekt bezogen dort zu sein, wo wir nie gewesen sind. Meditation ist die Entfaltung dessen, was für jeden Menschen am besten ist. Sie kann daran gemessen werden, wie sie dem Selbst und dem Leben eines Einzelnen zugutekommt. Meditation ist ein Entdeckungsprozeß.

Am Prozeß und am Zustand der Meditation sind immer drei Entitäten beteiligt: der Sehende, das Objekt (oder die Frage) und der Geist. Im 1. Kapitel wurde besprochen, daß der Sehende sich nie verändert. Er hat die ihm innewohnende Fähigkeit, klar zu sehen, und wird nicht berührt von den drei gunas oder Grundmerkmalen, aus denen sonst alles besteht.

Das Objekt oder der zu erforschende Gegenstand kann irgend etwas sein, das frei ausgesucht ist. Es kann ein äußeres oder inneres Objekt oder eine intellektuelle Frage sein. Es kann z. B. ein visuelles Symbol, eine Reihe von Wörtern oder Lauten, das Verständnis eines bestimmten asana, die Lösung eines finanziellen Engpasses, die Kommunikation mit Gott u. a. sein. Der springende Punkt ist, daß es freiwillig und eindeutig ausgewählt ist. Schließlich muß der Geist klar sein und bereit dazu sein, sich auf eine einzige Frage zu konzentrieren, so daß der Sehende eine ungestörte Sicht davon hat.

Meditation – dharana, dhyana und samadhi

Der Weg zur Klarheit ist progressiv und besteht aus einer Reihe getrennter, aber aufeinanderfolgender Schritte. Am Anfang muß der Geist in einer Verfassung sein, in der es keine Fluktuation der Aufmerksamkeit mehr gibt. Er muß fähig sein, sich auf ein einziges Objekt zu konzentrieren. An diesem Punkt verbindet man den Geist mit einem Objekt oder einer Frage, die man ausgewählt hat. Diese Konzentration des Geistes auf ein Objekt wird dharana genannt.

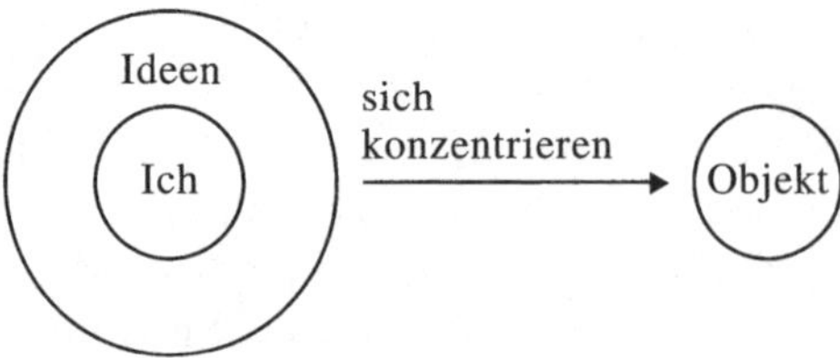

Wenn diese Verbindung einmal hergestellt ist, wird der nächste Schritt, dhyana, möglich. In dhyana kommuniziert der Geist weiter mit dem Objekt und erforscht es. Zwischen Geist und Objekt findet eine Interaktion statt – ein mentaler Frage- und Antwortprozeß.

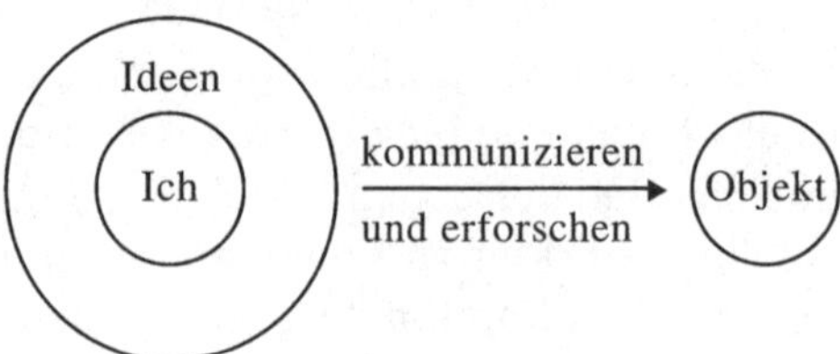

Während dieser interaktive Prozeß der auf einen Punkt gerichteten Erforschung sich fortsetzt, wird der Geist zunehmend mit dem Objekt verbunden und steigt zu einem höheren Zustand auf, wo er sieht, was er vorher nicht gesehen hat. Schließlich ist er völlig in das Objekt vertieft. Alle anderen Gedanken, Gefühle, mentalen Einheiten, Ablenkungen und Wahrnehmungen – einschließlich des Ich-Gefühls – lösen sich vorübergehend auf. In diesem Augenblick wird das Objekt so gesehen, wie es wirklich ist, ohne irgendeine Färbung oder Verzerrung. Das ist der Zustand von samadhi, der Zustand des Yoga. Darauf bezieht sich die Definition von Yoga (*Yogasutras,* I:2).

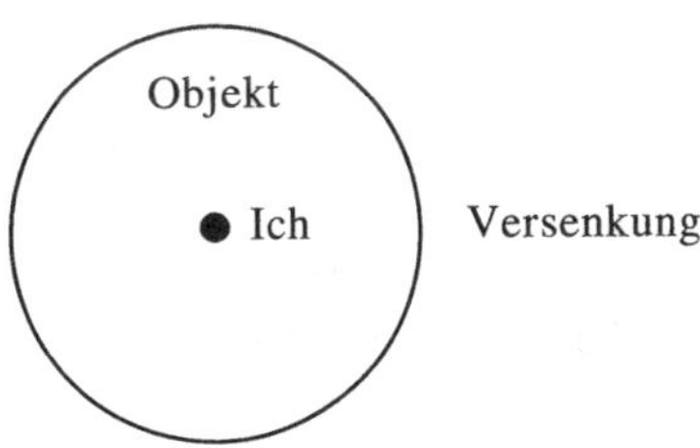

Wenn wir gänzlich in etwas vertieft sind, sehen und verstehen wir es, wie nie zuvor. Wir haben ein Gefühl von tiefer Entdeckung. Dieser Zustand von samadhi kann sich überall ereignen, ob wir das beabsichtigen oder nicht, weil er einfach nur bedeutet, klar zu sehen, was wir vorher nicht gesehen haben.

Die drei Schritte müssen sich in der folgenden Reihenfolge ereignen: dharana führt zu dhyana, das in samadhi kulminiert. Doch dieser Prozeß ist nicht an die Zeit gebunden. Es ist nicht immer nötig, sich mit geschlossenen Augen hinzusetzen. Wir sehen z. B. etwas an und plötzlich wird uns vollkommen klar, was wir vorher nicht verstanden haben. Das kann unmittelbar geschehen oder sich über einen langen Zeitraum erstrecken. Es ist ein vorübergehender Zustand von unterschiedlicher Dauer. In diesem letzten Zustand von Yoga wird der Geist nicht mehr von den drei gunas berührt, die Unreinheiten sind beseitigt und alle Objekte werden klar wahrgenommen. Unsere Handlungen stehen dann in Einklang mit der Wirklichkeit, und das gibt uns Freiheit vom Leiden.

Meditation wird auf viele Arten verstanden, besonders auch im Westen. Nach den *Yogasutras* ist das zulässig, da Reflexion – ganz gleich wie naiv oder ungeschult – immer noch Reflexion ist und zu einem höheren Geisteszustand führt. Die Sutras sagen weiter, daß jemand, der diesen Prozeß fortsetzt, zu höheren und höheren Zuständen aufsteigt, bis sein oder ihr Geist wie ein Teleskop wird, mit dem man jeden Ort, jede Zeit und jedes Ding ohne Vorbereitung sehen kann. Man braucht sich nicht mehr bewußt zu konzentrieren, weil der Geist wie ein klarer Kristall ist. Man sieht einfach. In diesem höchsten Zustand kann ein Mensch jeden Gegenstand klar und deutlich sehen.

Voraussetzungen

Eine klare Frage haben

Meditation ist ein Entdeckungsprozeß, bei dem wir uns von einem Punkt zum nächsten bewegen. Sie erfordert die Prüfung eines Objekts oder einer Frage. Das Ziel der Bewegung muß klar sein, damit wir vorwärtskommen können. Wenn es kein Ziel gibt oder wenn unser Ziel sich nicht entwickelt, dann gibt es keine Bewegung und deshalb auch keine Meditation. Mechanische Techniken, die nicht zu neuem Wissen und neuer Bewußtheit führen, können nicht wirklich Meditation genannt werden. Konzentration, Entspannung und Visualisierung sind u. U. solche Techniken. Sie können höchst wohltuend sein, um Schlafstörungen, Streßsymptome und verwandte Probleme zu erleichtern, aber sie sind kein Yoga.

Dinge hinter sich lassen

Der Weg zur eigenen Integration ist eine Art Reise. Sie bringt es mit sich, Dinge hinter sich zu lassen. Meditation heißt, wie Yoga im ganzen, etwas weglassen und nicht etwas hinzufügen. Wenn wir eine Reise machen, können wir nicht zugleich auf dem Bahnsteig und im Zug sein. Und wir können auch nicht reibungslos reisen, wenn wir versuchen, alles, was wir haben, mitzunehmen. Ein derartiger Versuch wird sogar dazu führen, daß wir unser Ziel nie erreichen.

Was wir in der Meditation hinter uns lassen müssen, sind unsere Vorstellungen und Ansichten über das Objekt unserer Aufmerksamkeit, unsere ungenauen Erinnerungen und Assoziationen zu diesem Objekt und all unsere Reaktionen darauf. Wir müssen unsere Ideen, Eindrücke, Vorlieben und Abneigungen von unserem Geist abfallen lassen, so daß sie das klare Sehvermögen nicht mehr behindern. Vielleicht müssen wir einige körperliche Dinge wie bestimmte Nahrungsmittel oder Gewohnheiten sein lassen, die den Geist unruhig und unkonzentriert machen. Wenn das nicht geschieht, kann die Meditation eher eine Sache reiner Einbildung und Phantasie werden als der wirkliche Entdeckungsprozeß, der sie sein soll. Der Geist besitzt eine außerordentlich große Vorstellungs- und Schaffenskraft, die uns entweder in die Freiheit oder in die Abhängigkeit führen kann.

Störungen von Körper, Atem und Geist reduzieren

Im 1. Kapitel wurden die fünf möglichen Zustände des Geistes beschrieben, wie sie in den *Yogasutras* angeführt werden. Kurz wiederholt waren dies:

1. Der aufgewühlte Geist: Der Geist, der überall sein will und letzten Endes eigentlich nirgends ist. Prana ist zerstreut und es fehlt ihm die Richtung. Die Schriften vergleichen den Geist in diesem Zustand mit einem betrunkenen Affen, der von einem Skorpion gebissen worden ist.

2. Der abgestumpfte Geist: Der Geist ist abgestumpft und schwerfällig. Er ist anwesend und wegen seiner Dumpfheit zugleich nicht anwesend.

3. Der abgelenkte Geist: Im Geist besteht eine Fluktuation der Aufmerksamkeit. Die Aufmerksamkeit wird auf ein Objekt gerichtet, wird dann aber abgelenkt und wandert woanders hin.

4. Der Zustand der Konzentration: Der Geist ist gesammelt, und die Aufmerksamkeit wird aufrechterhalten. Prana bewegt sich in einer Richtung. Zugleich kann das Objekt Assoziationen auslösen, die den Geist etwas trüben. Obwohl ein höherer Grad von Klarheit vorhanden ist als in den vorhergehenden Zuständen, ist eine genaue und vollständige Wahrnehmung noch nicht gesichert.

5. Der Zustand der Versenkung: Dies ist der klare Zustand, in dem der Geist so mit dem Objekt verbunden ist, daß ihn nichts ablenken kann. Er ist völlig vertieft. Die Wahrnehmung ist klar, weil keine Erinnerung, Vorstellung oder Assoziation das Sehvermögen stört. Das Objekt wird so gesehen, wie es ist. Das ist der Zustand von samadhi, auf den sich die Definition von Yoga bezieht *(Yogasutras,* I:2).

Unser Geist ist im allgemeinen in einem der ersten drei Zustände. Der Grund dafür sind Merkmale des Geistes selbst oder äußere Hindernisse wie Krankheit, Trägheit, Müdigkeit usw. Diese Hindernisse rufen Störungen hervor, so daß der Geist sich nicht richtig konzentrieren kann. Die letzten beiden Zustände sind wünschenswert. In ihnen kann Meditation stattfinden. Nur diese beiden Zustände können wirklich als Yoga angesehen werden.

Die *Yogasutras* (II:53) sagen, daß der Geist durch pranayama zur Konzentration fähig wird. Und asana bereitet den Körper für pranayama vor. Deshalb werden diese beiden Übungsweisen gewöhnlich dafür eingesetzt, den Geist in einen gesammelten Zustand zu bringen. Die Aufmerksamkeit muß in allen asanas mit Atem und Bewegung verbunden bleiben. Selbst in schwierigen Stellungen, wo sie sich meist mehr auf den Körper richtet, sollte man sie gleichermaßen auf den Atem gerichtet halten.

Ohne ein klares Ziel, ohne die Fähigkeit, die Behinderungen hinter sich zu lassen, die das klare Sehvermögen stören, und ohne die Fähigkeit, den Geist zu sammeln, kann keine echte Meditation stattfinden. Diese vorbereitenden Bedingungen ebnen den Weg für die Klarheit, die zur völligen Integration zurückführt.

Phasen der Meditation

Jede Reise bringt eine Vorbereitungszeit mit sich, den Aufenthalt am Ziel und schließlich die Rückkehr. Ähnliche Phasen gehören zu einer erfolgreichen Meditation. In den Yogaschriften werden sie in Vorbereiten, Bleiben und Zurückkommen eingeteilt. Die drei Phasen sind aufeinander bezogen. Eine schlechte Vorbereitung beeinträchtigt sicherlich die Qualität der beiden anderen Phasen, während eine gute Vorbereitung sie verbessert.

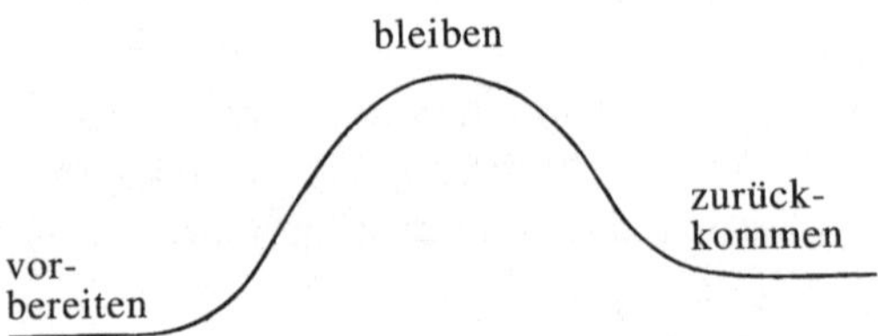

Unsere Vorbereitung auf die Meditation geschieht vor allem durch die Beseitigung der Hindernisse, die uns davon abhalten, unseren Geist zu sammeln. Pranayama ist für diesen Prozeß wesentlich und gehört zur Vorbereitungsphase. Ohne die Vorbereitungsphase gehen wir das Risiko ein, nur im Bereich von Einbildung und Phantasie zu bleiben und unser wahres Ziel nie zu erreichen.

Die Phase des Bleibens in der Meditation besteht darin, in einem gesammelten Zustand zu sein und sich in das Objekt der Meditation zu vertiefen. Das ist unser „Reiseziel", und natürlich wird die Qualität des Kontakts zum Meditationsobjekt von der Vorbereitung beeinflußt.

Schließlich kehren wir zu unserem normalen Bewußtseinszustand zurück. Wenn die anfängliche Vorbereitung nicht ausreichte, ist das keine echte Rückkehr, weil es gar keine richtige Reise gegeben hat.

Die Phasen der Meditation stehen für Zustände des Geistes in einer Zeit der intensiven Konzentration. Sie haben nichts mit dem Objekt der Konzentration selbst zu tun. Dennoch wirken sie sich sehr darauf aus, wie das Objekt wahrgenommen wird. Alle drei Phasen kommen in einer erfolgreichen Meditationspraxis vor.

Weitere Anmerkungen zur Meditation

Siddhis

Die fortgesetzte Sammlung auf ein zu erforschendes Objekt durch dharana, dhyana und samadhi über einen längeren Zeitraum hinweg wird *samyama* genannt. Das intensive und ausgedehnte Üben von samyama führt zu einem umfassenden Wissen über das Meditationsobjekt. Durch das Üben von samyama können auch außergewöhnliche Kenntnisse und Fähigkeiten erworben werden. Wenn man weiterübt, sieht man tiefer und tiefer. Die außergewöhnlichen Fähigkeiten, die in diesem Prozeß entstehen, werden *siddhis* genannt. Mit den siddhis wird möglich, was gewöhnlich nicht möglich ist. Samyama ist ein Mittel, um sie zu erreichen.

Die siddhis sind jedoch eine Falle. Ein Mensch mit siddhis ist durch seine eigenen Errungenschaften und Erfolge in Gefahr. Auch wenn der Geist nun nur eine Richtung hat, kann er trotzdem noch die Wahrnehmung färben. Für die, die den Weg zur Freiheit wirklich zurücklegen wollen, sind die siddhis keine außergewöhnlichen Fähigkeiten. Der Geist ist immer noch der Meister. Der endgültige Gewinn des Yoga, die Freiheit, kann nur erreicht werden, wenn die siddhis und ihre Vorteile vollkommen zurückgewiesen werden. Denken Sie daran, daß die siddhis eine wissende Person aus Ihnen machen können, aber nicht den Wissenden.

Meditation und Gott

Das Thema Meditation wird oft mit Gott in Verbindung gebracht. Es konzentriert sich dann auf die Frage, ob Gott allein das Objekt der Meditation sein sollte oder ob andere Objekte genauso gut wären. Da Yoga sich mit der Klärung des eigenen Sehvermögens befaßt und nicht mit dem tatsächlichen Objekt des Sehens, könnte man fragen, warum dieses Objekt dann Gott und nicht etwas anderes sein sollte. Diese Frage ist berechtigt.

Doch aus einem anderen Grund ist Gott das ideale Objekt der Reflexion: jedes Meditationsobjekt hat einen tiefgehenden Einfluß auf uns. Wir werden gewissermaßen mehr und mehr *wie* das Objekt, wenn wir anfangen, seine Merkmale wahrzunehmen und aufzunehmen. Da Gott das höchste und würdigste Wesen ist, ist es nur logisch, daß Gott das Objekt der Meditation sein sollte. Wenn wir fähig sind, über Gott zu meditieren, sind wir weniger wir selbst als begrenzte Individuen und mehr Gott. Auch die *Yogasutras* führen Gott als ein Mittel an, um den Geist in den Yogazustand zu erheben.

Mantras und Meditation

Mantras sind ein Bindeglied zu Gott. Ein mantra ist eine Reihe von Silben oder Wörtern, die Gott symbolisieren und die als Meditationsobjekt gebraucht werden. Wenn YogaschülerInnen durch eine erfahrene Lehrerin oder einen erfahrenen Lehrer richtig eingeführt und angeleitet werden, wird ein mantra für Schutz und Führung in ihrer Übungspraxis sorgen. Gott ist ein Wächter, der schützt, ein guru, der zurückhält, und ein Geber, der unterstützt. Die Verbindung zum Göttlichen durch das mantra hält diejenigen zurück, die im Begriff sind, ihre Grenzen zu überschreiten. So zurückgehalten zu werden, ist insofern wichtig, als viele unserer Probleme im Leben daraus entstehen, daß wir tun, was wir nicht tun sollten. Mantras sind auch ein Mittel der Reflexion und vergrößern das Wissen über uns selbst.

Symbole in der Meditation

Ein Symbol kann ebenfalls ein Mittel sein, um sich mit Gott zu verbinden, und kann deshalb in der Meditation nützlich sein. Der Vorteil von Symbolen ist, daß sie über kulturelle Schranken und die dazugehörigen Assoziationen hinausgehen und neutral sind.

Viele der Hindu-Götter werden durch einen Buchstaben und ein Symbol dargestellt, der Sonnengott z. B. durch den Buchstaben, der *hram* ausgesprochen wird.

Symbole sind hilfreich, um uns selbst zu verstehen. Da sie selbst neutral sind, neigen wir dazu, das, was in uns ist, auf sie zu projizieren. Auf diese Weise werden sie zu einem wirkungsvollen Mittel der Selbstreflexion.

Zugleich sollten wir bei der Auswahl eines Symbols vorsichtig sein, denn es kann unseren Geist und so unser Handeln beeinflussen.

Einige Hinweise zur Meditation

- Sie müssen den Zweck der Meditation verstehen und das Meditationsobjekt sorgfältig aussuchen, denn es wird Ihren Geist und Ihr Handeln beeinflussen.
- Wählen Sie den für Ihre Art und Ihre Bedürfnisse passenden Meditationstyp.
- Die Techniken, die YogalehrerInnen gefallen, müssen sich nicht unbedingt für YogaschülerInnen eignen. Ständige Selbsteinschätzung und Selbsterforschung ist notwendig, um sicherzugehen, daß Ihre Übungspraxis gut für Sie ist.
- Die indische Tradition der Meditation kann für Menschen aus dem Westen ungeeignet sein. Die Übungspraxis sollte mit Ihrer eigenen Veranlagung, Kultur und Tradition in Einklang stehen.
- Wählen Sie eine Übungsweise, die Sie ohne innere Konflikte über einen langen Zeitraum aufrechterhalten können.
- Meditation sollte keine Flucht oder kein Rückzug in eine Art von Dunkelheit sein, sondern Sie in das Licht der Realität führen. Je mehr wir in der Dunkelheit sind, um so weniger sind wir bereit, uns dem Licht zu öffnen. Meditation sollte die Realität ständig mehr erhellen.

Die Wichtigkeit des individuellen Weges

In der Meditation, wie in allen Bereichen des Yoga, müssen wir jeden Menschen als ganzes sehen, um zu entscheiden, was individuell passend für jemand ist. Es ist wichtig, dort zu beginnen, wo wir sind. Dazu gehören Einstellungen, Vorlieben, Überzeugungen, Kultur, Beruf, Lebensweise u. a. Wir müssen unsere charakteristischen Eigenschaften in Betracht ziehen, seien sie nun körperlicher, energetischer, psychischer oder sozialer Art. Obwohl es nicht immer möglich ist, sind gute LehrerInnen, die den Spiegel für uns hochhalten können, am hilfreichsten beim eigenen Üben.

Letzten Endes ist Meditation das, was sie mit uns macht. Wenn sie erfolgreich ist, wird unser Geist auf eine höhere Stufe gehoben, und wir werden besser, als wir es jetzt sind. Das spiegelt sich dann in unserem Handeln wider und verändert die ganze Art, wie wir das Leben erfahren.

8. Yogatherapie

Die traditionelle Sicht von Gesundheit und Krankheit im Yoga

Bevor wir die praktische Anwendung von Yoga als Therapie besprechen, soll die traditionelle yogische Sicht von Gesundheit, Krankheit und Wiederherstellung des Gleichgewichts skizziert werden. Nach dieser Tradition besteht die Welt aus den fünf Grundelementen: Erde, Wasser, Feuer, Luft und Raum.

Die drei zugrundeliegenden gunas – satva, rajas und tamas –, die Gleichgewicht, Aktivität und Trägheit entsprechen, sind in allen fünf Elementen enthalten. Als menschliche Wesen sind auch wir aus den fünf Elementen und den drei gunas gebildet; getreu dem Prinzip: wie außen, so auch innen; wie im Makrokosmos, so auch im Mikrokosmos. Gesundheit ist das Gleichgewicht zwischen beiden. Die Wissenschaft von Ayurveda, dem alten indischen Gesundheitssystem, befaßt sich eingehend damit.

Nach dieser Tradition entwickeln sich die Elemente in der Reihenfolge:

Raum – Luft – Feuer – Wasser – Erde.

Zugleich enthält jedes Element die anderen, und stehen alle zueinander in Beziehung.

Nach der yogischen Tradition entsprechen den fünf Elementen im Körper bestimmte Stellen entlang der Wirbelsäule. Diese Stellen stimmen mit den chakras oder Energiezentren überein. Jedes chakra steht mit jedem anderen in Wechselwirkung. *Chakra* bedeutet wörtlich „Rad“ und symbolisiert daher Bewegung. Die chakras „verkörpern“ die Bewegung oder die Veränderungen, die ständig in uns stattfinden. Das ist nur natürlich, denn in uns ist nichts statisch und dauerhaft, außer der Veränderung selbst.

Es gibt sieben chakras im Körper. Die ersten fünf, von unten nach oben, entsprechen den fünf Elementen von Erde bis Raum. Das sechste chakra entspricht Geist und Intelligenz und das siebte dem Sehenden (oder auch *purusha*). In der yogischen Tradition wird den chakras viel Bedeutung zugemessen. Sie entsprechen unseren Empfindungen, Emotionen und Gefühlen und werden durch unseren Geisteszustand beeinflußt. Sie entsprechen auch den sieben Grundtönen der Musik.

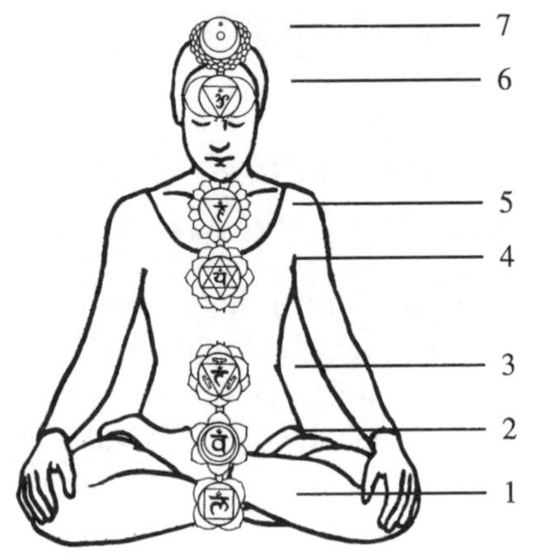

Chakra	**Element**
7. sahasraram	Sehender
6. ajna	Geist
5. visuddhi	Raum
4. anahatam	Luft
3. manipurakam	Feuer
2. swadishtanam	flüssig (Wasser)
1. muladharam	fest (Erde)

Aus der Sicht der Yogatherapie ist am Wissen von den chakras besonders interessant, daß ein Mensch gesund ist, wenn die chakras ausgeglichen sind und sich am richtigen Platz befinden. Wie oben bereits erwähnt, sind die chakras nicht feststehend. Sie sind strukturellen und funktionalen Veränderungen unterworfen. Sie verschieben sich, wenn wir inaktiv oder auf falsche Weise aktiv sind. Sie desintegrieren, wenn uns die persönliche Disziplin fehlt, wenn wir Dinge tun, die nicht zu uns passen, oder auch infolge unserer Ernährung, da diese den Fluß von prana fördert oder behindert. Schließlich kann auch eine psychische Desintegration aufgrund von emotionalen Störungen auftreten.

Wenn jemand völlig integriert ist, sind die chakras ausgeglichen, und der Energiefluß ist so, wie er sein sollte. Das Ziel der Yogapraxis besteht darin, die Kluft zwischen dem konkreten und dem idealen Zustand zu überbrücken, so daß die chakras auf den richtigen Platz und ins Gleichgewicht kommen. Im folgenden besprechen wir kurz die Rolle von asana und pranayama in diesem Prozeß.

Die Rolle von prana bei der Gesundheit

Das endgültige Ziel der Yogapraxis besteht darin, sicherzustellen, daß prana das höchste chakra, sahasraram, erreicht. Das Konzept von prana haben wir schon behandelt (siehe 6. Kap.). Zur Erinnerung: prana ist die Lebenskraft in einem Menschen, die für das Funktionieren aller Systeme im Körper, einschließlich des Geistes, verantwortlich ist.

Prana wird in zehn funktionale Kategorien aufgeteilt. Das sind die zehn *vayus*. Prana fließt durch feine Kanäle, die *nadis*, durch die unsere Lebenskraft im Körper arbeitet. Es gibt vierzehn wichtige nadis im menschlichen Körper. Solange die Energie in den nadis so fließt, wie sie sollte, fühlen wir uns ausgeglichen und gesund. Doch immer, wenn der Energiefluß blockiert ist, werden wir krank. Mit der Yogapraxis können wir die Unreinheiten beseitigen, die den Energiefluß blockieren, so daß prana wieder richtig fließen kann.

Wir beseitigen die Unreinheiten durch den richtigen Gebrauch der Elemente Feuer und Luft im Körpersystem. Die Unreinheiten sammeln sich durch Ernährung, Aktivität oder Inaktivität, Umgebung, Denkvorgänge u. a. an. Eine der Grundvoraussetzungen von Ayurveda ist, daß Krankheit durch unverdaute Nahrung entsteht, die im Körper bleibt – mit anderen Worten, daß die Krankheit die Folge von unzureichender Verdauung und unvollständiger Ausscheidung ist. Für die Gesundheit muß das Feuerelement des menschlichen Systems deshalb optimal entwickelt werden.

Yoga unternimmt es, die Unreinheiten durch den richtigen Gebrauch von Feuer und Luft zu beseitigen. Diese beiden Elemente unterstützen sich gegenseitig. Während der Einatmung wird das Feuer gefördert und werden die Unreinheiten verbrannt. Während der Ausatmung werden die Schlacken aus dem System entfernt. Außerdem verändern verschiedene Körperstellungen die Position des Feuers zu den Unreinheiten. Wie im Kapitel über viparita karani behandelt, kehrt sich die Position des Feuers im Kopfstand um. Ebenso verändern auch andere Haltungen den Fluß von Atem und prana.

Die Beseitigung der Unreinheiten durch asana

Im Kapitel über asana haben wir gesagt, daß die Betonung in den asanas auf der Wirbelsäule liegen soll. Der Grund dafür ist, daß in der asana-Praxis die chakras ausgerichtet werden sollen. Die Ausrichtung der chakras führt zur strukturellen Integration, die ihrerseits zur funktionalen und psychischen Integration führt.

Wenn wir laufen oder Bodenübungen machen, verschieben wir automatisch die chakras, weil wir den Körper ohne eine feste Richtung in bezug auf die Position von agni und den Fluß von prana bewegen. Es kann auch sein, daß selbst eine Yogapraxis nicht besonders gut für uns ist, wenn sie Atem und Bewegung nicht richtig berücksichtigt.

Yogatherapie – eine Therapie ohne Medizin

Auf dem Weg zurück zur eigenen Integration besteht der erste Schritt darin, anzufangen, die destruktivsten Hindernisse wegzuräumen, die der Klärung der Wahrnehmung im Wege stehen. Krankheit ist das bedeutendste dieser Hindernisse. Wenn unser Gesundheitszustand schlecht ist, sind wir so unausgeglichen, daß es unmöglich ist, den Geist zu konzentrieren. Welche Technik wir auch einsetzen und wieviel wir auch üben, unsere Weiterentwicklung zu einem Zustand von Klarheit ist sehr erschwert, wenn nicht ganz und gar blockiert.

Krankheit ist sogar das Anzeichen oder Symptom für ein desintegriertes System. Yoga-Therapie ist die Kunst und Wissenschaft des Heilens nach yogischen Prinzipien. Sie wird als eine Alternative oder Ergänzung zu anderen Vorgehensweisen der Gesundheitspflege eingesetzt. Doch im Kontext unserer Weiterentwicklung, hat sie mehr Bedeutung als eine Methode, mit der – als erster Schritt zur eigenen Integration – die Hindernisse beseitigt werden, um die Wahrnehmung zu klären.

Nach Yoga enthält der Körper schon von Geburt an Unreinheiten und fährt im täglichen Leben fort, mehr davon zu erwerben. Diese fortlaufende Ansammlung geschieht, weil der Geist infolge seines grundlegenden Unverständnisses nicht zwischen wohltuenden und schädlichen Handlungen unterscheiden kann. Daher lenkt er die Handlungen nicht richtig und bringt so das System aus dem Gleichgewicht. Um das Gleichgewicht herzustellen und aufrechtzuerhalten, müssen die Unreinheiten wieder ständig aus dem System entfernt werden.

Die äußere Umgebung ist ein anderer Faktor, der sich auf das menschliche System auswirkt. Gesundheit ist die Wechselwirkung zwischen dem System von Körper, Geist und Atem auf der einen Seite und den Verhältnissen, in denen dieses System existiert, auf der anderen Seite. Ein Ungleichgewicht kann von jeder Seite – dem Individuum oder der Umgebung – oder durch eine Verkettung von beiden Seiten verursacht werden.

Natürlich gibt es auf jeder Seite Variablen. Ein Individuum wird durch seine körperliche Struktur und Funktion, durch Temperament, mentale und emotionale Art u. a. charakterisiert. Die Umgebung schließt nicht nur physische Aspekte mit ein, wie das Wetter oder die Verhältnisse von Sauberkeit, Sicherheit und Bequemlichkeit. Auch die Art der beteiligten Menschen, die Wichtigkeit der Ereignisse u. a. verändern sich dauernd.

Die alten Lehrer und Heiler sahen gute Gesundheit als einen Zustand der Integration an. Heute definiert die Weltgesundheitsorganisation WHO Gesundheit ähnlich als körperliches, mentales und soziales Wohlbefinden und nicht bloß als die Abwesenheit von Krankheit. Die frühen weisen Männer von Indien gingen weiter als schlechte Gesundheit nur als ein Ungleichgewicht zu beschreiben, das durch Unreinheiten entsteht. Sie boten statt dessen eine praktische Methode an, um Gleichgewicht und gute Gesundheit wiederherzustellen. In den *Yogasutras* (II:29) legte Patanjali die acht Glieder des Yoga dar, die die praktische Grundlage für die Yogatherapie oder für die Heilung aller Seiten des eigenen Wesens sind.

Die Glieder des Yoga sind alle Ausdruck der Mittel, durch die man ein ganzheitliches Verständnis von Gesundheit, wie das von der WHO definierte, herbeiführen kann. Die acht Glieder sind:

1. yama	– soziales Verhalten	soziales Wohlbefinden
2. niyama	– persönliche Disziplin	
3. asana	– der Körper	körperliches Wohlbefinden
4. pranayama	– der Atem	
5. pratyahara	– die Sinne	
6. dharana	der Geist	mentales Wohlbefinden
7. dhyana		
8. samadhi		

Die acht Glieder sind mit verschiedenen Aspekten der Integration verbunden, die auch ein Weg sind, um über Gesundheit zu sprechen.

1. yama	– soziales Verhalten	soziale Integration
2. asana	– der Körper	strukturelle Integration
3. niyama 4. pranayama 5. pratyahara	– persönliche Disziplin – der Atem – die Sinne	funktionale Integration
6. dharana 7. dhyana 8. samadhi	der Geist	psychische Integration

Völlige Integration, für die die Yogatherapie ein Ausgangspunkt ist, betrifft alle diese Prozesse.

Die individuelle Ausrichtung der Yogatherapie

YogatherapeutInnen haben das Ziel, das Gleichgewicht zwischen einer Person und ihrer Umgebung wiederherzustellen. Sie versuchen, das Zusammenspiel zwischen Person und Umgebung zu verstehen, und suchen nach den Gründen für das fehlende Gleichgewicht. Zu diesem Zweck beobachten sie und informieren sie sich über alle Seiten des Lebens und der Umgebung einer Person, wie sie von den acht Gliedern des Yoga erfaßt werden. Wenn YogalehrerInnen oder YogatherapeutInnen nach den Ursachen eines spezifischen Symptoms suchen, müssen sie darauf achten, daß alle Bereiche dynamisch miteinander verbunden sind und sich gegenseitig beeinflussen.

YogalehrerInnen müssen die Ursache eines Symptoms identifizieren können und ihren SchülerInnen helfen, über ein angemessenes Übungsprogramm nachzudenken und es zu entwickeln. Es kann zu keinem Erfolg führen, wenn einfach nur einige Haltungen gelehrt werden, ohne daß der Atem ernsthaft in Betracht gezogen wird. Vielmehr müssen alle Erfahrungsbereiche der YogaschülerInnen in die Behandlung einbezogen werden. So wird z. B. die Wirkung der Yogapraxis für AsthmatikerInnen, die weiterhin rauchen und spät nachts schweres und fettes Essen zu sich nehmen, bestenfalls lindernd und nicht heilend sein. Es ist keine Lösung, ein tiefergehendes Problem oberflächlich zu behandeln.

Yogatherapie braucht keine äußeren Hilfsmittel, sondern nur den Geist, Atem und Körper eines Menschen, um das Gleichgewicht und die Harmonie herbeizuführen, die eine wirklich gute Gesundheit ausmachen. Deshalb ist sie eine Therapie ohne Medizin.

Gute Gesundheit ist der natürliche körperliche Zustand, in dem prana leicht und gleichmäßig durch den ganzen Körper fließt. Wenn der Fluß von prana zu einem Körperbereich blockiert ist, ergeben sich dort Probleme. Krankheit zeigt eine Behinderung des optimalen Fließens von prana an. Die Heilung liegt in der Beseitigung der Hindernisse, die den Fluß von prana einschränken oder blockieren. Wenn das geschieht, kann sich die Gesundheit wieder entfalten.

Die Yogatherapie arbeitet nach demselben individuellen Ansatz, der die ganze Yogapraxis charakterisiert. Die zugrundliegende Prämisse ist, die ganze Person zu behandeln und nicht nur die Krankheit. Deshalb ist jedes vorgeschlagene Übungsprogramm unterschiedlich. Es ist an die individuellen Besonderheiten angepaßt, nicht nur in den Bereichen, die behandelt werden, sondern auch in der Art wie das geschieht. Körperübungen, Essensgewohnheiten, Arbeitszeit, Familienangelegenheiten u. a. werden bei diesen Übungsprogrammen in Betracht gezogen.

Jedes Übungsprogramm geht vom augenblicklichen Gesundheitszustand des Patienten oder der Patientin aus und baut darauf auf, um im Einzelfall sicher, realisierbar und wirksam zu sein. Um die Heilung zu unterstützen, werden Entspannung und Atem in das Programm einbezogen. Am wichtigsten ist vielleicht, daß es die PatientInnen selbst und nicht so sehr die YogatherapeutInnen sind, die die Therapie durchführen. Das läßt die Verantwortung für die eigene Weiterentwicklung bei den einzelnen Menschen, erhöht ihre Motivation und stärkt ihr Vertrauen in die Fähigkeit, selber für einen guten Gesundheitszustand zu sorgen. In jeder Krankheit finden YogatherapeutInnen meist soziale, strukturelle, funktionale und psychische Aspekte, die mit der Ursache und Heilung des identifizierten Symptoms zusammenhängen. Eine Skoliose z. B., die meist als ein rein strukturelles Problem betrachtet wird, bringt oft funktionale Probleme und auch zahllose psychische Auswirkungen mit sich. In jedem Fall ist es unbedingt notwendig, so viele Ebenen der Vorgeschichte eines Menschen wie möglich zu untersuchen und in die Behandlung einzubeziehen. Auf diese Weise kann die Behandlung besser an die Person angepaßt werden.

Die Wiederherstellung des Gleichgewichts im Yoga

Im Gleichgewicht zu sein, heißt, daß sich alle Elemente des eigenen Lebens harmonisch zusammenfügen. Dazu gehören: innere Einstellungen, Ernährung, Hygiene, Körper und Atem, sozialer Austausch, Sinneswahrnehmung, Geistesverfassung u. a. Um ganz ausgeglichen zu werden, muß man sich um viele dieser Bereiche kümmern. Das ist mit Veränderungen in den eigenen Gewohnheiten und der Ernährung verbunden, ebenso wie mit dem Üben von Reflexion und Meditation, asana und pranayama, mantras und Gebet.

Ernährung

Idealerweise dient die Nahrung mehreren Zwecken. Sie liefert Energie, beseitigt Unreinheiten und hat auch einen wesentlichen Einfluß auf den Geist. Wir können so weit gehen zu sagen: Nahrung ist das, was wir essen, und das, was uns ißt, falls wir nicht aufpassen. Nahrung erfüllt, wie Gott, drei Funktionen, die der Erschaffung, der Erhaltung und der Zerstörung. Wenn unsere Ernährung diese drei Aufgaben nicht in einer ausgeglichenen Weise erfüllt, dann kommen wir aus dem Gleichgewicht und werden krank.

Falls das Essen eine Hauptursache der Unausgeglichenheit ist, kann dieses Problem durch eine veränderte Ernährung wirksam gelöst werden. Wenn man z. B. spät nachts noch Dinge ißt, die Blähungen verursachen, verschlimmert das möglicherweise die Symptome von Asthma. Auch Eiskrem und kalte Getränke können, besonders bei Kindern, das Risiko von Asthma-Anfällen erhöhen.

Jede Art von Nahrung hat eigene Merkmale und spezifische Auswirkungen. Manche Nahrungsmittel steigern die Schleimbildung, und manche Gewürze reduzieren sie. YogalehrerInnen, die solche Wirkungen gut kennen, können sehr hilfreiche Vorschläge für eine Ernährung machen, mit der das körperlich-geistige System ausgeglichen werden kann.

Persönliche Disziplin und Gewohnheiten

Auch Gewohnheiten wirken sich sehr auf die eigene Gesundheit aus. Persönliche Disziplin im Verhalten kann helfen, ein System, das aus dem Gleichgewicht geraten ist, wieder auszugleichen. Dazu müssen wir richtige Verhaltensweisen üben und falsche aufgeben. Das kann bedeuten, unsere Essenszeiten oder Gewohnheiten beim Baden oder Rauchen zu ändern oder auch unsere Übungspraxis von asana, pranayama und dhyana zu revidieren. So erleben z. B. viele AstmatikerInnen eine Besserung, wenn sie früh zu Abend essen oder warm und nicht kalt baden. Viele Beschwerden bessern sich, wenn wir das Rauchen aufgeben. Einige Rükkenprobleme werden durch warmes Duschen gelindert. Wenn wir gute Gewohnheiten annehmen, nimmt im allgemeinen unser Wohlbefinden und unsere Zufriedenheit zu und das körperlich-geistige System gleicht sich mehr und mehr aus.

Reflexion

Wenn wir über die Faktoren nachdenken, die eine Problematik auslösen, kann uns das helfen, die wirkliche Ursache zu finden. Da Krankheit auf eine Störung des Geistes zurückgeht, ist diese Methode der Selbstentdeckung oft sehr aufschlußreich und nützlich, um eine Krankheit zu behandeln. Die AsthmatikerInnen z. B., die die Faktoren ausfindig machen, die zu einem Asthma-Anfall führen, können ihn durch entsprechende Veränderungen verhindern. Viele haben dieses Problem gelöst, indem sie die Ursache der Anspannung, die die Symptome ausgelöst hat, wie z. B. eine belastende Arbeit, entdeckt und beseitigt haben.

Gebet

Ein alter Vers sagt: *Vaidyo narayano Harih* – „Gott ist der größte Heiler". Ein Gebet zu Gott ist ein sicheres Mittel, um Gleichgewicht und Harmonie im eigenen System wiederzugewinnen.

Das Üben von asana und pranayama

Yoga Rahasya, eine Yogaschrift, rät: „Verwende asana, um den Körper wieder ins Gleichgewicht zu bringen, und pranayama, um den Geist wieder auszugleichen." Wie wir bei der Behandlung dieser Bereiche gesehen haben, sind diese beiden Übungsweisen unbedingt notwendig für die Wiederherstellung der Gesundheit.

Veränderung der Umgebung

Wenn wir sehr stark aus dem Gleichgewicht gebracht worden sind, tut es uns oft gut, einen Abstand zu gewinnen oder von der Situation wegzukommen, ob sie nun die Ursache für die Störung ist oder nicht. Da Veränderung ein Element des Wachstums und der Heilung ist, kann eine andere Umgebung uns eine ganz neue Perspektive eröffnen. Sie gibt uns die nötige Zeit, um unsere Situation mit anderen Augen zu sehen, verschafft uns neue Anregungen oder ist einfach eine Unterbrechung der schwierigen Situation. Es gibt auch Fälle, wo die Umgebung selbst die Wurzel des Übels ist.

Mantras

Mantras können ein sehr wirkungsvolles Mittel sein, um das System auszugleichen. Das hängt von der Reaktion der YogaschülerInnen auf ein mantra ab. Mantras werden als eine Brücke zu Gott angesehen und können, richtig geübt, unser Leben und unsere Gesundheit erheblich verändern. Mißbrauch der Sinne ist eine der Hauptursachen von Unausgeglichenheit und sogar die Ursache einer ganzen Reihe von Krankheiten. Mantras können uns gegen Versuchungen schützen, die, wenn wir ihnen nachgeben, das körperlich-geistige System aus dem Gleichgewicht und in einen schlechten Gesundheitszustand bringen. Sie sind ein Mittel, um uns selbst rechtzeitig dabei zu erwischen. Die Bedeutung erfahrener YogalehrerInnen mit mantras und weitere Einzelheiten sind bereits behandelt worden.

Die Aufzählung der in der Yogatherapie üblichen Ansätze sollte der Orientierung dienen. Die Effektivität der Behandlung ist abhängig von der Fähigkeit der YogalehrerInnen, richtig zu beobachten, die wesentlichen Seiten der YogaschülerInnen und ihrer Problematik zu verstehen, offen zu bleiben und weiter nach individuell passenden Lösungen zu suchen. Gute YogalehrerInnen müssen regelmäßig Yoga üben, um ihre Wahrnehmung von sich selbst und von ihren SchülerInnen so klar wie möglich zu halten.

Es ist schwer, eine Reihe von Standardverfahren für die einzelnen Probleme aufzustellen. EinE YogalehrerIn muß jedes Übungsprogramm individuell auf die SchülerInnen abstimmen. Es würde den Rahmen dieses Buches sprengen, die Verfahren im Detail zu besprechen, mit denen ausgebildete YogatherapeutInnen eine Diagnose aufstellen und ein Behandlungsprogramm entwickeln können.

Im allgemeinen müssen YogalehrerInnen ein gutes Verhältnis zu ihren SchülerInnen herstellen. Dazu gehört, daß sie auf jeden Menschen individuell eingehen und nicht nur die körperliche Verfassung kennenlernen, sondern auch all die anderen Faktoren, die in die Entwicklung eines Gesundheitsproblems hineinspielen. Das hilft ihnen ein Übungsprogramm zu planen, das die Besonderheiten eines Menschen anspricht, und sicherzustellen, daß alle Teile der Therapie realistisch, sicher und angenehm sind.

Diagnostische Prinzipien

Yogatherapie behandelt vor allem den Menschen und weniger die Krankheit. Das heißt, daß eine umfassende Diagnose sehr wichtig ist. Die Krankheit wird nicht als getrenntes Ereignis untersucht, das unabhängig von der Person auftritt, sondern wird als Teil der Vorgeschichte, der Gewohnheiten, der Umgebung und der Art eines Menschen gesehen.

EinE YogatherapeutIn identifiziert nicht bloß das Symptom und gibt eine Standardbehandlung, um es zu beseitigen, sondern ist sich im klaren darüber, daß ein bestimmtes Symptom in verschiedenen Menschen unterschiedliche Ursachen haben kann und deshalb auch je nach individuellem Fall ganz unterschiedlich behandelt werden muß. Das erfordert eine komplexe Diagnose, die nicht nur Symptome identifizieren, sondern auch Ursachen aufdecken will. Um das gezielt machen zu können, muß man soviel wie möglich an relevanter Information über den einzelnen Menschen und sein Leben zu bekommen suchen.

Die vier Diagnoseprinzipien sind: Beobachtung (*darshana,* „sehen, ansehen"), Untersuchung und Palpation (*sparshana,* „berühren, fühlen"), Vorgeschichte der PatientInnen (*prashna,* „fragen, nachfragen") und Pulsabnehmen (*nadi pariksha,* „durch den Puls in das ganze System hineinsehen").

Beobachtung (darshana)

Die visuelle Beobachtung kann, wenn sie sorgfältig und klug gemacht wird, eine Fülle von Information über jemanden liefern. Sie beginnt in dem Augenblick der ersten Begegnung, wo die betreffende Person noch nicht bemerkt, daß sie beobachtet wird. Wenn Menschen wissen, daß sie beobachtet werden, verändert sich ihr Verhalten. EinE YogatherapeutIn sammelt also so viel Information wie möglich, bevor er oder sie die SchülerInnen wissen läßt, daß sie beobachtet werden. Viele wertvolle Details in der äußeren Erscheinung, in den Angewohnheiten, im Umgang mit anderen und im Verhalten einer Person sind einer sorgfältigen Beobachtung zugänglich.

Man sollte alle Körperteile in ihrer Struktur und ihrem Zusammenwirken beobachten: Gesicht, Augen, Lippen, Haut, Kopf und Nacken, Körperbau, Brustkorb, Art der Atmung, Bauch, Wirbelsäule, Art der Bewegung usw. Die Stimme, die Art zu reden, die Angewohnheiten, die Handschrift, der Grad des Wohlbefindens im Umgang mit anderen, die Einstellungen und das allgemeine Verhalten sind alles Indikatoren über die YogaschülerInnen. Geschickte YogalehrerInnen sind fähig, aus wenigen Details sehr viel Information herauszulesen, und müssen nicht eine Riesenmenge Fakten sammeln. Diese Fähigkeit macht die Sitzungen kürzer und ist für LehrerIn und SchülerIn leichter.

An einem gewissen Punkt ist es gewöhnlich notwendig, einen Yogaschüler oder eine Yogaschülerin in einigen einfachen Haltungen und Bewegungen zu beobachten, um das Problem zu verdeutlichen oder um die identifizierten Symptome genauer zu untersuchen. Dazu wird natürlich seine oder ihre Hilfe und Bereitschaft gebraucht. Es ist am besten, diese Dinge mit einfachen Haltungen zu überprüfen, die nicht einschüchternd oder ermüdend sind. Es ist auch besser, viel Information aus wenigen Haltungen zu gewinnen, statt eine lange und komplizierte Reihe von asanas durchführen zu lassen.

Wenn möglich sollten das Haltungen sein, in denen einE YogaschülerIn sich entspannen kann, wie z. B. das Heben der Arme im Sitzen oder das Heben der Arme und Beine im Liegen. Ein solcher Test dient dazu, festzustellen, wie der Körper arbeitet, welche Bereiche stark, schwach oder unausgeglichen sind, und die anfängliche Hypothese über das Problem zu überprüfen. Wenn die erste Idee über die Kopfschmerzen eines Menschen sich auf die Nackenmuskeln bezieht, zeigt eine Haltung, die den Nacken beansprucht, wie stark dieser ist, und sie zeigt auch, ob das die Kopfschmerzen verschlimmert oder bessert. Von da aus kann der oder die YogalehrerIn weitergehen und die Testhaltungen abändern, um andere Körperbereiche zu überprüfen. Wenn nötig, kann er oder sie andere Übungen geben und sich auch den anderen Komponenten der Behandlung, wie Ernährung, Lebensweise u. a., zuwenden.

Untersuchung (sparshana)

Es ist notwendig, die fraglichen Körperstellen zu berühren, um einen Eindruck von ihrer Funktion und ihrem Zustand zu bekommen. Wenn wir ein Gefühl davon haben, wie eine Bewegung ausgeführt wird, gibt uns das eine Menge Information über ihre biomechanische Seite. Es ist wichtig zu wissen, ob bestimmte Bereiche entspannt oder chronisch verspannt sind. Nur durch Berührung bekommen wir ein Gefühl davon, wie die Muskeln eines Menschen entwickelt sind und was strukturell unausgeglichen ist. Gut damit zu arbeiten – zu wissen, wonach man suchen muß und wie man die nötige Information bekommt, ohne daß einE YogaschülerIn sich irgendwie unbehaglich fühlt –, ist eine Kunst, die viel Feinfühligkeit und sorgfältige Übung verlangt. Oft ist es empfehlenswert, daß er oder sie selbst auf die Körperstellen zeigt, die sie als problematisch empfinden, denn das kann erheblich von dem abweichen, was von außen beobachtbar ist.

Befragung (prashna)

In einem Gespräch werden die PatientInnen über ihre Hauptbeschwerden befragt, und es wird versucht, soviel allgemeine Information wie möglich über Lebensweise, Vorgeschichte, augenblicklichen Gesundheitszustand usw. zu erhalten. Die Befragung ist eine Kunst. Sie muß so durchgeführt werden, daß die PatientInnen sich wohlfühlen und bereit sind, offen über persönliche Dinge zu reden. Wenn sie sich wohlfühlen, werden sie viele Informationen mitteilen, und später kann die Lehrerin oder der Lehrer das auswählen, was relevant ist. Jede neue Teilinformation kann nützlich sein, um ein besseres Bild von der Krankheit und ihrem Ursprung zu bekommen.

Pulsabnehmen (nadi pariksha)

Nadi pariksha ist die Untersuchung des Pulses, um den Gesundheitszustand festzustellen. Der Puls ist ein wichtiger Indikator für viele Dinge und kann vor und nach bestimmten Bewegungen und Atemtechniken abgenommen werden, um Anstrengung, Durchhaltevermögen, emotionale Reaktionsweise u. a. näher zu untersuchen. Im obigen Beispiel von den Kopfschmerzen könnte einE YogatherapeutIn den Puls vor und nach dem betreffenden asana abnehmen, um zu entscheiden, ob der Übungstyp geeignet ist oder nicht. Wenn man den Herzschlag nach dem Treppensteigen oder beim Reden während des Übens mißt, ist das auch ein guter Indikator für das Durchhaltevermögen einer Person.

Der Puls weist sowohl auf körperliche wie auf emotionale Merkmale hin, und Pulsveränderungen in bezug auf bestimmte Aktivitäten oder Situationen geben viel Aufschluß über die Reaktionsweisen der YogaschülerInnen. Ein unregelmäßiger oder stark beschleunigter Puls ist ein Signal dafür, daß der Körper an seine physischen oder emotionalen Grenzen gekommen ist. Die Fähigkeit, den Puls diagnostisch einzusetzen, ist äußerst wertvoll, erfordert jedoch eine Menge Wissen, Geschick und Erfahrung.

Allgemeine Richtlinien der Yogatherapie

Weil YogalehrerInnen jedes Übungsprogramm individuell auf ihre SchülerInnen abstimmen müssen, ist es schwer, eine Reihe von Standardverfahren für die einzelnen Probleme aufzustellen. Wir verstehen die folgenden Vorschläge als Rahmen, von dem aus man anfangen kann, die Probleme der YogaschülerInnen einzuschätzen und zu behandeln. Diese Vorschläge sind in zwei Bereiche aufgeteilt: zum einen in die persönliche Verantwortung der YogalehrerInnen und verwandte ethische Fragen der Behandlung und zum anderen in praktische Methoden, wie man sich mit den Problemen nach den Prinzipien der Yogatherapie befassen kann.

Die Verantwortung von YogalehrerInnen/YogatherapeutInnen

1. Ein gutes Verhältnis zu den YogaschülerInnen herstellen. Das ist vielleicht der hilfreichste Aspekt für jede Problematik, die behandelt werden soll. Wenn ein positives Verhältnis zwischen LehrerIn und SchülerIn besteht, antworten die YogaschülerInnen bereitwillig auf Fragen und fügen meist noch mehr Information aus freien Stücken hinzu. Sie sind entspannter, wenn sie untersucht werden und auch wenn sie Anweisungen folgen, so daß beides leichter und genauer vor sich gehen kann.

Ein gutes Verhältnis zwischen LehrerIn und SchülerIn wirkt sich manchmal so stark aus, daß einE YogalehrerIn, die technisch nicht so viel über ein Problem weiß, dennoch eine Heilung in Gang setzt. In diesem Fall ist eine positive Verbindung oder Erfahrung zwischen den beiden Menschen vorhanden, die der Natur erlaubt, den Körper zu heilen. Außerdem macht ein solches Verhältnis die Sitzungen angenehmer für beide

Beteiligten, denn die Schülerin oder der Schüler ist dann vertrauensvoll und entspannt und auch bereit dazu, das Übungsprogramm mit mehr Verantwortung auszuführen.

Jedes menschliche Wesen hat seine ureigenen Emotionen, Vorurteile und Erfahrungen. Darüber hinaus sind YogaschülerInnen, die unter einer Krankheit oder unter Schmerzen leiden, auch oft schon vor dem ersten Treffen mit einer neuen Lehrerin oder einem neuen Lehrer beunruhigt. Das wird durch die Prozedur einer Behandlung noch verstärkt. Sie müssen sich untersuchen lassen, persönliche Fragen beantworten, sich Tests unterziehen usw.

Viele Menschen halten die Yogatherapie für geheimnisvoll oder sogar für leicht suspekt. Oft kommen sie erst nach wiederholten Mißerfolgen in anderen Behandlungsmodalitäten zum Yoga und sind mißtrauisch, ängstlich oder ärgerlich. Manchmal erwarten sie mehr, als einE YogalehrerIn ihnen geben kann. Aber alle legen sie auf der Suche nach Hilfe ihr wertvollstes Gut in deren Hände – ihre Gesundheit. Als YogalehrerIn muß man sich immer der Verantwortung bewußt sein, die diese Situation mit sich bringt.

Die Kunst der Yogatherapie besteht darin, dafür zu sorgen, daß die YogaschülerInnen sich wohlfühlen und Vertrauen entwickeln. Wenn einE YogalehrerIn sich nicht sensibel auf ihre SchülerInnen und deren Reaktionen einstellt, wird noch soviel Wissen und Können nicht den gewünschten Erfolg haben. Es gibt noch weitere Gründe, die eine Yogatherapie behindern können. Das Aussehen, die Angewohnheiten und Einstellungen der YogatherapeutInnen haben eine unmittelbare und starke Wirkung auf kranke und sich unbehaglich fühlende Menschen. Solche Menschen haben oft einen unheimlich guten Instinkt, um Mißbilligung, Desinteresse oder Ablehnung zu spüren. In ungünstigen Fällen kann es auch sein, daß jemand durch eine Lehrerin oder einen Lehrer an eine unangenehme Erfahrung oder Beziehung aus der Vergangenheit erinnert wird.

Es gibt kein Patentrezept, um ein gutes Verhältnis zwischen LehrerIn und SchülerIn zu schaffen. Zum Teil hängt es auch von den Persönlichkeiten von beiden und von ihrer Interaktion ab. Vor allem braucht ein solches Verhältnis ein feines Einfühlungsvermögen, das sich mit der Zeit durch Erfahrung herausbildet. Es braucht die Sensibilität, eine andere Person klar wahrzunehmen und richtig auf diese Wahrnehmungen zu reagieren. Die eigene Yogapraxis und Arbeit an der Selbsttransformation ist der beste Weg dahin. Sie ist ein notwendiger Bestandteil der Arbeit von verantwortungsvollen YogalehrerInnen. Wenn wir uns der eigenen Integration annähern, entwickeln sich alle Seiten von uns weiter. YogalehrerInnen, die freundlich und verständnisvoll sind und die Würde einer ruhigen Zuversicht ausstrahlen, können ein so gutes Verhältnis zu ihren SchülerInnen herstellen, wie es für eine erfolgreiche Therapie notwendig ist.

2. Sich jeder Person individuell annähern. Es ist wesentlich für die Yogatherapie, eher die ganze Person als die Krankheit zu behandeln. Wichtig ist sicher auch, über die Probleme und Krankheiten, denen man begegnet, Bescheid zu wissen und allgemeine Richtlinien für ihre Behandlung zu haben. EinE YogalehrerIn sollte z. B. wissen, warum Positionen im Liegen für Menschen mit Atembeschwerden anfangs nicht angebracht sind und warum das Heben der Beine zur Behandlung akuter Rückenprobleme nicht empfehlenswert ist usw. Aber es ist genauso entscheidend, den einzelnen Menschen zu respektieren wie auf die Behandlungsrichtlinien zu achten. Ein Mensch, der unter einer Krankheit leidet, weiß oft mehr als andere darüber.

Außerdem hat einE YogaschülerIn selten ein isoliertes Problem. Eine Gesundheitsstörung hängt meist auch mit anderen Beschwerden zusammen. Was die PatientInnen davon wissen und beschreiben, ist oft von unschätzbarem Wert für ein umfassendes Bild des ganzen Systems. Der integrative Zugang zur Person, bei dem alle ihre Seiten gesehen und einbezogen werden, ist der Kern von Yoga und seiner Anwendung in therapeutischen Zusammenhängen.

3. Darauf achten, daß alle Teile der Therapie für die YogaschülerInnen angenehm sind. Das Konzept von *ahimsa* oder Gewaltlosigkeit sollte zu allen Zeiten praktiziert werden. Der Prozeß der Ausarbeitung und das fertige Übungsprogramm sollte den YogaschülerInnen keinerlei Unbehagen verursachen. Es ist wichtig, daß sie ihre Übungen so gern haben, daß sie von sich aus damit weitermachen und daß auch die Ergebnisse positiv sind.

Schmerzen sind ganz bestimmt ein Teil vieler Krankheiten und können in einigen Fällen nicht vermieden werden, aber die Behandlung selbst sollte sie niemals vergrößern. Häufig neigen hochmotivierte YogaschülerInnen dazu, zu viel zu machen und sich dabei zu verletzen. Es gehört zur Verantwortung der YogalehrerInnen, ihren SchülerInnen verständlich zu machen, daß Schmerzen eine Grenze anzeigen und die Heilung behindern.

4. Realistisch und praktisch mit der Behandlung und ihren Zielen umgehen. Wenn einE YogalehrerIn sich mit den Problemen eines Schülers oder einer Schülerin beschäftigt, beschäftigt er oder sie sich auch indirekt mit der Familie und all den anderen Leuten, mit denen die betreffende Person regelmäßig zusammentrifft, mit ihren finanziellen und sozialen Verhältnissen und all den anderen praktischen Seiten des täglichen Lebens. Immer wenn ein Aspekt der Behandlung andere betrifft oder nur schwer durchführbar ist, muß der oder die YogalehrerIn sich darum bemühen, die Persönlichkeit und Lebenssituation der betreffenden Person genügend zu verstehen, um zu entscheiden, ob überhaupt eine Möglichkeit dazu besteht, so vorzugehen.

Wenn die Ernährung ein Hauptbestandteil der Behandlung ist, muß man wissen, ob die Ehefrau oder der Ehemann der betreffenden Person immer das Kochen erledigt und ob sie oder er zu der nötigen Veränderung bereit ist. Wenn die Veränderung nicht durchführbar ist oder zuviel Streß verursachen würde, muß eine andere Lösung des Problems gefunden werden. Wenn ein Ortswechsel empfehlenswert wäre, muß der oder die YogalehrerIn wissen, ob das eine realistische Möglichkeit ist.

Es kann eine Hilfe sein, andere Familienmitglieder zu treffen und um ihre Unterstützung zu bitten. In manchen Fällen, z.B. wenn eine Frau nicht schwanger wird oder wenn jemand bestimmte emotionale Probleme hat, kann es nötig werden, ein anderes Familienmitglied zusätzlich zu behandeln.

Die Sensibilität für diese Probleme muß sich sogar auf noch feinere Bereiche beziehen. Die innere Einstellung, die Sorge um den sozialen Status, um das Alter und unzählige andere psychische Einzelheiten beeinflussen die Reaktion auf eine geplante Behandlung. Ein dicker, schüchterner Einzelgänger kann so viel Widerstand gegen die Teilname an einem Gruppenunterricht entwickeln, daß er das ganze Übungsprogramm ablehnt, selbst wenn die Gruppe nur einen kleinen Teil davon ausmacht. Eine wohlhabende Person, die Kräuter braucht, die im Hinterhof wachsen, kommt vielleicht nie auf die Idee, sie dort zu pflücken, sondern ist zufrieden damit, einen hohen Preis für die gleichen Kräuter in einer Flasche aus der Apotheke zu bezahlen. Gute YogalehrerInnen sind fähig zu spüren, ob einE SchülerIn eine Handlung als angemessen empfindet und folglich auch ausführen würde. Sie erwerben diesen Grad der Unterscheidungsfähigkeit durch sorgfältige Beobachtung, viel Erfahrung und beständiges eigenes Üben.

Praktische Richtlinien für die Behandlung

1. Beim ersten Treffen die allgemeinen Informationen erfragen. Das betrifft die vorher besprochenen Prinzipien. In dieser Phase ist es empfehlenswert, so viele Informationen wie möglich zu bekommen, so wie es die verfügbare Zeit und die Bereitschaft der befragten Person erlaubt. Wir nehmen die Vorgeschichte der Patientin oder des Patienten auf, die u. a. folgendes enthalten sollte:

- Alter
- Tätigkeit
- Hausarzt, Hausärztin
- Beschreibung der Hauptbeschwerden oder der augenblicklichen Krankheit
- Krankheitsgeschichte von PatientIn und Familie
- augenblickliche Medikamente und Dosierungen für die Beschwerden, gegebenenfalls die laufende medizinische Behandlung. (Der oder die YogalehrerIn sollte die Nebenwirkungen der verwendeten Medikamente kennen, da sie bei den Beobachtungen berücksichtigt werden müssen.)
- persönliche Lebensgewohnheiten, wie Ernährung, körperliche Bewegung, Streßbelastung usw.
- augenblicklicher körperlicher Zustand (Stärke, Beweglichkeit, Widerstandskraft) und Persönlichkeitsmerkmale. (Diese Informationen kann man zum Teil verbal bekommen und zum Teil durch eine körperliche Untersuchung und Schlußfolgerungen daraus.)
- Untersuchungsergebnisse, die die YogaschülerInnen von anderen Stellen mitbringen. Der oder die YogalehrerIn sollte die Grundtypen der Berichte über Verletzungen an Muskeln oder Knochen, Blutdruck u. a. lesen und verstehen können. Solche Berichte enthüllen oft Dinge, die bei bestimmten Beschwerden kontraindiziert sind. Das hilft bei der Planung des Übungsprogramms.

2. Für neue Einzelheiten offen bleiben. Während wir Informationen bekommen, Details beobachten und Muster zu sehen beginnen, besteht die Versuchung darin, sehr schnell eine einzige Hypothese aufzustellen und sofort ein darauf aufbauendes Übungsprogramm zu entwerfen. Wenn das passiert, überhören wir möglicherweise wertvolle Informationen und verlieren Zeit mit einem unwirksamen Programm. Selbst wenn wir früher einen ähnlichen Fall erlebt haben, so sind die einzelnen Menschen doch sehr unterschiedlich. Ihre Symptome können sehr verschiedene Ursachen haben, und deshalb müssen sich auch die Heilungsmethoden für sie unterscheiden.

Wenn wir eine Theorie entwickeln, sollten wir sie von einem anderen Blickwinkel aus überprüfen, um zu sehen, ob unsere Wahrnehmung stimmt. Wir sollten alles beobachten, was wir können, ohne die Einzelheiten in eine vorgefaßte Idee einzuordnen. Wenn wir einmal alle Daten haben, sind wir besser darauf vorbereitet, ein optimales Therapieprogramm zu entwerfen.

3. Das Übungsprogramm auf der Stufe beginnen, die dem augenblicklichen Zustand der YogaschülerInnen entspricht. Früher haben wir das Konzept von vinyasa krama behandelt: überlegte und geeignete Schritte auf ein Ziel hin (vgl. 2. und 5. Kap.). In der Yogatherapie ist seine Anwendung noch entscheidender als in der normalen asana-Praxis, denn die Gefahr eines weiteren Schadens ist viel größer, wenn schon eine Verletzung oder eine Problematik vorliegt.

Um den Anfang festzulegen, müssen wir den Unterschied zwischen der Heilungs- und der Stärkungsphase der Therapie kennen. Im akuten Stadium einer Verletzung oder einer Krankheit, wenn das körperlich-geistige System sichtlich geschwächt ist, müssen wir die Übungspraxis nur auf die Genesung ausrichten. Wir müssen die spezielle Problematik behandeln, damit das System sich stabilisieren kann. In dieser Phase sollte sich die Aufmerksamkeit der YogaschülerInnen hauptsächlich darauf richten, sich von den offensichtlichsten Schwierigkeiten zu erholen – das System sollte mobilisiert werden, um die unmittelbaren Symptome abzubauen.

Sobald die akuten Symptome ausgeglichen sind, kann eine allgemeinere Behandlung einsetzen – eine Stärkung des ganzen Systems und seiner geschwächten Teile, um eine weitere Fehlfunktion zu verhindern. In dieser präventiven Phase sind die Übungen meist aktiver, aber noch gemäßigt und an die Folgen des akuten Stadiums angepaßt. Natürlich muß einE YogalehrerIn höchst einfühlsam sein, um zu wissen, wann er oder sie mit dieser Arbeit beginnen kann, wieviel einE YogaschülerIn sicher und effektiv machen kann und wie die Wirkungen und Fortschritte in jeder Sitzung neu einzuschätzen sind. Selbst wenn es offensichtlich ist, daß ein bestimmter Bereich des Körpers gestärkt werden muß, um zu verhindern, daß die alten Probleme wieder auftreten, kann eine zu frühe Behandlung dieses Bereichs eher schädlich als hilfreich sein. Falls einE YogaschülerIn noch nicht bereit dazu ist, könnten durch einen zu frühen Beginn weitere Verletzungen entstehen.

4. Die charakteristischen Merkmale und Eigenschaften der YogaschülerInnen beachten. Es ist immer eine Versuchung, ein Übungsprogramm oder einen Ansatz zu wiederholen, die unter ähnlichen Voraussetzungen erfolgreich waren. Doch die Einzigartigkeit jedes Menschen macht eine solche Abkürzung unpraktikabel. Wir kommen damit zu leicht zu einer unvollständigen Einschätzung, bei der wichtige Faktoren ausgelassen werden, die eine völlig andere Behandlung erfordern würden. YogaschülerInnen unterscheiden sich nicht nur voneinander, sondern verändern sich auch ständig. Ebenso verändern sich die Widerstände, der Grad der Anstrengung und die passenden Ziele. Ein erfolgreiches Übungsprogramm braucht ständig neue Beobachtung und Anpassung.

5. Festlegen, was zuerst behandelt werden soll. In einigen Fällen ist es notwendig, die Symptome zu reduzieren, bevor die eigentliche Ursache der Problematik sinnvoll behandelt werden kann. In anderen Fällen ist es fruchtbarer, sich eher um das Grundproblem zu kümmern als um die Symptome, mit denen einE YogaschülerIn gekommen ist.

6. Ein Übungsprogramm für das primäre Ziel aufstellen.

7. Darauf achten, daß die YogaschülerInnen das Übungsprogramm ausführen können. Wir führen die YogaschülerInnen durch das ganze Übungsprogramm, erklären die Einzelheiten des Atmens und der Bewegung und erläutern die Zeichnungen, die wir geben. Wenn wir es mit Erwachsenen zu tun haben, ist es am besten, die Erklärungen ohne Demonstration zu geben, denn sie werden versuchen, genau das zu imitieren, was wir vormachen, ob es nun für ihren Körper und ihren Zustand paßt oder nicht.

Es gibt natürlich Fälle, z. B. bei komplexen Bewegungen, wo die Vermittlung am leichtesten ist, wenn wir eine Bewegung in einer allgemeinen Form zeigen. Kinder haben oft Schwierigkeiten, verbale Instruktionen zu verstehen. Dann ist das Zeigen der Übungen die bessere Lehrmethode.

Wenn wir einE YogaschülerIn am Anfang durch ein Übungsprogramm führen, sollten wir darauf achten, wo er oder sie sich nicht wohlfühlt oder auch angespannt oder widerwillig reagiert. Diese Bereiche ändern wir ab, damit das ganze Programm zu einer angenehmen Erfahrung wird.

8. Jeden Abschnitt überschaubar halten. Es ist äußerst wichtig für die YogaschülerInnen, mit ihren Übungen vertraut zu sein. Wir stellen das gesamte Therapieprogramm in kleineren Abschnitten vor, so daß die in jeder Sitzung zu lernenden Übungen leicht allein ausgeführt werden können. Manchmal muß dasselbe Übungsprogramm über längere Zeit wiederholt werden, und manchmal ist ziemlich schnell ein ganz neues Programm erforderlich.

Zwei Fallstudien

In den folgenden beiden Fallbeispielen handelt es sich um zwei Männer mit ähnlichen Beschwerden, aber einigen gemeinsamen Merkmalen. Man beachte, daß der Unterschied in ihren beruflichen Tätigkeiten ein unterschiedliches therapeutisches Vorgehen erforderlich macht.

1. Fallbeispiel

Alter: 45 Jahre
Beschwerden: essentielle Hypertonie seit fünf Jahren
Gewohnheiten: vernünftige und gesunde Lebensweise
Familie: verheiratet, zwei Kinder
Beruf: Geschäftsführer einer Produktionsfirma
Größe: 173 cm
Gewicht: 60 kg
Medizinische Behandlung des Leidens: ja

2. Fallbeispiel

Alter: 44 Jahre
Beschwerden: essentielle Hypertonie seit vier Jahren
Gewohnheiten: vernünftige und gesunde Lebensweise
Familie: verheiratet, zwei Kinder
Beruf: Geschäftsführer einer Finanzberatungsfirma
Größe: 173 cm
Gewicht: 85 kg
Medizinische Behandlung des Leidens: ja

Der Geschäftsführer der Produktionsfirma ist bei seiner Arbeit ständigem Streß ausgesetzt. Er arbeitet auf der Produktionsetage und ist den größten Teil des Tages auf den Beinen. Er ist mager und hat viel körperliche Bewegung.

Im Gegensatz dazu hat der Geschäftsführer der Finanzberatungsfirma eine sichere Position in einer erfolgreichen Firma und ist bei seiner Arbeit wenig Streß ausgesetzt. Er sitzt den genzen Tag über, hat keine körperliche Bewegung und ist übergewichtig. Er braucht mehr Bewegung, wie sich das in seinem Übungsprogramm auch zeigt. Außerdem wurde ihm geraten, weniger zu essen, um abzunehmen.

1. Fallbeispiel

Geschäftsführer der Produktionsfirma – 4. Stunde – Abendprogramm:

5.  24 Atemzüge: Ausatmung lang, Einatmung frei

6.  Sitali, 12 Atemzüge

(oder auf einem Stuhl sitzend)

2. Fallbeispiel

Geschäftsführer der Finanzberatungsfirma – 4. Stunde – Abendprogramm:

1. 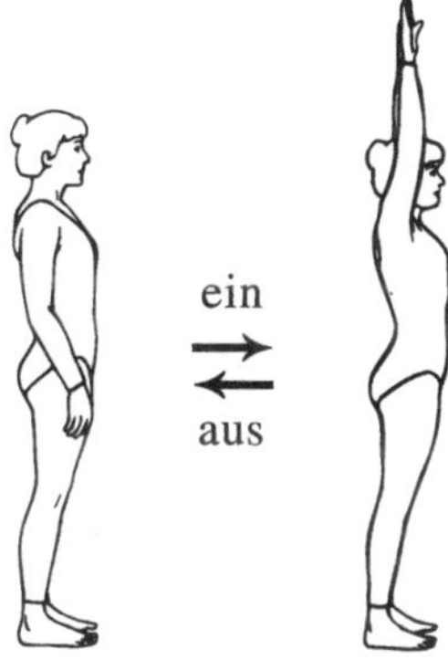

6x

2.

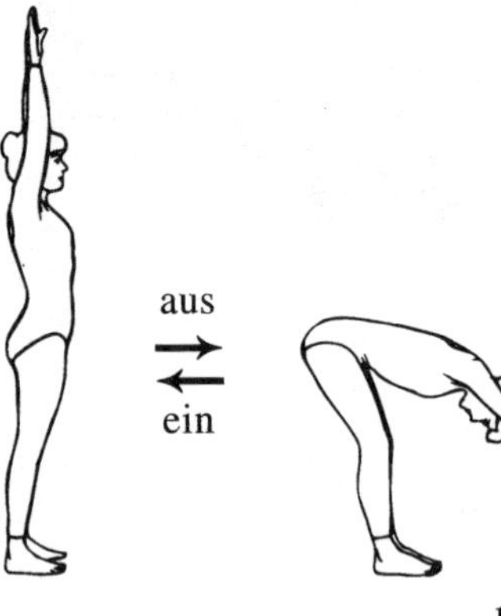

nach Ausatmung
4 Sekunden warten,
6 x

3.

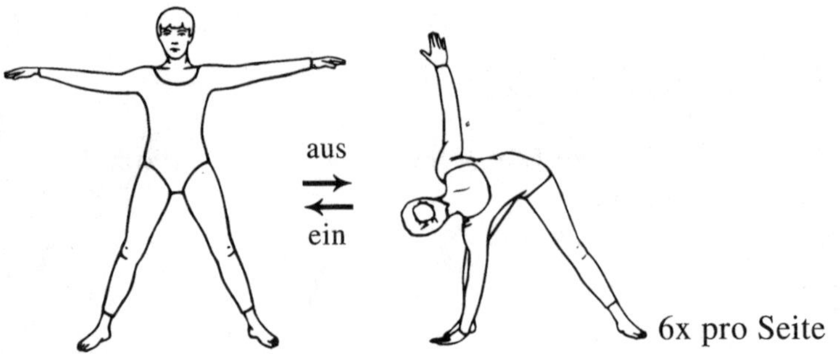

6x pro Seite

4.

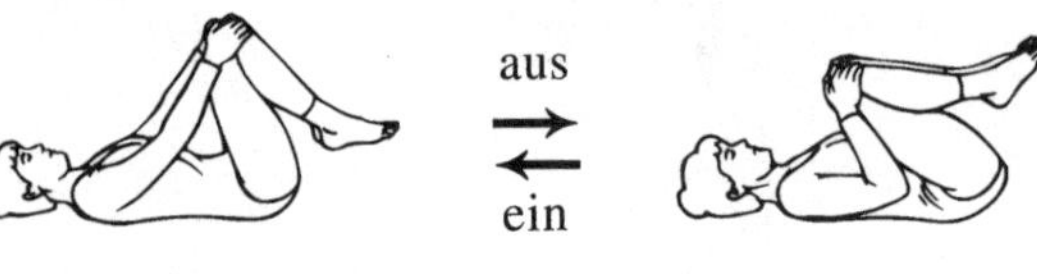

6x

5. 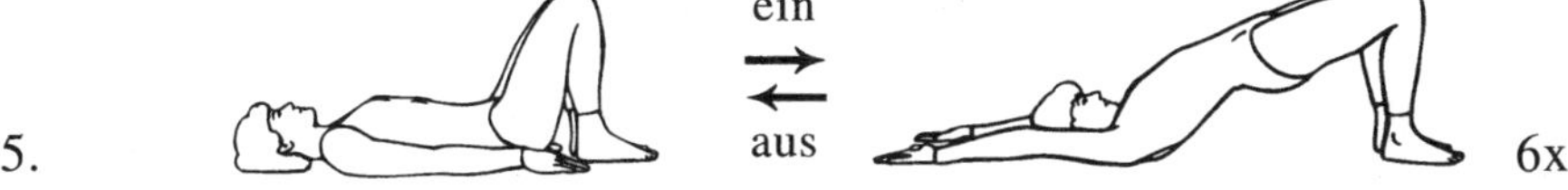

6x

6. Ausruhen

7. 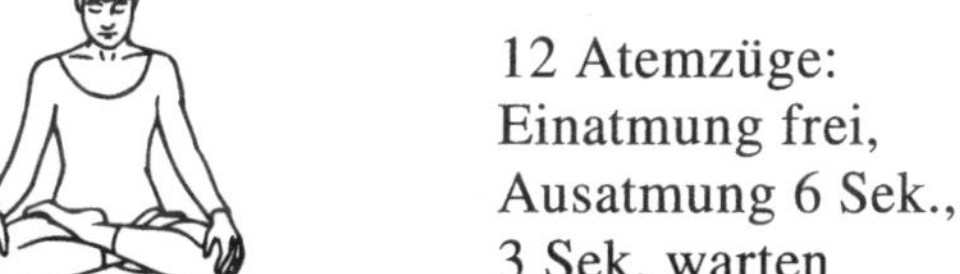

12 Atemzüge:
Einatmung frei,
Ausatmung 6 Sek.,
3 Sek. warten

Der Mißbrauch in der Yogapraxis

Eine therapeutische Übungspraxis von Wert hat die Macht, bemerkenswerte Veränderungen herbeizuführen. Leider bedeutet das auch, daß unerwünschte Veränderungen eintreten können, wenn diese Macht schlecht eingesetzt wird. Im Fall von Yoga werden die Übungen zu häufig ohne richtiges Wissen oder ohne ausreichende Anleitung oder auch mit Ambitionen ausgeführt, die erhebliche Probleme für unvorsichtige YogaschülerInnen mit sich bringen können.

Yoga ist ein langsamer Prozeß und auch ein Prozeß der Reflexion. Sein Nutzen leitet sich aus dem Prozeß selbst ab. Eine gut ausgeführte Übungspraxis führt uns automatisch zum Nachdenken über unsere Erfahrungen. Wir lernen, unseren Körper, Atem und Geist zu „lesen". So gewinnen wir das Wissen und die Bewußtheit davon, was zu tun ist, was aufzugeben ist, was zu verändern ist und wann das zu tun ist, ob die Übungspraxis nun aus asana, pranayama oder dhyana besteht. Ohne diese Reflexion, durch die richtige fachliche Information und Anleitung unterstützt, fehlt die eigentliche Grundlage des Übens.

Ein ganz typischer Mißbrauch von Yoga ist das Üben von Haltungen, die großartig und eindrucksvoll aussehen, wie Kopfstand und Schulterstand, die aber völlig ungeeignet für die betreffenden Personen sind. Wenn sie nicht darüber nachdenken, keine ausreichende Anleitung haben und die Haltung großartig finden, werden sie nicht erkennen, wann sie sich selbst Schaden damit zufügen.

Ein typischer Mißbrauch ist auch das unangebrachte Üben einer besonderen Haltung unter der Annahme, daß sie einen wünschenswerten Zweck erfüllt. So kam z. B. einmal ein Junge zu uns, der noch zur Schule ging und eigentlich sehr gesund war, aber unter einer Beschwerde litt: er hatte eine Art Taubheit in den Fingern, die ihn unfähig machte, einen Stift zu halten und zu benutzen. Bei genauerer Prüfung fanden wir heraus, daß er täglich Kopfstand übte – in diesem Fall zwanzig Minuten –, weil sein Großvater ihm gesagt hatte, das würde ihm helfen, seine Prüfungen gut zu bestehen. Eine erneute Beobachtung ließ uns zu dem Schluß kommen, daß sein Körper nicht richtig auf die Haltung vorbereitet war. Wir rieten ihm, den Kopfstand vorläufig sein zu lassen und Übungen zu machen, die ihn darauf vorbereiteten.

Dieser Fall ist überhaupt nicht untypisch. Das *unangebrachte* Üben des Kopfstands hat oft Fälle von Taubheit in den Armen, Sprachstörungen u. a. zur Folge. Im allgemeinen ergibt sich die Schädigung daraus, daß jemand süchtig auf die Haltung ist und daß die Reflexion fehlt. So wie bei dem Jungen, der blind dem Rat seines Großvaters gefolgt war, befolgen YogaschülerInnen oft Anweisungen, die nicht zu ihrem Körper und zu ihrer Situation passen. Ohne Selbsteinschätzung und Reflexion während des Übens sind sie nicht dazu in der Lage, das Problem mit seiner wahren Ursache in Verbindung zu bringen.

Ähnliche Mißverständnisse kommen beim Üben von pranayama und Meditation vor. Einmal kam ein Mann mit Halsbeschwerden zu uns. Es stellte sich heraus, daß er mit einem traditionellen Atemverhältnis übte, das er in einem Buch gefunden hatte – ein Verhältnis von 1:4:2:1, bei dem er den Atem nach der Einatmung vierundzwanzig Sekunden lang anhielt. Er hatte dieses besondere Atemverhältnis unter der Annahme gewählt, daß er Gott dadurch vierundzwanzig Sekunden pro Atemrunde, oder ungefähr dreißig Minuten täglich, in sich halten konnte.

Es war klar, daß er sich überanstrengte, indem er sich zwang, auf diese Weise den Atem zurückzuhalten. Wir empfahlen ihm ein anderes Atemverhältnis und die Beschwerden hörten auf. In diesem Fall hatte der Mann ungewollt eine Komplikation für sich geschaffen, weil keinE YogalehrerIn seinen aktuellen Zustand beobachtet hatte und weil er angenommen hatte, daß das Atemverhältnis in dem Buch für alle paßte.

YogaschülerInnen müssen den wahren Inhalt der Dinge verstehen, die sie im Yoga üben. Einmal kam eine Frau zu uns und klagte darüber, daß sie keine innere Ruhe fand, obwohl sie drei Stunden täglich meditierte. Es stellte sich heraus, daß sie die Meditation dafür verwendete, um ihren Verpflichtungen in einer großen Familie zu entgehen. Wahre Meditation hätte ihr ein Gefühl der Ruhe bringen sollen. Dann hätte sie die Dinge aus einer anderen Perspektive sehen können. Statt dessen kam sie aus der Meditation heraus und war gereizt, daß sie ihr tägliches Leben wieder aufnehmen mußte. Meditation ist keine Flucht.

Schließlich raten wir YogaschülerInnen, vorsichtig mit dem Selbstunterricht zu sein. Sich selbst eine asana-Praxis aus einem Buch beizubringen, ist unklug, und zwar nicht deshalb, weil das einzelne Buch, das man verwendet, in sich unzureichend wäre, sondern einfach deshalb, weil kein Buch die Besonderheiten der eigenen Situation kennen kann. Wie wir wiederholt im ganzen Buch gesagt haben, ist die Anleitung durch einen kompetenten Lehrer oder eine kompetente Lehrerin entscheidend.

Nachwort

Wenn die Integration erreicht ist, sind alle Seiten des eigenen Wesens ausgeglichen. Sie wirken optimal zusammen, und die Realität wird mit vollkommener Klarheit gesehen. Yoga ist ein idealer Weg, um sich auf diesen Zustand der Freiheit hinzubewegen, weil es ein integrativer Weg ist, der auf alle Aspekte der menschlichen Existenz einwirkt. Außerdem kann Yoga die große Verschiedenheit der Menschen in sich aufnehmen und ist eine Übungspraxis, die an die Bedürfnisse und Wünsche aller angepaßt werden kann. In einer Sicht gibt es so viele Wege zur Integration, wie es Menschen auf der Welt gibt. In einer anderen, grundlegenderen Sicht gibt es nur einen Weg – die Vereinigung von sich selbst, die Verbindung von Körper, Atem, Geist und Sinnen.

Das wichtigste in der Yogapraxis ist, sich ständig neu selbst zu entdekken. Wenn das Üben steril und mechanisch wird, kann das nicht mehr geschehen – die Weiterentwicklung kommt zum Stillstand. Der Schlüssel zur Lebendigkeit der Übungspraxis liegt in der gleichbleibenden Beobachtung durch einen oder eine YogalehrerIn oder durch uns selbst. So können wir rechtzeitig Anpassungen und Änderungen vornehmen.

Die Übungspraxis ist erfolgreich, wenn sie regelmäßig gemacht wird und in das eigene Leben integriert ist. Das Zusammenspiel von Essen, Aktivität, Erholung, Schlaf, Austausch mit anderen usw. beeinflußt unsere Lebensqualität und unser Gleichgewicht insgesamt. Der Weg zum Yogazustand verlangt beständig eine neue Einschätzung und Festlegung der eigenen Ziele, der Widerstände und der nötigen Anstrengung, da diese verschiedenen Faktoren dauernd in Fluß sind.

Wenn wir uns verändern, wachsen und den Weg zur Freiheit verfolgen wollen, müssen wir da anfangen, wo wir gerade sind. Die Vorwärtsbewegung muß ruhig und sicher sein und mit Aufmerksamkeit, Reflexion und Dankbarkeit durchgeführt werden. Wenn wir weiterkommen, merken wir, daß unsere Sinne disziplinierter werden und unser Geist weniger unruhig wird. Unsere Einstellung zu uns selbst und zu anderen verändert sich. Wir stellen fest, daß wir nicht mehr so leiden wie früher und daß die Welt eigentlich ein guter Ort ist, um dort zu sein, zu beten und sich selbst zu verwirklichen. Das ist der Weg zur völligen Integration.

Die amerikanischen Herausgeberinnen und Herausgeber

Index

Über den Verfasser

A. G. Mohan gibt im Nityananda Institut in Cambridge, Massachusetts, sowie in Portland, Oregon, regelmäßig Seminare zur Yogaphilosophie. Seine Frau Indra und er geben dort auch Kurse für Gruppen und Einzelstunden und helfen YogaschülerInnen dabei, die individuelle Übungspraxis zu entwickeln, die sie in diesem Buch beschrieben haben.

Die Mohans leben in Madras, Indien, und haben dort eine private Yogapraxis, wo sie vor allem Einzelstunden geben. Sie arbeiten mit Menschen aus Indien, Europa und den USA, um Körper, Atem und Geist ins Gleichgewicht zu bringen und zu heilen. YogaschülerInnen, die Fragen haben, können sich richten an:

A.G. Mohan
Plot No. 27 + 28 – Krishnakripa
VGP Layout – Part I
Palavakkam
Madras 600041, Indien.

oder an:

The Nityananda Institute
P.O. Box 1973
Cambridge, Massachusetts 02238, USA

Pressestimmen zur 2. Auflage in USA

YOGA – RÜCKKEHR ZUR EINHEIT

„Mit diesem Nachschlagewerk für ernsthaft Übende werden neue Bereiche erschlossen." YOGA JOURNAL

„Ein außergewöhnliches Hatha-Yoga-Handbuch – zum Lesen und Genießen, ein immer wieder neuer Bezugspunkt in der eigenen Übungspraxis. Es zeichnet sich aus durch die Betonung einer individuell ausgerichteten Yogatherapie und die Übertragung der Philosophie der Yogasutras in das tägliche Üben." YOGA INTERNATIONAL

„Warum sticht dieses Yoga-Handbuch so unter seinesgleichen hervor? Es ist der spezielle Ansatz, den Mohan persönliche Integration nennt." HINDUISM TODAY

„Dieses Buch bietet dem Anfänger und dem Experten viel, um eine neue Tiefe in ihrer Yogapraxis zu erfahren." NAPRA TRADE JOURNAL

Weitere Bücher aus dem Verlag Via Nova:

Yoga-Therapie

Gesund und leistungsfähig durch Yoga und Ayurveda
Mit CD-Originalton von Sri T. Krishnamacharya
A.G. Mohan

3. Auflage

Hardcover, 320 Seiten, 16 Graphiken, über 200 Zeichnungen, ISBN 978-3-936486-53-7

Dieses in seiner Art einzigartige Buch des bekannten Yogameisters A.G. Mohan erklärt aus authentischer Quelle

- die Kernprinzipien und Techniken des Atmens und der Bewegung im Yoga und der Yoga-Therapie, welche nötig sind, um einen besseren Gesundheitszustand und Stetigkeit des Geistes durch das Praktizieren von Asanas zu erreichen;
- wie man eine ausgewogene und schrittweise aufbauende Yoga-Praxis gestaltet. Und noch wichtiger, wie Sie sicherstellen, dass ihre Praxis nicht ein Ungleichgewicht in Ihnen schafft.
- die Prinzipien und Techniken der Pranayama-Praxis als Meditation und als ein Mittel, um bessere Gesundheit zu erreichen;
- die Grundlagen des ayurvedischen Vorgehens und die ayurvedische Ernährung im Besonderen;
- die Anwendung von Yoga und Ayurveda als Therapie, mit über 30 Fallstudien und detaillierten Erklärungen über die Hintergründe der Anwendung.

Ayurveda und Yoga

Harmonisierung, Heilung, Therapie
A.G. Mohan

Hardcover, 232 Seiten, 22 Graphiken, 220 Zeichnungen, ISBN 978-3-936486-18-6

Welche Auswirkung hat unsere Ernährung auf unseren Geist? Kann Körperarbeit einen anderen Geisteszustand herbeiführen? Wie wirkt sich die Umwelt auf Körper und Geist aus? All diesen Fragen geht der Verfasser im vorliegenden Buch nach. Er macht deutlich, dass eine wirklich gesunde Lebensweise sich nicht auf einzelne Techniken konzentrieren darf, wie es bei vielen der heute angebotenen Fitness- und Ernährungsprogramme der Fall ist, sondern dass sie auf dem Gleichgewicht der Kräfte beruht und sowohl die inneren Systeme als auch die äußere Umwelt des Menschen berücksichtigen muss. Sie muss „holistisch", also ganzheitlich sein. Die alten vedischen Wissenschaften von Yoga und Ayurveda tragen diesem Anspruch auch in der heutigen Zeit Rechnung. Auf anschauliche und einfühlsame Weise bringt A.G. Mohan dem Leser die Prinzipien von Yoga und Ayurveda nahe und erklärt, wie diese Lehren durch ihreWeisheit und beeindruckende Wirkungsweise äußerst aktuell sind.

Das große Ayur-Yoga-Praxisbuch

Yogaprogramme für Gesundheit, Vitalität und geistige Kraft
Remo Rittiner

Paperback, 240 Seiten, 560 Fotos, ISBN 978-3-86616-433-8

Dieses Buch basiert auf den Grundprinzipien der Yogatradition von T. Krishnamachayra, die der bekannte und erfahrene Yogaexperte Remo Rittiner auf zeitgemäße Weise zusammengefasst hat. Fundiert werden Geschichte und Entwicklung des Ayur-Yoga sowie die wichtigsten Erkenntnisse aus der westlichen Anatomielehre vermittelt. In seltener Ausführlichkeit bekommt der Lernende mit über 600 Farbfotos die wichtigsten Yogahaltungen und die abwechslungsreichen Übungen dieses kraftvollen und wirksamen Yoga-Programms präzise und übersichtlich präsentiert. Ein außergewöhnliches Yogabuch, das den wertvollen Nutzen des Ayur-Yoga für ein erfülltes und gesundes Lebens in seiner ganzen Bandbreite darstellt. Inspirierend für Yogalehrende, für Anfänger und Fortgeschrittene im Yoga.

Nispanda: Entspannung im Yoga

14 Übungsprogramme für Ruhe und Gelassenheit
Ulrike Pape

Paperback, 112 Seiten, 8 Grafiken, ISBN 978-3-86616-434-5

In diesem Yogahandbuch finden Sie einen bisher einzigartigen praxisorientierten Überblick über Yogawege, die direkt in die Entspannung und zu mehr innerer Ruhe und Gelassenheit führen. Zugleich gelingt es, mit den ausführlich dargestellten und erprobten Übungen sich sowohl energiegeladener als auch erfrischter zu fühlen. 14 bewährte Entspannungsprogramme werden dargestellt, die Ihnen die so wertvolle Erfahrung und die tiefliegenden Wirkungsweisen des „ni panda" (ohne Spannung) vermitteln und dies auf allen Ebenen des Erlebens - körperlich, geistig, seelisch. Gerade in unseren oft stressigen Zeiten kann dieses neue Yogahandbuch mit seinen Entspannungsmethoden eine großartige Quelle der Erholung und Gesundheit werden.

Die stärkende Kraft der Meditation – innere Ruhe und Klarheit gewinnen

Paramhansa Yogananda

Taschenbuch, 144 Seiten, ISBN 978-3-86616-441-3

Dieses Buch des weltberühmten Yogameisters Paramhansa Yogananda (Autor von „Autobiografie eines Yogis") ist ein „Juwel der Weisheit", denn es zeigt uns klar und direkt den Pfad zu wahrer innerer Kraft und Stärke und legt dar, wie wir als Menschen unser größtmögliches Potential realisieren können Denn alles, was wir suchen, ist schon da: in uns selbst, ein „göttlicher Samen", der nur befreit werden muss von inneren Hindernissen, negativen Gedanken und belastenden Gefühlen. Die hier erstmals in deutscher Sprache veröffentlichten Texte mit vielen praktischen Übungen, Affirmationen und Meditationen weisen den Weg in eine neue Dimension des eigenen Lebens. Ein Buch für alle, deren sehnlichster Wunsch es ist, rückhaltlos ihre höchste Bestimmung zu leben und ihr ganzes inneres Licht strahlen zu lassen!

Yoga des Yogananda

Klassische Texte und Übungen für heute
Jayadev Jaerschky

Broschur, 352 Seiten, 200 farbige Fotos, ISBN 978-3-86616-442-0

Yogananda gilt als einer der herausragendsten spirituellen Persönlichkeiten des 20 Jahrhunderts. Mit seinem Bestseller „Autobiografie eines Yogi" hat er Menschen weltweit eine ganz neue geistige Dimension des Yoga eröffnet. Dass hier nun erstmals ein vollständiges Handbuch seiner einmaligen Praxis zur Verfügung steht, ist ein großes Geschenk für alle, die den Yogaweg gehen. Denn es verbindet uns mit der Quelle der Weisheit eines erwachten Meisters, dem Yoga immer ein Weg der inneren Befreiung und des tiefen Mitgefühls war. Nichtsdestotrotz sind die Übungen und Meditationen der Energiewahrnehmung und -lenkung, die Affirmationen sowie Positionen und die vielen praktischen Hinweise absolut einzigartig und führen uns, ob Anfänger oder Fortgeschrittene, stets zur unmittelbaren Essenz des Seins.

Vollkommene Gesundheit und Vitalität

Paramhansa Yogananda

Taschenbuch, 144 Seiten, 10 Fotos, ISBN 978-3-86616-402-4

Dieses Buch stammt direkt aus der Quelle der Weisheit eines der bedeutendsten spirituellen Lehrer des 20. Jahrhunderts, und es vermittelt ein einzigartiges und außergewöhnliches spirituelles Wissen. Es zeigt umfassend, wie Sie ganz praktisch und konkret im Einklang mit den natürlichen kosmischen und göttlichen Energien leben können und sie gezielt und effektiv für die Erhaltung Ihrer Gesundheit und Vitalität nutzen können. Behandelt werden alle essentiellen Themen, die ein lebenslanges Wohlergehen ermöglichen, von den vielfältigen Aspekten der Ernährung, über Techniken der Entspannung, Regeneration und Verjüngung bis hin zur bewussten Lenkung kosmischer und göttlicher Energien. Das Buch vermittelt Gesundheitswissen von unschätzbarem Wert, das bei jedem Menschen zu lebenslangem Wohlbefinden beitragen kann.

Individuelle Yogapraxis

Hatha-Yoga mit speziellem Übungsprogramm
für Yogaübende mit gesundheitlichen Einschränkungen
Bettina Heß, Dr. med. G. Michael Heß

Klappenbroschur, 160 Seiten, 563 farbige Fotos, 12 Grafiken, 70 Zeichnungen,
ISBN 978-3-86616-403-1

Dieses fundierte, einfühlsame Yoga-Buch schließt eine Lücke in der Yoga-Literatur, denn es zeigt, wie elementar wichtig es ist, beim Praktizieren auf die eigene gesundheitliche und körperliche Verfassung zu achten. Denn nicht jede Übung ist für jeden Menschen gleich gut. Es braucht stets Achtsamkeit und Sensibilität, um beim Ausüben der Asanas etwaige gesundheitliche oder physiologische Einschränkungen mit einzubeziehen. Mit diesem hier beschriebenen Wissen kann die Yogapraxis wirklich für jeden ganz individuell seine wohltuende Wirkung entfalten. Eine besonders großartige Leistung dieses Buches ist es, dass die Autoren für sehr viele Krankheitsbilder ganz konkret die heilsamsten Übungen zusammengestellt haben. Besonders hervorzuheben sind auch die vielen farbigen Fotos und Grafiken. Dieses Buch gehört ins Regal jedes Yoga-Lehrenden und Yoga-Praktizierenden.

Hatha-Yoga im Sport

Die moderne Sportwissenschaft trifft auf Grundprinzipien
der Körperpraxis des Yoga
Christian Koch

Klappenbroschur, vierfarbig, 120 Seiten, 240 farbige Fotos, 7 Tabellen, ISBN 978-3-86616-404-8

Endlich ein Yogabuch, das sich fundiert und gezielt an alle Sportler richtet! Ganz gleich, ob Breiten- oder Leistungssport, wer Gesundheit und Leistungsfähigkeit mit Hilfe ausgewählter Yogapraxis ausbauen möchte, hat mit diesem Buch einen Volltreffer gelandet. Vom „Warm Up" bis zum „Cool Down" - ein perfektes Zusammenspiel von moderner Sportwissenschaft und fundiertem Yogawissen! Neben wertvollen Infos über Muskulatur, Sehnen und Faszien, gekonntes Dehnen und Stretching erfahren Sie auch, wie Sie Ihre Beweglichkeit verbessern und möglichen Verletzungen vorbeugen können. Grandios der praktische Teil, der für die populärsten Sportarten passgenaue Yoga-Übungen bietet. Dieses innovative Yoga-Buch ist wichtig für alle Sportler, Trainer, Übungsleiter und Fitnessfreunde und natürlich für Yoga-Lehrende und Yoga-Praktizierenden!

Heilmethode Nadi-Muskeltherapie

Verspannungen, Schmerzen und Blockaden lösen
durch ganzheitliche Behandlungsprogramme und Yogatherapie
Remo Rittiner

Paperback, 176 Seiten, vierfarbig, 200 farbige Fotos und 80 anatomische Bilder, ISBN 978-3-86616-385-0

Dieses Buch vermittelt erstmals das Grundlagenwissen über die Funktionsweise und die praktischen Anwendungen der Nadi-Muskeltherapie. Der bekannte Yogatherapeut Remo Rittiner hat Jahrtausende altes yogisches und ayurvedisches Wissen mit modernsten Erkenntnissen der Neurophysiologie und Neuroanatomie verbunden und zu einer hochwirksamen ganzheitlichen Therapieform weiterentwickelt. Von der Anamnese bis zum Behandlungsablauf wird anschaulich und konkret erklärt, wie Verspannungen, Schmerzen und Blockaden bei den uns heute bekanntesten Beschwerden gezielt gelöst werden können. Ganzheitliche Übungen aus der Yogatherapie und der spirituellen Praxis ergänzen dieses für unsere Zeit so einzigartige und wertvolle Heilwissen!

Die spirituelle Dimension des Hatha-Yoga

Erwachen in ein höheres Bewusstsein
Gyandev McCord

Klappenbroschur, 256 Seiten, 180 farbige Fotos, ISBN 978-3-86616-386-7

Das Üben von Yoga ist wohltuend und gesund für Körper und Seele, doch in der Essenz ist es ein geistiger Weg der Selbsterkenntnis und inneren Transformation. Mit diesem Buch werden Sie die Yoga-Praxis in einer ganz neuen spirituellen Dimension und Kraft kennen lernen, sein wahres Potential und seine außergewöhnlichen Wirkungen auf Bewusstsein und Energiekörper entdecken. In der Tradition des berühmten Lehrers Paramhansa Yogananda, Autor des weltbekannten Bestsellers „Autobiografie eines Yogis", zeigt Gyandev McCord, wie Yoga zu einem einzigartigen Werkzeug spirituellen Wachstums werden und zu wahrhaftigem innerem Frieden und Glück führen kann.

Intuition für Anfänger

Der inneren Führung vertrauen
Swami Kriyananda

Taschenbuch, 112 Seiten, ISBN 978-3-86616-382-9

Wenn dieses Buch Ihr Interesse weckt, dann steckt dahinter vielleicht schon die Kraft Ihrer Intuition! Gut so! Denn dieses in Fachkreisen hochgelobte Buch ist ein echter Schatz für alle, die einen ganz praktischen und unmittelbaren Zugang zu ihrer eigenen Intuition finden möchten. Es zeigt, dass diese innere Weisheit nicht einfach nur ein vages Bauchgefühl oder eine Vermutung ist, sondern eine angeborene menschliche Fähigkeit, die sich ganz gezielt trainieren und schulen lässt. Die eigene Intuition immer klarer zu erkennen und zu unterscheiden, ihr mehr und mehr zu vertrauen, sie bewusst einzuüben und für Entscheidungen des Alltag zu nutzen, darum geht es in diesem Buch!